21世纪教师教育课程规划教材

班级管理

齐学红 主编

Jiao shi
Jiao yu

WUHAN UNIVERSITY PRESS
武汉大学出版社

图书在版编目(CIP)数据

班级管理/齐学红主编．—武汉：武汉大学出版社，2011.7(2022.1 重印)
21 世纪教师教育课程规划教材
ISBN 978-7-307-08712-5

Ⅰ.班…　Ⅱ.齐…　Ⅲ.班级—学校管理—师资培养—教材
Ⅳ.G424.21

中国版本图书馆 CIP 数据核字(2011)第 072004 号

责任编辑：胡国民　　责任校对：黄添生　　版式设计：马　佳

出版发行：**武汉大学出版社**　(430072　武昌　珞珈山)
(电子邮箱：cbs22@whu.edu.cn 网址：www.wdp.com.cn)
印刷：湖北金海印务有限公司
开本：787×1092　1/16　印张：12.25　字数：294 千字　插页：1
版次：2011 年 7 月第 1 版　2022 年 1 月第 8 次印刷
ISBN 978-7-307-08712-5/G・1991　定价：35.00 元

21世纪教师教育课规划教材

编审委员会

前　言

《班级管理概论》一书自2009年6月开始酝酿，历时1年半的时间，期间数易其稿，终于将在2011年付梓印刷。该教材在借鉴国内相关教材及最新学术研究成果的基础上，力图在内容和体例上有所突破和创新，进而形成了如下特点：

1.《班级管理概论》作为一门专业基础课，具有理论性、应用性和综合性的特征，是管理学与教育学的交叉学科，以管理学、教育学、社会学作为学科基础，体现了不同学科之间的交叉与渗透。在借鉴西方社会学、管理学最新研究成果的基础上，立足中国本土的班级管理实践，提供对中小学班级管理的基本分析框架。

2. 作为高等师范院校教材，本书的主要读者群是师范院校的大学生；在强化一门学科的基本概念、理论框架的同时，考虑到大学生自身教学与管理实践经验的不足，尽可能联系当前中小学班级管理的实际，以生动鲜活的案例作为补充，并尽可能做到通俗易懂，从理论与实践两个维度丰富对中小学班级管理的理解与认识。以往的班级管理教材，或侧重于班主任的具体工作内容，缺少学科理论的支撑；或侧重于介绍国外的班级管理理论，缺少中国本土的班级管理实践。本教材试图弥补这些缺陷，以班级社会学和班级管理学的最新理论成果为支撑，结合中国丰富的班级管理实践，采取理论阐述与案例分析相结合的写作思路，每一章都围绕一个当前理论界与实践领域的重点问题进行剖析，力图构建一个本土化的班级管理学学科理论框架。

3. 在写作体例上作了大胆尝试与创新，在每章正文前增加了“导读”部分，提示本章的学习要点，应掌握的基本概念、基本原理等；正文部分将理论的阐述与生动鲜活的案例分析相结合，力图做到深入浅出；课后的“问题与思考”部分，强调将所学理论与实际相结合，通过创设问题情景，或提供案例分析等形式，引导学生关注现实中的班级管理问题。

一、结构框架及内容介绍

《班级管理概论》一书借鉴了管理学中开放系统论的观点来认识班级组织以及班级组织的管理，把班级组织作为一个社会系统来认识，而班级管理的任务则是保持系统内部各要素之间的协调与平衡，从而最终达成班级的育人功能。本书的整体框架和写作思路是：班级管理是什么——班级管理的要素是如何形成的——各要素之间是如何互动的——互动即管理的现实样态是什么（和谐的、冲突的）——管理的现实样态是如何形成的（文化的、权利的）——班级管理的理想愿景是怎样的（理念、策略）。全书共分为三大部分：

1. 如何认识班级

认识班级组织是班级管理工作走向自觉的前提，也是实现有效班级管理的保障。因此，本书的第一、二、三章从社会学的角度，对班级组织的性质、班级组织的要素以及班级组织的现有形态进行了论述。

2. 班级管理理论：班级组织各系统内部的协调

基于第二章对班级组织要素的分析，我们把班级组织分成四个基本的子系统：目标系统、关系系统、制度系统和文化系统。从分析的角度来看，班级管理便是使每个子系统保持相对平衡和稳定的动态过程。本书第四、五、六、七章分别论述了班级组织各子系统的构成以及使其保持平衡的有关策略。

3. 班级管理实践：班级组织各子系统间的整合

将班级组织划分为各个子系统并探讨其内部的关系，仅仅是出于理论认识和分析的便利，实践层面的班级管理面对的并非是相互独立的子系统，班级管理工作并非只是分别处理几个子系统间的关系。相反，现实的班级是各子系统相互交织的一个复杂存在，现实的班级管理是一项处理系统内部以及各系统之间关系的复杂工作。为了使大学生能够从整体上把握班级管理的实践样态，第八、九章具体介绍了现代班级管理的发展趋势以及班级管理模式的实践探索，以期将所学理论转化为实践技能和智慧。

以下是本书的结构示意图：

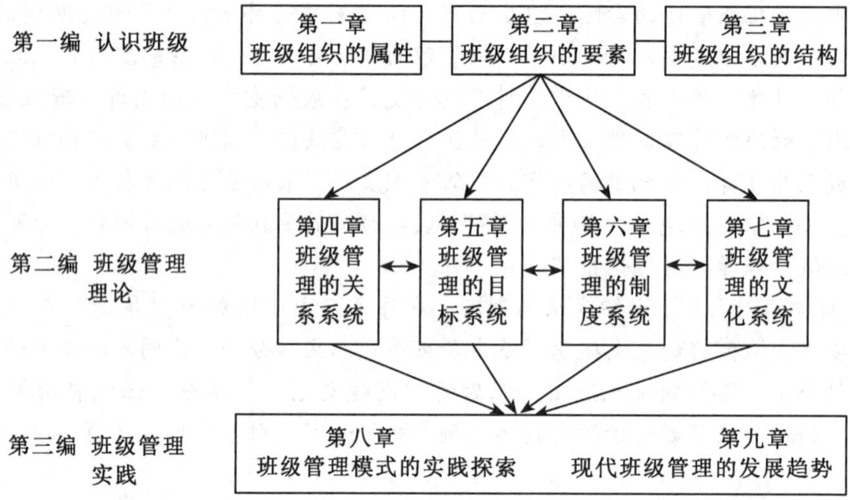

二、主要作者及写作分工

本书主要作者由南京师范大学教育科学学院班主任研究中心的教师和研究生组成，“随园夜话”班主任沙龙的核心成员吴虹、陈宇、袁子意、韦成旗等人提供了相关的案例素材。相关章节的作者分别是：第一章，班级组织的属性（钱洁）；第二章，班级组织的要素（汤美娟）；第三章，班级组织的结构（颜雪艺）；第四章，班级管理的关系系统（崔晓波、邓佳）；第五章，班级管理的目标系统（黄莹、田静）；第六章，班级管理的制度系统（张薇，张媛媛）；第七章，班级管理的文化系统（姜世丽、陈珊珊）；第八章，班级管理模式的实践探索（高丽涵、张媛媛、李云竹、宋春旗、杜乐）；第九章，现代班级管理的发展趋势（张媛媛、高丽涵）。教育学原理专业博士生汤美娟同学对全书进行了统稿和校对工作，并提供了结构示意图。对于各位老师和同学为本书付出的艰辛劳动，在此表示衷心的感谢！

编　者

2011 年 1 月于南京

目　　录

第一编

作为一种社会组织的班级

第一章　班级组织的属性

导读

本章是全书的概要部分，从社会学角度考察班级，以及班级组织的社会属性，并结合班级的特点、模式、功能等要素，全面理解、动态把握班级管理的精髓。其中，了解班级的属性、功能是学习的重点，关于班级组织的理论模式需结合班级管理的实际加以理解和掌握，重点在于借助这些模式分析班级管理中的误区和问题，并在此基础上思考如何建立一个好的班级。

第一节　班级组织的社会属性

班级是什么？从社会学的观点来看，一般有三种理解：一、班级是一种特殊的社会群体，主要以沃勒（W. Waller）为代表；二、班级是一种特殊的社会体系，主要以美国教育社会学家帕森斯（T. Parsons）为代表；三，班级是一种特殊的社会组织，国外学者中主要以 J. W. 盖哲尔（J. W. Getzels）和 H. A. 谢仑（H. A. Thelen）为代表，国内学者中主要以吴康宁为代表。

一、班级作为一个社会群体

教育社会学研究表明：班级，首先是一个受班级制度及其宏观社会关系制约的现实的社会群体。① 它是一个以儿童、青少年学生为主体的社会群体，其形成和发展是由一定的社会分工和特定的社会职能所决定的。

沃勒是这一观点的提出者。而将这一观点发展、提升的则是苏联教育学家克鲁普斯卡娅和马卡连柯，他们将班级作为一种“儿童集体”来理解。马卡连柯分析了“儿童集体”的特征：(1) 具有社会价值的目标。“真正的集体，并不是单单聚集起来的一群人”，马卡连柯写道，“而是在自己面前具有一定共同目标的那种集体。”② (2) 为实现目标而组织的共同活动。“集体只有当它显然是用有益于社会的活动任务来团结人的时候，才可能成为集体。”③ (3) 集体成员之间是相互负责的关系。他指出“集体成员之间的关系不是个人对个人的关系，而是同志关系，是集体的一个成员对另一个成员的关系。”④ (4) 组织各种自治机构。马卡连柯认为，集体的自治机构是“为实现共同目标协作活动的形

---

① 唐迅：《班集体教育实验的理论与方法》，广东：广东教育出版社 2000 年版，第 23 页。

② ［苏］马卡连柯：《论共产主义教育》，北京：人民教育出版社 1954 年版，第 334-335 页。

③ ［苏］马卡连柯：《马卡连柯教育文集（上卷）》，北京：人民教育出版社 1985 年版，第 15 页。

④ ［苏］马卡连柯：《马卡连柯教育文集（中卷）》，北京：人民教育出版社 1985 年版，第 113 页。

式”。(5) 纪律、制度、舆论。马卡连柯指出，纪律是达到集体目的的最好方式，制度则是组织集体活动和确定集体成员行为标准的形式，“有很高威信和值得敬爱的学生集体的社会舆论的监督，能够锻炼学生的性格，培养学生的意志，能就学生个人的行为培养起有利于整体的习惯。”① 除此之外还有工作作风和传统。

诺维科娃在其主编的《集体教育学》一书中将班级集体的社会本质特征概括为三点：第一，高度的社会倾向性，即班级集体作为社会的组成部分，不是一个封闭的体系，而是包含在社会关系的整个体系之中，并反映出社会的政治、道德、美学等思想；第二，高度的组织性，即马卡连柯所讲，集体是“那些组织起来的，拥有集体机构、以责任关系彼此联结在一起的个人有目的的综合体”；第三，高度的社会主体性，即为了共同的目标，有着共同的集体意识而相互作用的人的共同体。②

二、班级作为一个社会体系

所谓体系，是指两个或两个以上的因素，彼此之间相互依赖与相辅相成的一个紧密的整体。所谓社会体系，乃是由两个或两个以上的人产生比较稳定的交互关系所构成。对于社会体系的分析，最具代表性的是美国当代著名社会学家帕森斯。社会系统是帕森斯在分析了“单位行动”动机和价值取向的基础上提出的。他认为，当各种不同取向的行动者(根据他们的行动和价值取向的配置) 互动时，便逐渐产生了约定，并维持互动模式，这就是“制度化”，而这种制度化模式就可以称为社会系统。③ 同时，他指出，任何社会体系的存在和发展必须具备以下四个功能：(1) 适应性功能，即对外调适的功能。任何社会体系，应与社会文化系统保持协调，以求平衡发展。对于班级体系来说，这表现为适应社会的变化而调整其内在功能。(2) 目标达成功能，即从环境中取得资源实现系统的目的，并确定一组目的的优先次序。对于班级体系来说，师生在教学中，应实现程序化的教学目标。(3) 整合功能，即协调各部分体系，达到一定的和谐状态。对于班级体系来说，就是使教师与学生，以及学生与学生配合起来，以利于教学目标的实现。(4) 模式维护功能，即使系统内部各要素具有动力机制，并按一定的规范和秩序活动。对于班级体系来说，就是采用一定的结构和手段来维持班级团体的秩序。④

美国教育社会学家帕森斯在系统考察美国中小学班级的基础上，从社会行为理论分析框架出发，把班级明确地作为一种社会体系来进行分析。他的观点主要体现在 1959 年发表的《作为一种社会体系的班级：它在美国社会中的某些功能》一文中。帕森斯按照教育社会学的观点，把班级看成是一种社会系统，这一社会系统具有如下特征：(1) 它包括两个人或两个以上人群的交互作用；(2) 一个行动者与其他的行动者处在一个“社会情境”中；(3) 行动者之间有某种互相依存的一致行为表现——此种表现是由于彼此具

① [苏] 马卡连柯：《马卡连柯教育文集（下卷）》，北京：人民教育出版社 1985 年版，第 92 页。
② 鲁洁、吴康宁：《教育社会学》，北京：人民教育出版社 1990 年版，第 404-406 页。
③ [美] 乔纳森·特纳：《社会学理论的结构》，北京：华夏出版社 2001 年版，第 33 页。
④ 唐迅：《班集体教育实验的理论与方法》，广东：广东教育出版社 2000 年版，第 66-67 页。

有共同的目标导向（或共同的价值观念），以及彼此在规范与认知期望上的和谐。① 他认为，班级既是一个由师生组成的正式组织，又是一个学生群体，每个学生成员的个人情意、认同感与归属感都影响着班级正式组织的活动。能否把个体的行为与组织的行动统一起来，取决于教师的指导，而教师的指导又与他的价值取向有关。于是，帕森斯制定了一系列关于价值取向的模式类型②。他认为，在班级社会中，教师指导学生行为时，要特别注意处理好下列五种配对形式的价值取向模式的选择问题：（1）情感性/情感中立性。即在特定的互动情境中，多少情感是恰当的？应该表达许多情感还是表达很好的情感？（2）扩散性/专一性。指在特定的互动情境中，双方的义务应该有多大？义务应当狭小和具体，还是应当广泛而扩散？（3）普遍性/特殊性。指的是在特定的互动情境中，他人的评价和判断是否适用于所有行动者？换句话说，是否应用同一标准来评价所有的行动者？（4）自致性/先赋性。指的是如何评价某一行动者的问题。是根据表现还是根据先天的特质，如性别、年龄、种族和家庭地位去评价他？行动者是应当根据成就，还是应当根据与成就无关的先天特质去评价他人？（5）个人/集体。指的是行动追求自我利益及个人目标或者群体利益及目标的程度。行动者是否应该考虑将个人的或与其有关的目标置于他们所在的大群体目标之上？

"角色"是社会系统的基本概念单位，它代表个人在社会团体中的地位和身份，也包含着众多社会人们所期望于个人表现的行为模式。班级就是以学生为主体，以社会化的学习和交往为特征的儿童社会，教师在班级中与学生维持多种角色关系。法国学者奥瑟（Arthur）在分析师生社会角色时，曾指出师生之间建立良好关系的思想基础：（1）教师对学生有某些行为方面的期望；（2）学生对教师也有某些行为期望；（3）教师对适当的教师行为的看法；（4）学生对适当的学生行为的看法。③

三、班级作为一个社会组织

在国外，将班级看成是一种社会组织的学者主要有 J. W. 盖哲尔（J. W. Getzels）与 H. A. 谢仑（H. A. Thelen），他们在《研究作为一个社会组织的班级团体的概念结构》一文中认为："从另一个意义上来看，学校本身或学校内部的单个班级，就其本身的名义来说可以认为是一种社会组织。"④ 通常有两种因素，影响班级社会组织中的行为。一是体现着社会文化要求的制度因素，表现为社会对个体的角色期望；另一种是受个体生理因素影响而形成的个人因素，表现为个体的需求倾向。因此，班级社会体系中个体的行为变化，也必然沿着两个方向发展：一是约束个人倾向使个体行为与社会文化的要求相适应，达到"人格的社会化"；二是调整社会的角色期望，使一般的社会化要求与个体的性格特征、能力倾向相适应，达到"社会角色的个性化"。

---

① T. Parsons & E. A. Shils. ed. Toward a General Theory of Action. Harvard University Press, 1951: 55.

② ［美］乔纳森·特纳：《社会学理论的结构》，北京：华夏出版社 2001 年版，第 34 页。

③ 吴立德：《班级社会学概论》，四川：四川大学出版社 1996 年版，第 4 页。

④ J. W. 盖哲尔，H. A. 谢仑著，王秉译：《研究作为一个社会组织的班级团体的概念结构》，福建：福建师范大学教育系编，国外教育参考资料，1985 年版，第 2-4 页。

国内学者吴康宁、郝京华等也提出班级是一种"规范性的"、"正式的"社会组织。班级之所以是社会组织，是因为班级具有社会组织的基本要素：一是班级工作目标，班级具有内在目标和外在目标、共同目标和具体目标；二是班级文化，班级中存在着制度文化和素质文化、统合型文化和离散型文化；三是班级中的人际关系，班级中的人际关系可分为工作交往和人格交往；四是班级的功能，班级具有社会化功能与个性化功能，以及正向功能与负向功能。① 吴康宁认为班级社会组织具有特殊性，这种特殊性反映在班级活动具有特殊的场所——课堂；特殊的社会组织——班级与小组；特殊的社会角色——作为权威的教师与有着不同背景的学生；特殊的社会文化——有目的、有计划的教育人际交往；特殊的社会规范——课堂规章制度，以及由此而发生的各种基本的社会行为，诸如控制与服从、对抗与磋商、竞争与合作等。② 从班级管理的角度看，将班级视为一种特殊的社会组织更能体现出班级中制度和规则的作用，也有利于实现班级的目标与功能。

也就是说社会组织是班级的第一社会属性，班级社会群体和班级社会体系是在此基础上形成的。当社会群体具有了明确的目标、严格的组织规范、健全的组织机构和组织活动时，就成为了社会组织。班级正是由特定的目标所组织起来的社会组织。

那么，班级组织是如何形成的呢？社会群体是如何向社会组织转化的呢？苏俄心理学家把群体分为从低级到高级的各种水平：松散群体、联合群体、集体。中国社会心理学家发现还存在着一种本位群体的水平，这与集体有相似之处，西方社会心理学中所说的集体实质上属于本位群体的范畴。③

在松散群体阶段，尚未形成被成员所认同的统一的价值目标和具有参照性的规范，群体成员彼此缺乏充分的交往，只是由于好感而接近，而不是以共同活动的内容、目的和意义为中介的。联合群体是指人们在共同活动基础上由松散群体发展起来的聚合体，是社会群体发展过程的中级阶段，它具有以下特点：（1）群体的共同活动不仅对个人，而且对整个群体有意义；（2）群体的价值目标及行为规范已部分地内化为其成员的行动动机；（3）群体的自我管理结构水平进一步提高，部分地反映了成员的意志；（4）人际关系除个人的情绪关系外，每个人在群体中的角色地位是由参加群体共同活动的程度与贡献及所得评价决定的。本位群体是指成员们追求群体活动的个人意义，其活动内容是以本集团利益为核心的人们的聚合体。

研究表明，鉴定和判断班级组织形成的主要条件是：（1）集体目标与社会需要相一致，并促进集体成员的个性发展；（2）集体的共同活动获得自决的性质，每个成员都能在某一领域积极表现自己；（3）学生在班级的关系体系中地位是有利的，每个人都能扮演成功的角色；（4）集体的规范、价值观成为学生的行动指南，具有参照性；（5）学生集体自治机构健全，具有独立实现组织目标，实行自我管理的功能；（6）初步形成以集体意识为核心的自觉、统一的社会心理共同体。

总之，本节从班级作为一种社会群体，班级作为一种社会体系，班级作为一种社会组织三个层面来解读班级的属性，这三个命题之间有着内在的逻辑性。班级作为一种社会群

① 郝京华：《班级的社会学分析》，《教育研究》1988 年第 3 期，第 13 页。
② 吴康宁：《课堂教学社会学》，南京：南京师范大学出版社 1999 年版，第 3 页。
③ 唐迅：《班集体教育实验的理论与方法》，广东：广东教育出版社 2000 年版，第 214-216 页。

体主要从班级的构成要素——儿童及其由儿童组成的集体的特征来理解班级；班级作为一种社会体系主要从班级的功能——社会化功能和选择功能的角度来理解班级，在这里，班级承担着传递社会角色、社会责任等社会化功能，以及分配成人社会角色的选择分类功能；班级作为一种社会组织主要通过将班级作为一种类社会组织来考察班级的属性。

第二节　班级组织的特性

第一节主要从班级作为一种社会群体、一种社会体系、一种社会组织三个方面来论述“什么是班级”，从宏观的角度解释班级的属性。在本节中，我们将从微观角度，揭示班级作为一种社会组织普遍具有的特性，以及班级作为一个特殊社会组织所独有的特征。

一、班级组织的社会特性

(一）社会倾向性

马卡连柯的一个重要思想是，体现社会需要和教育目的的“要求”贯穿于集体发展过程之中，揭示了作为社会细胞的儿童集体的形成和发展是受宏观社会的发展状况及其需要、规范制约的。我们也可以理解为这是班级的社会本质所在，也就是说社会倾向性是班级的第一社会特征。班级不是一个封闭的体系，它包含在社会关系的整个体系之中，它作为社会的一部分，不可避免地具有该社会的政治、道德、美学等思想。马卡连柯认为，“集体只有当它显然是用有益于社会的活动任务来团结人的时候，才可能成为集体。”①

从我国的教育现实也不难发现，“培养社会主义事业的建设者和接班人”是班级建设的根本出发点，它要求班级成员要将个人利益与班级、学校以及社会利益统一起来，以社会要求、教育目标作为标准，实现将“自然人”教育成为“社会人”的教育目的。

(二）规范组织性

社会学的组织理论认为：任何组织都是群体，但群体只有在被赋以特定的结构形态时，才成为组织。也就是说组织性的水平和自我组织程度是班级的又一重要特征。马卡连柯很早就提出了：集体是“那些组织起来的，拥有集体机构，以责任关系彼此联结在一起的个人有目的的综合体”。② 他还按照集体社会活动的目的内容和形式，组织了教学集体（班级）、劳动集体（生产分队）、俱乐部集体（各类文化、艺术、科学、体育游戏小组）、生活集体（按寝室、宿舍分的小组）、社会政治集体（共青团组织、少先队组织、自治机构等）。同时诺维科娃在其主编的《集体教育学》中提出，班级的组织模式应该在横向关系和纵向层次上趋于系统化，她认为，如果把班级称为一个系统，那么，它的组织功能就不仅在于各种小组集体的建设，更重要的是在于这些小组的相互联系和作用，以及由此产生的整体效应。

一般认为，班级的组织结构是由职权结构、角色结构和信息沟通结构组成，它们之间相辅相成、有机统一。③ 职权结构是指班级组织中各种正式职责在各层次上的分配关系，

---

① ［苏］马卡连柯：《马卡连柯教育文集》（上卷），北京：人民教育出版社 1985 年版，第 15 页。
② ［苏］马卡连柯：《马卡连柯教育文集》（上卷），北京：人民教育出版社 1985 年版，第 15 页。
③ 吴立德：《班级社会学概论》，四川：四川大学出版社 1996 年版，第 62 页。

组成以班长为首的干部系统，其任务是在班级目标导向下，按班级规范的要求，分工协作行使职权，其着眼点是组织目标及工作任务的实现，其特征是社会和学校授予教师对班级的权力和领导位置，教师是实施教育目标、社会规范和评价的权威和中心，成员处于被指派的位置。角色结构体现了班级组织结构的成员总是承担一定的角色去参与群体活动、人际交往和社会生活，每个成员行使着组织规定的权利和义务，履行职责中充当的指定角色，从而与整个社会联系起来，组织中的角色是个人与社会之间沟通的桥梁。研究表明，组织各个成员角色形成过程，是指定角色、理想角色、主观角色和实际角色交互作用的过程。指定角色是组织对成员提出的权利、义务和行为规范的要求；理想角色体现了社会的期望；主观角色受到个体不同的思想意识、道德观念和个性特征的影响；实际角色是行为上表现出来的角色，对组织效能来说实际起作用的是实际角色。信息沟通结构是指将信息进行分析、筛选，将正确可靠的信息进行处理和储存的机制。现有的班级组织结构一般有以下几种类型："树状"组织结构，"辐射状"组织结构，"网状"组织结构。

教育实践中的大量事实证明，只有在高度组织起来的班级社会中，在正确的班级目标的引导下，每个儿童才能在团结、协调、互助、竞争的背景下，有效地接受班级社会内容的影响，展现和发展个性，学习知识技能，践履行为规范，练习如何在不同场合变化角色和履行职责，为今后走向社会打下基础。

（三）自为主体性

彼得洛夫斯基在1969—1977年间确定了"以活动为中介"的理论①，这个理论的基本思想是以解释群体内部和集体内部过程、相互作用和相互关系的一切现象都要以群体活动的目的、价值和内容为基础，这种活动使得班级活动不再是由外部决定的群体自在活动，而是一种群体自主活动，集体成了活动的主体。从这个意义上说，班级成为为了确认的目标而相互作用的共同体，而这种共同的集体意识、自觉统一的社会心理共同体，标志着自在群体向自为集体的转变，班级的主体性也因此崭露头角。

班级的主体性体现在人人都是班级的管理者、个个都是班级的主人翁，学生可以在班级中展示个性、发挥才能、行使权利，并在这过程中将集体目标、集体意识、集体荣誉、集体信念以及集体气氛渗透在各种活动和学习中，使自己的个性逐步成熟。

以上是从班级的社会特性，主要从班级作为一种社会组织所具有的普遍性特征来论述的。那么，班级作为一种特殊的社会组织又有什么特性呢？

二、班级组织的自身特性

国内学者吴康宁提出了班级是一种特殊的社会组织，因此社会组织的一般属性并不完全适用于班级，班级具有自身的特性，主要表现为自功能性和半自治性。

所谓自功能性，是指班级作为一种社会组织得以建立，不仅是为了实现某些外向性的指标（如提高教学效率，便于学校管理等），而且按照现代教育原理，更重要的是，基于其成员——学生——自身的奠基性学习的需要。因此，班级组织的生存目标具有"内部指向性"，是一种"自功能性组织"。②

① 唐迅：《班集体教育实验的理论与方法》，广东：广东教育出版社2000年版，第77页。
② 吴康宁：《教育社会学》，北京：人民教育出版社1997年版，第278页。

班级的自功能性特征表达了两层含义：第一，这是从班级功能的角度界定的，班级的建立是为了提供一种心理场域，让学生借助群体生活环境完成学生的奠基性学习，尤其是社会文化的奠基性学习。也就是说，班级组织的建立并不是从外部筛选社会规范、教育目标作用于学生，也不是完成社会化功能和个性化功能，而是从学生出发选择适合自己学习、成长的要素，服务于自己。第二，这一特性将班级的主体指向学生群体，社会、学校、班级、教师凡此种种都是学生奠基性学习的辅助手段。班级的“自功能性组织”这一特性并非排除其他社会组织所具有的“外指向性”特征，而是说这不是作为以学习为首要任务的学生组成的班级的第一特征。

所谓半自治性，是指作为非成人组织的班级，并非完全靠自身的力量来管理自身，而是在相当程度上借助于外部力量，这是班级组织在运行机制方面的主要特性。① 这一特性主要源于学生的自主意识水平使得班级组织的运行趋向于半自治状态，源于学生的组织调控技能使得班级组织的运行滞限于半自治状态，源于学生的相对地位使得班级组织的运行被控于半自治状态。

不可否认，自功能性和半自治性特性是如今教育实际中班级所表现出来的现实样态，尤其是初等教育、中等教育阶段的班级其表现更是如此。如果将班级放在一个时间轴上来分析的话，我们可以发现班级是逐渐从初级群体发展为活动共同体的，这种分析方式具有一定的现实性，也不排除是一种理想建构。

我国学者谢维和认为班级是一种特殊的社会初级群体，它与通常意义上的社会初级群体相比较主要有三个特点：(1) 在班级互动方式上具有情感和理性的双重性；(2) 班级具有统一的目标和行为上较大的整合性；(3) 班级在形式上具有比较正式的群体结构。小学的班级特征比较倾向于社会初级群体的特征。到了中学阶段，非正式群体逐渐增多，使得班级的特性比较倾向于一般的社会组织。到了大学阶段，班级的概念不断弱化，相比之下，共同的旨趣、相近的价值追求成了联系人与人之间的新型纽带，此时的班级变得前所未有的包容，班级规范被班级文化取代，学习目标被人生目标掩盖，不断地接近斐迪南·腾尼斯提出的班级是一种活动共同体。所谓共同体是指在自愿的基础上组织集合起来的并由协商建立的、有规则运行的团体，它的首要特征是共同体成员之间的平等关系和资源共享。共同体中所建立的交往是一种亲密关系的交往，是一种既能够充分地发展和发挥个性又能信奉和遵守规则的交往，是一种能够体验到自我的价值又有机会认识他人价值的交往，是一种在尊重他人的基础上获得他人尊重的交往。② 班级正是这样一种共同体。班级首先是一种文化共同体，即班级不仅需要有共同的文化目标，传递社会的公约文化，包括为社会所承认和指向的系统的文本文化和行为文化，还需要处于一个更具有现实意义也更为流动的整体文化空间之中；其次班级是一个精神共同体，即班级要关注每个学生的精神发展，使儿童在精神上成为一个相互承认、相互关爱的统一体，使每一个儿童精神的健康发展都以其他儿童的发展为前提；第三是一个伦理共同体，即班级成员之间的伦理关系不是建

① 吴康宁：《教育社会学》，北京：人民教育出版社 1997 年版，第 279 页。

② 毛景焕：《班级作为一个共同体：成员的相互平等和资源共享》，《教育研究与实验》2003 年第 2 期，第 25 页。

立在单纯的个人私利之上，而需要用伦理的关系原则，如正义、平等、人道来建设。①

本节主要阐述班级作为一种社会组织所具有的社会倾向性、组织规范性和自为主体性特性，以及班级作为一种特殊的社会组织所具有的自功能性和半自治性。关于班级的一般社会特性我们比较容易理解，而它的自身特性如自功能性和半自治性我们可以从班级的组成、班级功能的实施来理解，现今的班级不可否认都是在围绕着一定的目标发展，但其自治功能的体现却受限于班级管理中一个不可忽视的因素，那就是教师，其班级管理理念和方法都决定了班级只能具有自功能性和半自治性的特征。

第三节　班级组织的理论模式

上一节已经初步论及班级主体、班级目标、班级角色、班级氛围等对于班级组织运行的作用，本节将具体分析班级组织的几种模式，需要指出的是，因为班级在学校体系中主要是以学习为导向的，因此班级组织的模式也是从教学、师生交往等方面来阐述的。

一、班级社会行为理论模式

盖哲尔认为，人类在社会体系中所表现的社会行为，通常受到制度与个体两个方面的影响。前者指制度的角色期望（又称团体规范），后者指个体的人格特质与需要倾向（又称个体情意）。② 这是班级社会体系的初期模式。基于其理论模式，盖哲尔与谢伦于 1960 年运用社会体系作为概念框架来研究班级团体中的教师行为。他们认为，将班级社会体系归为制度与个体两个方面过于笼统、简单，不能反映出复杂的班级师生交互活动。为此，他们在原有模式上加以扩展：就制度方面而言，社会制度无法摆脱社会文化的影响，任何制度均具有浓厚的文化色彩，因此，制度中的角色期望必须符合于社会的一般思潮、习俗或文化价值；就个体方面而言，身与心的发展具有密切的联系，要了解一个人的人格物质与需要倾向，必须考虑个体的生理因素，因此，个人有机体结构、体质潜能对个人的人格（包括感情、意志）具有重大影响。也就是说，在制度方面，探讨了社会文化对制度（角色与期望）的影响；在个人方面，探讨了生理因素与潜能对个人（人格特质与需要倾向）的影响，此谓盖哲尔社会体系的中期模式。盖哲尔和谢伦运用这一理论模式分析班级社会体系中教师行为的两个问题：教学情境中的角色冲突与教师领导方式。

就角色冲突而言，教师在班级社会体系中可能会面临以下冲突：（1）班级内部、外部价值观念的冲突，即社会习俗要求与学校制度本身对教师期望不符；（2）制度中角色期望与个人的人格需要之间的冲突，即职业要求与个人能力不符；（3）不同的人对教师角色有不同的期望，如校长、家长、学生对教师的期望并不完全一致；（4）充任两个或两个以上角色时产生的冲突；（5）个人内在的人格冲突，即个人潜能与需要不符。

就领导方式而言，盖氏等认为，此理论模式可用以阐明教学情境中行为改变问题。即

① ［德］赫尔曼·施密茨著，宏学铨等译：《新现象学》，上海：上海译文出版社 1997 年版，第 25 页。

② R. Marrison, etal.（eds.）. The Social Psychology of Teaching, Harmond sworth: Penguin, 1972: 30-32.

用教师的领导方式平衡“人格社会化”和“角色人格化”。为此，他们归纳出三种领导方式：(1) 注重团体规范的方式，强调行为的规范因素，重视履行学校制度中的角色任务与角色期望，超过学生个人与人格的需要。(2) 注重个人情意的方式，就是说重视满足学生个人与人格上的需要，更甚于制度上的要求与期望。(3) 强调动态平衡的方式，就是说教师根据个人与制度双方的资源与限制，依据特殊情境之需要，将前两种方式，权衡轻重，灵活运用。也就是说要在制度与个人之间考虑一个团体因素，作为二者的平衡者，因为在制度与个人之间，团体生活可以形成一种气氛，这种气氛影响团体成员的意向，此团体的气氛和成员的意向具有协调角色期望与个人需要的功能。

所以，班级组织的理想模式可以设想为：(1) 在这个体系中，每一个体认同制度上的目标，这些目标变成他自己需要的一部分；(2) 对每一个体来说，制度上的目标应该具有合理性、参照性，从而被个人接受；(3) 个体认为他从属于一个团体，有着相同的情感联系和理性的信仰。① 这被称为盖哲尔社会体系的后期模式（见图 1-1）。

文化思潮→习俗→价值
↓↑　↓↑　↓↑
↗制度　→角色　→期望↘
社会体系　↓↑团结↓↑气氛↓↑意向社会行为
↘个人　→人格　→需要意向↗
↓↑　↓↑　↓↑
有机体→体质　→　潜能

图 1-1　盖哲尔社会体系的后期模式

盖氏和谢氏的班级组织结构模式着眼于文化、制度、个人、有机体等方面，探讨班级体系中如何通过师生互动发生课堂行为，达成教学目标。制度赋予师生的角色，师生角色乃因期望来进行“教”与“学”行为。个体均有其一定的人格，人格使个人以一种较固定的类型在社会体系中与他人发生互动行为。团体为社会体系的具体存在，而团体气氛常常表现出各份子以行动的意向。从这一理论模式，可以发现有三个显著特点。

(1) 它强调每一个体基于生理因素，而有独特的人格需要，但个人可以认同制度上的目标，将这些目标当作自己的需要。

(2) 它强调制度上的要求应具有合理性，才易被个人接受，才有实现的可能。

(3) 个人在一种良好的气氛中具有强烈的归属感，因此，就愿意努力工作，一方面为实现团体目标，一方面自己从中获得乐趣。

盖哲尔和谢伦的社会体系理论给我们的启示是：为了达到制度与个人目标，一位成功的教师应该充分了解教室的情境，并能够依据实际需要权衡轻重，灵活运用不同的教学方法。要了解班级团体的气氛以及师生是否能依其意愿顺利达成教学目标，必须从社会体系中的各种因素加以探讨，才能获得事实的真相。

---

① 唐迅：《班集体教育实验的理论与方法》，广东：广东教育出版社 2000 年版，第 69 页。

二、班级教学理论模式

英国学者艾雪黎（B. Ashley）等根据帕森斯社会模式体系观点，参考其他学者的有关研究，综合归纳出班级教学理论模式。根据帕森斯的分析，任何社会体系都具有模式的维持、体系的完整、目标的达成、适应的作用四个功能。模式的维持回答“就班级体系而言，靠什么因素维持班级团体，使教室秩序有条不紊”这一问题；体系的完整解决“就班级体系而言，如何约束学生，使班级团体发挥统整的功能”问题；目标的达成，探讨“就班级体系而言，师生在班级教学中，应实现哪些教学目标”；适应的作用解决“就班级体系而言，如何因应外界社会的变化，而调整其内在功能”这一问题。

艾雪黎根据帕森斯这一理论架构，将班级教学的模式分为三类①。第一类型：教师中心—强制的—基本的—监护式的。第二类型：教材中心—实利的—预备的—学术性的。第三类型：学生中心—规范的—发展的—传教式的。

类型一的基本观点是要将社会体系的价值经过社会化的过程灌输给所有成员。学校教师是社会文化的代表，是良好行为的模范。这一教学方式，完全以教师为中心，学生只能被动地接受，为了达到教学目的，它强调奖惩方式的使用，采用强制性的训导方法。教学的目的就是培养学生成为安分守己的人，并具备健全品格。因此，教育的目标是基本的，而对外界适应的方式则是监护式的。

类型二强调系统知识的重要性，教师具有权威是由于他具有专门的知识与技能或较高的学历资格。这种形式把师生教学活动当作一种手段而非目的。学生求学的目的，是在准备升入高一级学校深造或取得更高资格，以便从事更理想的工作，所以教学的目标是预备的，而对外界适应的方式学术性的。

类型三强调学习过程的重要性，教学过程完全依据学生身心发展的需要，即以学生为中心的，教师只处于辅导的地位，控制学生的方式以引发其动机为主，采取民主参与的方式。此类型的教学功能在于充分发展学生身心，以便适应未来社会生活，所以教学目标是发展的，而对外界社会适应的方式是传教式的。

三、班级组织的交互模式

班级组织的交互模式是建立在团体动力学原理基础之上的。团体动力学是以团体内部全体与部分之间交互关系的变化为对象，就其动力学原理与法则，从事实验研究的科学。它通常以非正式的小团体为其研究对象。最早将团体动力学原理运用于班级社会体系，研究教师行为的是英国学者安德森（H. H. AndorSon）②。安德森与其同事在一项研究中将班级师生关系交互行为分为控制型和整合型两类，从中研究教师行为对学生的影响。与安德森同一时期从事的另一项有关研究，是利比特（R. Lippitt）和怀特（R. K. White）进行的领导方式的著名实验。该项研究根据教师权威的程度，将他们的行为划分为三类：一类是家长制作风的权威型；另一类是不闻不问的放任型；还有一类是教师作为平等一员参与活

① 唐迅：《班集体教育实验的理论与方法》，广东：广东教育出版社 2000 年版，第 67-68 页。

② H. Anderson, Domination and Socially Integrative Behavior, In P. Barker, et. al, （eds）, Child Behavior and Development, Mc Graw-Hill 1945：459-483.

动全过程的民主型。实验结果表明：在民主型模式下，学生之间的情感交流较为融洽，表现出团结合作与自主精神，活动的效率也较高。在权威型模式下，学生的群体行为效率较高，但学生的个体行为因相互竞争容易产生侵略性行为。在放任型模式下，学生各方面表现均差。这充分说明，教师人格的感召力不是依靠棍棒、体罚和严酷的纪律树立的，而是依靠教师的人格品质建构的。这些早期的实验研究都为班级社会体系师生交互作用的理论模式提供了科学依据和方法论。

（一）小团体沟通模式

学校班级通常是由一位教师与一群学生彼此之间交互作用所形成的一个小团体。李威特（H. J. Leavitt）等就班级小团体成员之间的沟通形式作了研究。他们以五人小团体的沟通形式为研究对象，发现沟通形式与成员的活动量、满足感、沟通速度及正确性均有密切关系。他们将沟通形式分为圆圈、链状、Y 形和轮式四类。圆圈式沟通形，成员间交互作用较活跃，能满足成员个体心理需要，但缺乏组织，沟通错误较多；轮式沟通形，团体间有良好的组织，沟通错误少，但无法满足成员个体心理需要。

大体上讲，我国中小学目前班级团体师生交互作用模式基本上属于第四类。教师居于中心位置。分别与学生个体发生交互作用。这种模式，倾向于建立良好与稳定的组织，一切以方便教师教学活动为主要考虑因素，但不能满足班级全体学生的心理需求。教师居于中心地位，有利于维持秩序，增强效率，但同时也可能因为某些学生不善于与教师沟通而丧失应有的学习机会。

（二）师生交互作用模式

师生教学活动主要是借助语言媒介的交互作用，为此，不少学者提出了直接观察小团体中交互作用的一些方法，其中以贝尔斯（R. F. Bales）的“交互作用过程”最为著名（参考吴康宁的图解）。他认为，观察团体成员之间面对面的交互作用，可将任何行为（以言语行为为主）划为下列模式中的一类中（见表 1-1）。

表 1-1　**贝尔斯“交互作用过程分析”归类表**

A	社会的情绪的领域 积极的反应	1 表示团结
		2 表示紧张的解除
		3 表示同意
B	任务的领域 应答部分情绪上中立	4 给予建议
		5 提供意见
		6 指示方向
C	任务的领域 询问部分情绪上中立	7 要求指示方向
		8 要求提供意见
		9 要求给予建议
D	社会的情绪的领域 消极的反应	10 表示不同意
		11 表示紧张
		12 表示敌意

根据以上的归类表，用以分析班级团体的相互作用，可以发现：中间部分 4～9 系属任务领域，包括达成班级教学目标的一切工具性活动；1～3 及 10～12 各项与团体的形成与维持有关，属社会情绪的领域，显示小组内部的合作或竞争，和谐或排斥的人际关系。任务领域又分为 B 部分（4~6）的给予作用，亦即应答，C 部分（7~9）的需求作用，亦即询问。社会的情绪的领域，又分为积极的（A 部分）与消极的（D 部分）的反应。再以感情的程度配合排列，由明显的“1”与“12”表示团结或敌意的强烈作用，到含蓄的“3”与“10”表示同意或不同意的缓和作用。在小组合作学习过程中，贝氏最后并将 12 种类别依次序以 6 种功能来说明：（1）沟通；（2）评价；（3）控制；（4）决定；（5）紧张处理；（6）再统整。

佛朗德斯（N. A. Flanaors）将交互作用分析方法，实际地运用于教学情况中，设计了“社会交互作用模式”。此模式主要在于分析班级社会体系中师生双方的言语交互行为。他把教师与学生在教学情境中的行为分为十类，把教师的教学活动过程分为六个步骤。他认为，教师的直接影响或间接影响（对学生的影响）可以从学生的依附性和学生的学业成就两方面加以考察。他为此还提出了三个重要原则：（1）在教学活动前一阶段，限制学生参与的自由，将增加其依附性，而且降低其学习成绩；（2）在教学活动后一阶段，限制学生参与的自由，不会增加其依附性，而会增加其学习成绩；（3）在教学活动前一阶段，扩展学生参与的自由，将减少其依附性，而增加其学习成绩。① 佛朗德斯的理论模式，表明教师在情境教学中的教学行为，对于学生的学习态度与学习效果都有重大影响。但是，不难发现，此模式有两个缺陷：（1）这种模式只重视班级教学中的言语行为，而忽略（或不重视）非言语交互作用的行为。在教学中言语行为固然重要，但是师生非言语行为同样影响到教学效果的提高与教学目标的达成。（2）这一模式重视教师对于整个班级的行为，却忽略了教师对于个别学生的行为；重视教师的主动交流，却忽略了交互作用赖以产生的环境。

戈曼（A. H. Gornan）根据交互作用的发展过程，提出了师生交互作用过程的理论模式。它有以下几个特点：（1）强调开始情境与最后显现情境之间师生背景（包括认知、技能、情感等方面）和团体结构（包括行为规范、教师领导与管理班级的方式）的变化；（2）注重获取反馈的机会；（3）运用情境变化分析影响到下一次的交互活动。②

课堂教学过程中，包括教和学两个动因在内的结构复杂的，内容丰富的目的性行为，是由行为主体（教师和学生）以及与行为主体相联系的起着直接与间接作用的因素所构成的，在动静交替转换过程中反映出来的一种行为（见图 1-2）。

（三）信息反馈模式③

佛朗德斯的师生交互影响模式，阐明了不同教学行为与学习效果之间的关系，却未探讨构成这些教学行为的因素。蓝克尔（P. J. Ruakec）认为，在交互作用过程中，一个人

① N. Flanders, Analysing Teacher Behavior, N. Y.：Aeeison-We-sley, 1970：37.

② A. Gorman. Teachers and Learners：The Interactive Process of Education. Boston：Allyn & Bacon, 1969：36-39.

③ P. Runkel. A Brief Model for Pupil-Teacher Interaction, In N. Grage（ed.）, Handbook of Research on Teaching, Chicago：RandMc NAlly, pp. 126-127.

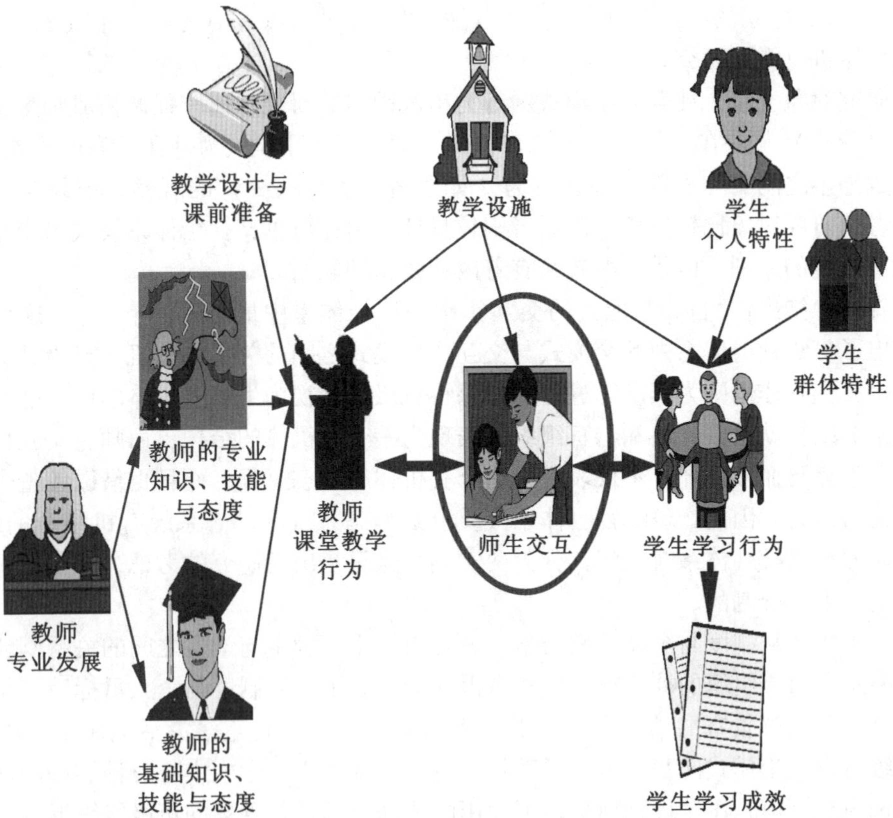

图 1-2　师生交互

的行为乃是经由信息反馈的作用而影响到另一个人的行为。他在研究师生教学行为中，提出了一种信息反馈模式。根据师生信息反馈原理，他将教师课堂行为的决定因素与学生课堂行为的决定因素联系起来，构成了一个“信息反馈圈”，用以说明课堂师生交互关系。教师的参照系一方面决定其教学行为，另一方面由其本人行为与学生行为而获得信息反馈。同样，学生参照系一方面决定其学习行为，另一方面也由其学习行为与教师行为而获得信息的反馈。这种关系表明了师生之间观念与行为的相依性。

蓝氏的信息反馈交互模式，存在着明显的缺陷。它只说明一位教师与一位学生之间的交互关系；而在班级实际教学情境中，一位教师要同时面对几十个学生，而且学生之间的沟通，也影响着师生关系的形态。教学情境的变量是极其复杂的，这一模式似乎未能完全涵盖。当然，此模式提醒了教育工作者重视师生之间的信息反馈作用，了解师生内在需要与相互期望，重视师生刻板印象对教学行为的影响，这无疑是有价值的。

以上我们从社会体系和团体动力学两个维度探讨了班级社会体系的理论模式。这两类模式既有区别又有联系。就差异而言，主要表现在以下几个方面。

从研究方法上看，社会体系的结构模式基于社会体系的概念，从社会学原理分析入手；师生交互作用模式则基于团体动力学的概念，从心理学角度出发。其次，就研究范围而言，社会体系的结构模式是宏观研究，将社会文化的整体结构当作研究对象；师生交互作用模式是微观研究，就社会成员间的交互行为加以细微分析。因此，前者是从“大处着眼”，对社会体系的结构与功能进行宏观的理论探讨，后者则是从“小处着手”，对师生交互作用进行微观研究。

从研究对象上看，社会体系模式为行为构成因素的研究，比较强调构成师生交互行为的内在（人格）与外在（制度）的因素探讨，而交互作用模式为外在行为的观察与分析，比较注重师生之间实际表现的外在行为（如语言、动作……）的观察、记录与分析。因此，前者的研究对象比较抽象，而后者则较具体。由此可见，社会体系模式与交互作用模式存在着明显的差别。但是，两者又有着内在的密切联系。

帕森斯曾指出：“自我与他人的交互作用是社会体系中最基本的形态。”这从某种意义上道出了班级社会体系中社会模式与交互作用模式之间的关系的契机。班级社会是一个整体结构，交互作用则为其动态过程。如果将班级社会视为生物有机体的话，那么，班级社会体系的结构就是其骨骼和器官组织，表现为整个有机体的结构，而师生交互作用就如同呼吸、消化与血液循环，不仅表现为这个有机体的动态过程，而且也借以使整个结构充满了生机与活力。因此，班级社会体系实质上是静态系统和动态系统有机结合的统一体。我们在研究班级社会体系时，将其分为两大类，这只是出于研究的考虑，事实上两者是互为联系的，不可分割的。

这一节主要从制度与个体、教与学、教师与学生、学生与学生之间的关系阐释了班级组织的模式。班级组织的社会行为模式告诉我们，为了达到制度与个人目标，一位成功的教师应该充分了解教室的情境，并能够依据实际需要权衡轻重，灵活运用不同的教学方法。班级教学理论模式向我们展示了教材中心、教师中心、学生中心三种类型的班级运作模式。班级交互模式比较理想地呈现了运用团体动力学进行管理的班级组织形式，其中的小团体沟通模式、师生交互作用模式和信息反馈模式对我们都有一定的启发意义。

第四节　班级组织的社会功能

前三节主要从什么是班级、班级的属性是什么、班级的组织模式有哪些三个问题进行分析的，本节主要从社会学的角度和教育学、管理学的角度来阐述班级有什么功能。

帕森斯于 1959 年发表的《班级为一种社会体系》一文中，以社会学的观点分析美国小学班级教学的六项社会化功能和一项选择的功能。社会化功能主要是指班级活动如何发挥功能以培养个人的社会信念与知识能力，以便适当扮演个人未来的成人角色；选择功能是指如何根据社会的结构与需要，将每个人按其性格与能力分配到社会上适当的位置，以达人尽其才、才尽其用的目的。班级社会化功能的主要内容是：（1）传授系统的文化科学知识、技能，培养学生认识世界和改造世界的能力；（2）传递社会价值观，指导生活目标；（3）教习社会规范，培养社会行为习惯；（4）培养社会角色。此外，还有学者提出班级的个性化功能和保护功能。① 这是关于班级社会功能的经典论述。

《班集体功能变量的实验设计》的研究结果表明，班级作为一个以学生亚文化为特征的社会群体，是一个独特的社会化机构，具有促进儿童社会化的功能；班级作为班级授课

① 吴立德：《班级社会学概论》，四川：四川大学出版社 1996 年版，第 10-13 页。

制的基层教育组织，是学生集体共同的学习活动的组织形式，在教育过程中具有组织功能；班级相对于集体中的个人来说，是一种巨大的教育力量，相对于个别教育，班级具有不可替代的独特、微妙的教育功能；班级作为一个以集体主义价值为导向的社会心理共同体，具有在集体建设中培养和发展个性的功能。①

一、班级的社会化功能

个体社会化功能一般是指为培养现代“社会人”共同必需的社会性、社会交往能力等品质打基础，具体来说具有个体身份社会化、个体政治社会化、个体职业社会化、个体文化社会化、个体道德社会化的功能。个体身份社会化功能主要是指培养角色意识，学会相应社会角色的规范，为获得一定社会地位和履行一定社会角色职责奠定基础。个体政治社会化是指掌握当时当地的既定价值，培养民主意识、法律意识、参与意识等，形成社会认同的政治倾向、政治态度、政治观点，为未成年人成为合格社会公民奠基。个体职业社会化是指启迪智慧、培养兴趣，树立成才志向，正确对待成人与成才的关系，为培养合格社会劳动者创造条件。个体文化社会化是指了解民族文化传统，培养民族自尊心、自豪感；正确对待外来文化，增强对外来文化消极方面的抗毒性；为培养价值形成力、形成文化创造力、养成健康的文明观、成为文明人奠基。关于道德社会化的涵义，美国学者 R. 哈什等人认为，人的道德性并不是由一些抽象的道德原则所体现的，它一般表现在三个方面：（1）关心他人，愿意帮助并保护他人。这种关心是自觉自愿的，发自内心的，同时还要求行为者本人能够了解他人的心理，具备一定的社会知识，否则他就无法正确地判断他人遇到了什么困难、有什么需要以及应该如何去关心和帮助他。（2）能够正确地进行道德判断。社会中的道德准则时常是相互冲突的，对道德问题所作出的不同判断会导致不同的行为。（3）行动。在个人关心他人、作出判断的基础上采取的行动，是个人的道德性的最为充分的体现。② 我国伦理界普遍认为，道德作为社会意识形态的重要形式，有着自身的体系和丰富的内容，其主要由道德意识、道德规范和道德活动三部分构成。家庭教育的个体道德社会化功能是指帮助个体“从一个自然的人学会过道德生活，与社会基本的道德价值系统取得共识，具有一定的道德判断和道德选择能力，并且在不断地超越不适应的、旧的道德价值体系、经历个人冲突后达到新的均衡状态”。③

班级的社会化功能主要表现在：（1）筛选择优功能，即通过班级的信息沟通结构对环境中的社会文化信息筛选择优，强化那些有利于集体成员个性发展的因素，剔除那些对个性发展起消极作用的条件，从而优化班级环境；（2）整合功能。班级的目标、规范和组织机构具有对班级环境中多重教育影响的加工、转释和定向功能，整合优化影响班级的因素，形成班级系统的最优状态；（3）自我完善功能，在社会需要与班级成员个性发展的矛盾运动中，实现班级的自我完善、发展。④

---

① 唐迅：《班集体教育实验的理论与方法》，广东：广东教育出版社 2000 年版，第 205 页。

② Richard H. Hersh，Glen O. Fielding，John P. Miler ：Models of Moral Education：An appraisal，1980：1-6.

③ 鲁洁：《德育社会学》，福建：福建教育出版社 1998 年版，第 150 页。

④ 唐迅：《班集体教育实验的理论与方法》，广东：广东教育出版社 2000 年版，第 205-206 页。

班级正是在社会需要和教育目标的引导下，通过规范的教学目标、课程结构、教学过程、班级制度等环节有目的、有计划、有组织地履行班级成员的社会化功能。有研究结果表明，测量班级社会化功能水平的主要指标有：（1）班级履行基本社会职能的指标，如入学率、合格率、升学率、教学效率等；（2）班级维护社会制度的功能指标，如班级的政治氛围、人际关系结构、多数人的态度和共同的行为方式、纪律性、传统、舆论及班风等；（3）班级的适应性和稳定性水平。①

二、班级的个性化功能

个性化功能是指提高和强化个体各种心理特征的成熟度与水平，为培养独立的健全的个性奠基。同时还表现为能够启蒙自我意识，养成自我认识、自我设计、自我塑造、自我完善的能力，培养具有不同特色的需要、动机、兴趣、信念、性格、能力等品质，为培养独特的个性奠基。研究表明，集体不单纯是一种对学生起影响作用的教育环境，在集体建设中，学生是活动的主体，是在活动中形成各种社会关系的主体。正是在学生集体自主学习、自我教育、自我管理中，具有参照性的集体目标、价值、规范等转化为集体成员的需要、动机系统，而学生在集体人际关系中所处的地位又决定了他的态度和行为方式，在意识中形成了集体主义的思想和情感以及在集体中自决的能力，形成个性的社会倾向系统。因此，集体的形成过程也就是培养个性的过程。实践证明，个性的目的性，集体主义的价值观以及个性的社会积极性等个性品质，只有在集体中培养并通过集体形成和发展。

班级的社会化功能与个性化功能是交互作用、互相渗透的。前者主要表现在按照社会要求对个性的社会同一性的教化、定向和控制，其标志是集体性和标准化，作用方式是强调社会群体对个体的类化及个体对社会规范的模仿、从众、认同。后者则表现为按照学生身心发展特点、水平及差异性，以活动交往和人际关系为中介，形成和发展学生的个性，其标志是个别化、独特性和非标准化。② 由此可见，班级的个性化功能就是使学生从社会化的对象——客体的自我转变为个性化的主体——主体的我。

测量班级个性化功能的主要指标有：（1）班级的目标结构具有包容性、选择性和个体性；（2）学生是主角；（3）班级为每一个成员开拓了个性充分发展的自由时空领域和条件；（4）班级的交往结构和人际关系内容充实、频率高、集体心理的气氛良好；（5）在班级的民主管理和创造性自治活动中培养富有个性的公民精神。③

履行班级个性化功能的主要途径有：全面深入地了解班级成员的个性；以活动为中介发展学生的个性；要精心为每个学生设计个性发展路线；要充分“放权”让学生履行自治职能；要发挥创造精神，营造良好的竞争氛围。

三、班级的组织功能

如果说班级的社会化功能和个性化功能是从社会学的角度来分析的话，那么班级的组织功能和教育功能则是从管理学和教育学的角度来阐释的。

---

① 唐迅：《班集体教育实验的理论与方法》，广东：广东教育出版社 2000 年版，第 98-99 页。
② 唐迅：《班集体教育实验的理论与方法》，广东：广东教育出版社 2000 年版，第 100 页。
③ 唐迅：《班集体教育实验的理论与方法》，广东：广东教育出版社 2000 年版，第 101-102 页。

班级是为了教育目的而专门组织起来的教育集体，它既是班级授课制的基层教育组织，又是学生集体学习、劳动、游戏等社会活动的基本组织形式。

班级的组织功能主要表现在：（1）班级目标在组织共同活动中的指向、激励作用；（2）班级的交往、人际关系在组织共同活动中的沟通和凝聚作用；（3）班级的规范作为统合班级中个体行为的规则和范型，在组织共同活动和校正人际关系中，具有调控作用。它以纪律、舆论、传统、制度等手段，使班级的教学、教育和管理行为，按照一定的模式和秩序进行。①

具体而言，班级的组织功能主要依靠集体目标、集体交往、集体规范来实现。集体目标在组织共同活动中的指向、激励作用。正是集体目标使全体成员认同活动的社会价值和意义，进而使集体成员把活动的社会价值转变为内在的需要和动机，这是集体自我运动的源泉。人际关系在组织共同活动中的沟通和凝聚功能。在儿童集体开展共同活动过程中相互交往，沟通信息，形成互助、合作、竞赛、责任、服从、团结等关系。为了完成教学、教育任务，在集体中设有自我管理机构，正是学生集体的职权结构、角色结构、信息结构，成为班级教育过程得以有效实现的集体组织骨架。不断变动着的组织机构把学生轮流地置于负责、从属、互相帮助的地位，成为进行真正公民教育的一个有效手段。集体的规范作为统合集体中个体行为的规则和范型，在组织共同活动和校正人际关系中，具有调控功能。它以纪律、舆论、传统、制度等手段，使班级的教学、教育和管理行为，按照一定的模式和秩序循行，保证教育质量的提高。

四、班级的教育功能

班级的教育功能有以下特点：（1）班级作为一个独特的教育影响源，是社会影响和教师影响的折射，它是集体环境中教育因素的转换器，有利于班级不断开拓新的教育领域；（2）班级有利于促进个体的认识过程和智力发展。按照学习的集体性原则，充分发挥课堂教学活动中人际交往、协作、竞争等社会心理因素的教育潜能，是提高课堂教学质量的重要途径；（3）只有在集体教育和集体活动的背景中，教师才有可能在更大范围和多种活动中，充分运用多种教育因素，构成教育方法的系统，积极地给学生以深刻的影响；（4）班级对个人的教育影响是通过模仿、感染、暗示、从众、认同等社会心理机制实现的、具有潜移默化的特征；（5）班级是一个亚文化群体，由于同辈文化为学生提供了一种新的价值观与准则，并提供了作为一个独立自主的人参与活动、交往的社会情境和角色体验，所以班级也是一个以学生文化为媒体的自我教育过程。②

本节主要从社会学、教育学、管理学的角度分析了班级的社会化功能、个性化功能、教育功能和组织功能。关于班级功能的论述可以参考帕森斯的《作为一种社会体系的班级：它在美国社会中的某些功能》。

本章围绕班级组织的社会属性、班级组织的特性、班级组织的理论模式以及班级组织的功能四个问题展开论述。关于班级组织的社会属性，主要从班级作为一种社会群体、班级作为一种社会体系、班级作为一种社会组织三个命题来分析，在这里，我们将班级作为

---

① 唐迅：《班集体教育实验的理论与方法》，广东：广东教育出版社2000年版，第207页。

② 唐迅：《班集体教育实验的理论与方法》，广东：广东教育出版社2000年版，第208页。

一种社会组织作为班级的第一社会属性。关于班级组织的特性，我们从班级作为一种社会组织所具有的社会倾向性、组织规范性和自为主体性，以及班级作为一种特殊的社会组织所具有的自功能性和半自治性特征来阐述。关于班级组织的理论模式，我们主要从制度与个体、教与学、教师与学生、学生与学生这四个维度来分析班级的组织运作模式。关于班级的功能，我们主要从社会学的角度阐述了班级的社会化功能、个性化功能，从管理学的角度阐述了班级的组织功能，从教育学的角度阐述了班级的教育功能。

思考与分析

一、基本概念

1. 班级
2. 自功能性与半自治性

二、简答题

1. 班级的特点是什么?
2. 班级具有哪些功能?

三、论述题

日本学者山田洋次曾这样描述班级：“正如拍一部好电影需要一个好的摄制组一样，成功的教育也得有一个好的班级集体，从这一角度着眼，摄制组的导演也许和班级的教师有很大的共同之处。”请结合自己的观察和分析，谈谈现在中小学班级管理的模式与问题，以及如何创建一个好的班级集体。

第二章　班级组织的要素

导读

班级作为一个社会组织，除了具有若干属性外，它还由众多的要素构成。其中，班级组织的个体要素、目标要素、制度要素以及文化要素是其必不可少的要素，缺少了它们其中的任何一个，班级组织就不成其为班级组织。这些要素相互依存、相互作用而存在，共同构成并作用于班级组织这个整体。要更为清晰、深入地认识班级组织，我们必须具体了解其构成要素及其相互间的关系。此外，班级组织各构成要素也是班级管理工作的着眼点之所在，它们是班级管理工作的重要领域。了解班级组织的构成要素及其相互关系也是做好班级管理工作的必要前提。本章将对班级组织的各构成要素及其相互之间的关系进行详细的论述。

第一节　组织观的历史演变与班级组织

从管理学作为一门正式学科产生至今，人们对组织的认识一直受三大理论思潮——科学主义、人文主义以及两者的整合的影响，在此基础上形成了三种相互区别而又相互影响的组织观：科学主义组织观、人文主义组织观以及整合的组织观。这三大组织观影响着人们对组织的认识和管理。它们很快也走入了教育领域，影响着教师对班级组织的认识。由于不同的组织观对班级组织的性质及其各要素作用的强调程度各不相同，因此在不同的组织观的审视之下，班级组织及其构成要素便呈现出不同的形态，这将最终影响教师对班级组织的管理。我们将具体论述这三大组织观并以此分别对班级这个特殊的组织予以介绍。

一、科学主义组织观与班级组织

在三次工业革命中，科学给人们带来的巨大利益逐渐改变了人们的思维方式。上帝、神从人们的思维中渐渐逝去，理性代替了它的地位，成为人们生活和思维的主要特征。人们运用理性，并以科学的态度来认识以往由神学所笼罩的一切事物。“科学”、“理性”成为人们的追求目标，人们相信科学的力量，企图用科学来解决一切社会和生活问题。作为时代发展的产物，“科学主义”成为风靡全球的理论思潮。以“科学主义”为出发点，科学主义组织观在管理领域得以产生，并不断发展。尽管在班级管理理论中没有系统的阐述，但在教师具体的班级管理措施中却反映出此组织观的影响。我们接下来将对科学主义组织观及其视野下的班级组织进行详细的论述。

（一）科学主义组织观

科学主义组织观最早起源于20世纪初形成的科学管理理论。当时，资本主义正处于蓬勃发展的时期，然而，由于管理不善，生产中普遍存在着人力和物力资源的浪费，生产效率低下。人们“可以看到和感受到对物质资源的浪费，而对人的活动的不熟练、低效率和错误的指挥所造成的浪费却看不见摸不着”。① 为了改变这种情况，实现组织管理效率的最大化和最优化，科学管理者找到“科学”、“理性”这一途径。他们企图用科学、理性的方法来提高组织管理的效率。雷德里克·泰勒首先开展时间和动作研究，以探究工人在组织中最大效率工作的方法。在此基础上，他形成了自己的科学管理理论，完成《科学管理原理》这本具有划时代意义的著作，其核心观点便是用标准化的方法和标准化的制度追求组织管理效率的最大化。该书标志着西方管理科学的正式产生，也标志着资本主义国家由经验管理向科学管理的根本转变。因此，他被誉为“科学管理之父”。同样追求组织管理的理性，和泰勒从具体操作方法着手不同，法约尔从行政管理原则着手，试图建立一套由上而下的理性管理体系。之后，古利克和厄威克对法约尔的科学管理理论也有所发展。在他们的努力之下，科学管理理论越来越完善，影响也越来越大。同时，它也受到越来越多的批判，例如很多学者认为它无视组织中个人的力量和需要。

当代社会，很多学者在坚持科学主义组织观基本观点的基础上，摒弃了其中一些不合时宜的、有失偏颇的观点，使科学主义组织观得以继续和深化。和古典组织理论强调科学方法、科学行政原则不同，当代科学主义组织观强调的是通过组织结构的科学化和理性化实现组织效率的最大化，个人在组织结构中的作用仍然是有限的。因此，清晰、具体的目标和组织结构的形式化对于当代理性系统观理论者具有非同寻常的意义。首先，组织目标是组织得以形成的根本动力，而组织则是实现其目标的工具。而要最大限度地发挥组织的作用，组织必须具有清晰的目标。具体、清晰的目标能够指导管理者的决策、组织的劳动分工、细化组织成员的工作以及对成员工作成效的客观评价，它是组织理性化的首要条件。而模糊的目标则会妨碍组织的理性化，因为没有清晰的目标管理者和组织成员的一切工作都失去了明确的指导以及可靠的评价。其次，是组织的形式化。它体现为组织的规章制度，是组织理性化的另一个重要的特征。形式化产生了组织的工作绩效标准和规章制度。明确的组织制度有利于确定组织成员的工作，有利于规定组织成员的行为，有利于清晰地评价组织成员的工作。形式化是组织根据标准化和制度化而做出行为预测的工具。除此之外，这还可以使组织的正常运行更少地依赖于个人，而更多地依赖于组织的纪律和制度，从而也保证了组织的稳定性。

总体来说，尽管科学组织观在如何实现管理理性化的问题上还存在着分歧，但他们却都认为组织是实现具体组织目标的正式工具，它强调组织效率的最大化，理性是实现效率最大化的组织管理首要原则。

（二）科学主义组织观视野下的班级组织

科学主义组织观从其产生之初就被引入教育管理中，引导着人们对教育系统、如何进行教育系统管理的认识，一直延续至今。其理性方法、理性行政原则以及理性组织结构都在教育管理理论和实践中产生着影响。而在班级管理层面上，虽然没有专门的理论阐述和反思，但在实践层面我们却不难看到科学主义组织观的影响，这背后反映的是在科学主义组织观影响下教师对班级组织的认识。在科学主义组织观的视野之下，班级组织呈现出以下特征。

---

① Taylor. The Principles of Scientific Management. New York: Haper & Row, 1911: 6.

1. 明确的班级目标

班级组织作为一个整体具有实在性，它是为实现一定的目标而建立起来的。因此，班级目标是班级组织形成的前提条件，也是班级组织制订一切工作计划的纲领。班级目标的制订对班级组织的形成和运行具有关键的作用。由于班级组织的整体实在性，班级目标相对于学生个体目标在地位和作用上更具有优势，它必须以个体目标为基础又高于各个个体目标，班级目标高于学生个体目标而存在。

作为班级组织的整体目标，班级目标需要具有以下的特征：第一，明确性，明确的班级目标才能发挥目标的引领作用，班级组织的成员才能更具目的性地进行工作；第二，针对性，班级目标需要体现班级组织的“个性”，这样的班级目标更具有生命力，也更容易发挥它的作用；第三，整体性，作为班级组织的整体目标，要高于每个学生个体的目标，同时，其本身也应是一个相互联系的目标整体；第四，激励性，班级目标不能太高，也不能太低，必须具有“实现性”，这样，班级目标才会产生驱动作用。

2. 严格的班级制度

追求班级管理的科学化和理性化，很多教师认识到建立严格的、系统的班级制度是很重要的。他们认为，为了更有效地达成班级组织的目标，班级组织必须具有严格的、明确的纪律和制度。明确的规章制度是班级组织管理的依据，也是班级组织成员的行为依据。只有班级制度“才能使班级管理精确化、科学化，有效克服教师在操行评定中凭印象和感觉的模糊化管理现象”。① 因此，班级制度的建立是班级管理工作形式化在班级管理的实践中，建立班级管理制度也成为班级管理工作中必不可少的任务。

为此，班级规章制度必须要符合以下要求：第一，目的性，班级规章制度必须始终围绕班级目标，成为实现班级目标的工具；第二，可行性，班级规章制度必须符合班级组织的实际情况，必须是经过同学们的努力可以达到的；第三，简明性，班级规章制度不能太繁杂，否则起不到实际效果；第四，严肃性，班级规章制度一制定，必须严格执行，不可朝令夕改。

3. 量化的评价体系

为了保证班级规章制度的有效实施，班级必须具有一套明确的学生评价体系。受科学主义管理思想的影响，很多教师在班级管理中追求学生评价的科学化，采用量化的学生评价体系。他们认为，由于各个学校针对自己学校的实际情况建立学生综合素质的定性评价体系，这种评价体系带有很大的人为性和模糊性，从而导致各校学生综合素质很难纵向或横向比较，从而学生管理缺乏可操作性和科学性。为了解决这一问题，建立一套统一的学生综合素质量化评价体系显得十分必要，它更能有效、客观、科学、全面地对学生进行评价。

量化的学生考核方式一度在很多学校中使用，至今，这种方法仍然在班级管理的实践中存在。在这种评价体系中，每个学生的具体行为都可以量化为分数，而每个学生的最后分数都能代表这个学生一学期的行为质量。

总体而言，从理性系统观的视角予以审视，班级组织是一个整体性的实在，班级目标、班级制度和学生评价体系是这一整体的三个基本的、不可缺少的要素，而学生作为个

---

① 王顺双：《构建和谐班级制度的理性要求》，《班主任之友》2007 年第 4 期，第 7 页。

体在班级组织运行中的作用是渺小的，他必须服从于班级这个整体性的存在。

二、人文主义组织观与班级组织

伴随着科学主义思想发展，科学主义组织观给工厂的效率带来了极大提高，但也给管理实践带来了一些问题，其不足为许多学者日益关注。作为“科学主义”的对立面，“人文主义”作为一支重要的理论思潮诞生并不断发展。以“人文主义”为出发点，人文主义组织观应运而生并在当代不断发展。很快，它的影响走出工厂，来到教育领域中，影响着人们的教育管理理念，从而也在一定程度上影响着教师对班级以及班级管理的认识。

（一）人文主义组织观

和科学主义组织观一样，人文主义也努力于追求组织效率的提高；然而，它并不认为组织的正式目标和结构会发生很大的作用。人文主义组织观认为组织中个体成员的合理需要的满足对提高组织的效率具有重要的作用，而组织管理就是要满足组织成员的合理需要。

人文主义组织观起源于20世纪30年代的人际关系研究。当时泰勒的科学管理方法被广泛地运用于各种管理实践中，促进了生产效率的极大提高，但却遭到了许多工人的反抗。为了找出问题的症结，梅奥等人在霍桑进行了著名的“霍桑实验”。通过试验，梅奥发现，生产不仅受物理的、生理的因素影响，而且受社会环境、社会心理的影响。在试验的基础之上，梅奥进行了一系列的总结，形成了人际关系理论并被誉为人际关系理论的创始人。“人”在这次试验中被发现，“人的需要”成为后来众多学者研究的对象。梅奥的人际关系理论的核心有三点：第一，“社会人”的人性假设。梅奥认为人在更大程度上是“社会人”。人并非只是从物质和金钱中获得满足感，人是受社会需要的激励并在与其他人的关系中获得满足感、意义和价值，同来自外部刺激和管理控制相比较，个人更容易对来自所在集体的社会压力作出反应；第二，生产效率的提高，主要在于满足工人的社会需要。梅奥认为工作效率的提高取决于工人的“士气”。所谓士气，指的是职工工作积极性、主动性、协作精神等结合成一体的精神状态。工人安全感、归属等社会、心理方面的欲望的满足程度决定工人的士气，满足程度越高、士气也越高；士气越高，则生产效率也越高。可以说管理的根本任务就是创造良好的人际关系气氛，满足组织成员的社会需要；第三，非正式组织的发现。霍桑试验发现，工人的行为与正式的工作规范不吻合，组织中出现了影响工作校绩的非正式组织。这种非正式组织是自然形成的，它不仅控制着每个成员的行为，而且还影响整个正式组织中人们的行为。它是影响生产效率的重要因素。

梅奥之后，很多学者发现他的人际关系理论将组织生活中的复杂关系简单化了，并不能完全满足管理中的复杂需要。然而，他调和了科学管理者对组织结构的过分关注，使其转移一部分至组织中的人，这一思维视角被后来的学者所延续。从而也使人文主义组织观不断完善。首先，马斯洛提出了“需要层次理论”。他把人的需要按照高低分为五大类：生理上的需要、安全上的需要、社会交往的需要、受人尊重的需要和自我实现的需要。这五类需要互相联系，按照重要性和发生的先后顺序，形成一个需要的等级。组织管理的重点就在于了解和满足工人的不同需要；其次，麦戈雷戈在大量调查的基础上提出两种人性观，形成X理论、Y理论。X理论认为人生而好逸恶劳，不求上进；不愿负责，宁愿听命于别人；以自我为中心内，漠视组织需要；缺乏理性，容易受骗；只有少数人才具有解决组织问题所具有的想象力和创造力。Y 理论正好相反，它认为人具有要求工作的本能；人的追求是满足欲望的需要，与组织的需要没有矛盾；人们能使用自我指导和自我控制来使二者协调；一般人都具有相当高的解决问题的能力。在这两个理论中，麦戈雷戈认为 Y 理论更适合于作为管理思想的基础，强调人的主动性、社会性和创造性方面。最后，美国行为科学家弗雷德里克·赫茨伯格提出了保健因素和激励因素，形成了“双因素理论”。该理论认为激发人的动机的因素有两个：一种是保健因素，即工作环境、工作关系的因素；另一种是激励因素，即工作本身、工作内容的因素。赫茨伯格认为这两种因素都会影响人们的动机，但影响方式不一样，保健因素是防止人们产生不满，激励因素是引起人们满意的因素。如果处理好保健因素，可以防止人们产生不满的情绪，但仍不能调动人们的积极性；而处理好激励因素，就能使人产生满足感，调动人们的积极性，产生持久的激励作用。因此，管理者要把这两种因素有效地结合起来，引导组织成员在工作中获得满足。

总之，人文主义组织观强调非正式组织，而不是正式组织；强调人而不是结构；强调人的需要而不是组织的要求。“人”在组织中处于中心地位，正式的目标与结构在组织中并不会真正发挥多少作用。

（二）人文主义组织观视野下的班级组织

科学主义组织观指导教育管理尽管提高了教育的效率、秩序和稳定性，然而，它却忽视了个人在组织中的作用，学生在其中是不被重视的，这给教育带来了一些问题。人文主义组织观对组织中“人”的关注很快就引起了教育管理者的注意，他们企图以此来解决理性系统观带来的一些问题。这样，人文主义组织观便成为学校管理者的指导思想，同时也引导着教师对班级组织以及班级管理的理解。在人文主义组织观的视野之中，学生的需要、学生的参与以及学生的自我评价成为班级组织的三个重要要素。

1. 学生的需要

人文主义组织观之下，学生从班级组织中“走”出来，成为班级组织的“中心”和“主体”。班级组织并非一个实体存在，真正存在的是每一个学生。因此，在班级组织中，学生并不是一个“被管理者”，他们都带着自己的需要在班级组织中生存，以满足自己的需要为目的行动。可以说，班级组织发展的动因并非是班级的正式目标，而更大程度上是每个学生自己的不同需要。因此，班级组织管理的中心便是学生的需要。这样，“围绕学生需要”也就成为大多数教师的理论共识。

然而，根据马斯洛等行为科学理论者的观点，每个学生的需要是不一样的，不同的学生有不同类型的需要，不同的学生有不同等级的需要，其中有的学生的需要和班级组织目标是相一致的，而有的则是不相一致的。教师的管理工作并非是以班级组织目标去压制一部分学生的需要，把班级组织目标作为管理的中心。相反，教师需要去研究、了解不同学生的不同需要，在此基础上尽量满足每一位学生的合理需要。

2. 学生的参与

人文主义组织观在教师对班级组织以及班级管理的认识中也有很明显的影响。有老师提出，“管理工作，归根结底是为了调动人的积极性，而在当代社会要调动人的积极性，就得尽可能多地满足社会性的人的多种需要……这些理论运用到班级管理中，则表现为班主任尊重学生、信任学生……而让学生参与管理，就是尊重学生、信任学生的体现。”①“学生参与管理”、“学生自主管理”一度成为教育实践和理论讨论中的热点。

和科学主义组织观不同，人文主义组织观下的学生并非缺乏自我管理的能力；并非只能被别人领导；并非只是被动地接受管理的“被管理者”。相反，他们拥有自己的能动性，他们有能力协调自己的需要和班级组织目标，他们拥有参与班级管理的能力和需要。参与班级管理、成为班级管理的主体也是班级组织管理过程中满足学生需要的必要条件。因此，班级组织管理的重心就是让学生成为班级组织管理的主体，成为自我管理者；引导学生进行自主管理，形成学生参与班级管理的意识，提升学生参与班级管理的能力。

3. 学生的自我评价

既然在班级组织中，学生是管理的主体，那自然他也应该是评价的主体。受自然系统观的“民主”思想的影响，很多老师意识到学生有进行自我评价的能力和需要，他们不应该仅仅是教师评价的对象，而应该成为评价的主体。

学生是学习和发展的主体，同样，学生也应该是评价的主体。这样的评价方式使学生从评价的客体地位转变成评价的主体，既有利于消除学生的逆反心理，使评价成为学生的需要；同时，这也能提高学生自我评价的能力；另外，它还有利于学生更积极地面对自己的不足，主动地改正自己的缺点，消除外部评价的消极影响。可以说，评价对学生发展的促进作用只能通过学生自我评价的方式产生，因为学生自我评价是促进学生发展的内部刺激，而教师评价、其他学生的评价、家长的评价只能是促进学生发展的外部刺激，它们只能通过学生自我评价对学生产生影响。因此，在班级管理中，学生自我评价应成为学生评价的主要方式，而其他方式是次要的，甚至可以丢弃。

概括来说，在人文主义组织观之下，班级组织只是满足学生需要的工具，只有学生才是真正的存在。学生的发展是班级组织存在的依据，学生应成为班级组织的主体。班级组织的一切都应该围绕每一个学生存在。这样，强调学生的需要、学生的参与和学生的自我评价便成为这一系统观下班级组织的特点。

三、整合的组织观与班级组织

科学主义组织观和人文主义组织观两者各执一端，前者强调结构比个体重要，而后者强调个体比结构重要。可以说，科学主义组织观关注的是“无人之结构”，而人文主义组织观关注的则是“无组织之人”。很明显地，这两者都存在着无可置疑的理论缺陷。为了弥补这些缺陷，很多学者企图综合科学主义观和人文主义组织观，从另外一个视角去看组织和组织管理。这种新的组织观也影响到教育系统中对教育组织的管理，影响着教师对班级组织的认识。我们将对整合的组织观及其视野下的班级组织进行详细的说明。

（一）整合的组织观

整合的组织观认为组织生活中正式的、理性的要素与非正式的、自然的要素是相互依赖和融合的。科学主义组织观，尤其是科学管理理论忽视了个体的个人和社会需要；人文主义组织观，尤其是人际关系理论却忽视了正式结构的作用；显然，这两者都是有局限的，无论是正式组织还是非正式组织、组织结构还是人，对于理解组织和组织管理都具有

---

① 万秀兰：《引导学生参与班级管理的途径和方法》，《上海教育科研》1994年第6期，第44页。

非常重要的作用。这两者的结合是整合的组织观所提供的理论视角。

切斯特·I. 巴纳德（Barnard）最先将这两种观点结合起来。他的《经理人员的智能》一书被管理学界称为美国管理学文献中的经典。在这本书中，巴纳德便是用这两种观点来分析组织、讨论组织管理的。在书中，他对正式组织和非正式组织进行了定义，并综合地证明了正式组织和非正式组织之间存在的紧密联系。他认为组织是由个人组成的，组织要生存下去，就必须有两个或者两个以上的人具有共同的目标；而个人对是否参加组织的活动具有选择的权利，这种权利来自于个人的目标和愿望，即个人的动机。因此，正式组织、结构和非正式组织、个体都是组织分析中非常重要的概念，它们是组织动态平衡系统的要素。管理者的职能便在于协调这些要素以使其保持平衡的状态，为此管理人员必须要研究组织中个人的特征和需要，从而协调好其与组织目标的关系。西蒙（Simmen）以巴纳德的理论为基础，吸收了行为科学、系统论的观点，发展了巴纳德的理论，在《管理行为》一书中，他认为组织是一个交易系统，其中，各种工作诱因相互进行交易。组织成员只有在认为诱惑大于劳动贡献时才会继续留在组织中。另外，尽管组织能为理性决策提供框架、信息和价值导向，但它收集处理信息、寻找问题解决方案的能力却都是有限的。因此，西蒙更重视获取信息的非正式渠道，认为非正式渠道在获取信息和寻找问题解决方案中具有重要的作用。

总的来说，整合的组织观将科学主义组织观与人文主义组织观结合起来。在整合的组织观持有者看来，组织是复杂的、动态变化的。组织拥有正式结构，以实现各种具体目标，但是组织是由人组成的，这些组织中的人有着各自的特殊需求、利益和信念，这些需求、利益和信念往往与组织期望相冲突。因此，组织具有计划性与非计划性的特征、理性与非理性的特征，有正式结构与非正式结构。在所有的组织中，理性要素和自然要素共存于一个系统之中。

（二）整合的组织观下的班级组织

与科学主义组织观以及人文主义组织观不同，人文主义组织观中的班级组织既是制度性的结构，也是学生的集合；它既具有正式组织的要素，也具有非正式组织的要素；这两种要素在班级组织中相互依持而存在，具有密不可分的联系。因此，在自然系统观的关照下，班级组织便体现出以下的特征：

1. 学生需要与集体需要共存

对学生需要在班级组织中地位的过分强调给班级管理的实施带来了很多的问题，很多老师意识到，在班级管理中一味地满足学生的需要，无视班级集体的需要是不合适的。作为班级组织，学生是其中的主要成员，学生的需要应成为班级组织的重要要素；但同时，班级组织又是学校中的制度性组织，它必须有自己的组织目标和需要；对于学生的发展而言，这两者同样重要。学生的需要是学生发展的重要动力来源，但班级组织的需要同样也是有利于学生发展的。这两者在班级组织中具有同等的地位。

学生的需要和班级组织的需要并不完全是矛盾的，它们有的是一致的，而有的时候会是相互冲突的。在两者相互冲突时，过分压制其中的一方都是不合适的。教师在班级管理中的一个很重要的任务便是努力协调这两者的关系，使其处于动态的平衡之中。而其中任何一方地位过高都是班级组织系统失衡的体现，也是班级组织不健康的表现。

2. 教师管理与学生参与共存

整合的组织观下，班级组织成为正式组织与非正式组织、结构与个体的结合。当然，学生在班级管理中的主体地位是不可忽视的。然而，教师作为班级管理者的作用也是不可忽视的。教师和学生应该共同成为班级组织管理的参与者。教师在班级管理中采取放任态度，让学生完全自主管理，这是不明智的。从教师的角度来说，他在班级组织中担任的是“统筹者”的角色，在经验和能力上要比学生拥有一定的优势；也只有教师能够传达学校以及社会的教育要求，发挥班级作为正式组织的功能；从学生的角度来说，任何外部的刺激都必须通过学生的内化与吸收才能发挥作用，因此，班级组织作为培养学生的机构，其组织成员——学生——必须发挥占据主体地位。然而，这两者并非处于矛盾之中，它们两者是可以共处的，教师和学生可以共同参与到班级组织的管理中来，成为班级管理的一员。

教师作为班级管理的“统筹者”，他的管理任务的中心在于协调教师和学生在班级管理过程中的共同参与，引导学生参与班级管理的意识，让学生有机会在班级管理中发挥主体性作用，并对学生的参与给予“统筹”。

3. 教师评价与学生自我评价共存

既然教师和学生都是班级组织管理中非常重要的一员，那么教师和学生都应该参与到学生评价中来，成为学生评价的两个不可或缺的主体。人文主义组织观对教师评价的抵制以及对学生自我评价的片面强调在实践中是不可行的。如果没有教师的评价，完全放任地让学生进行自我评价，这样的评价必然缺乏客观性和准确性，同时也起不到评价所拥有的促进学生发展的效果；然而，没有学生的评价，只有教师的评价，这样的评价是不全面的，有时更会带来错误的评价。同时，这样的评价不仅排斥了学生在评价中的主动性，而且不能发挥其促进发展的作用。

从整合的组织观视角来看，教师在班级组织的管理中应该结合教师和学生的评价，使两者共同成为学生评价的主体。更为重要的是，教师要努力达成两者的互动，学生的自我评价要成为教师评价的依据之一，并且教师要对学生的自我评价给予反馈；而学生也要重视教师对自己的评价，并给予反馈。这样，教师评价和学生自我评价才能处于协调、平衡的状态，从而发挥评价所具有的促进学生发展的作用。

综合而言，在整合的组织观视野之下，作为正式组织的班级以及作为班级重要个体的学生在班级组织中处于同样重要的位置。个体需要与集体需要、教师管理与学生参与以及教师评价与学生评价的共存是开放系统观中班级组织的重要特征。因此，班级管理就是要协调这些要素，使它们处于平衡状态中。

当代，科学主义组织观、人文主义组织观以及整合的组织观相互对立地存在着，而同时又呈现出相互融合的趋势，共同影响着当今教师对班级组织的认识。尽管如此，不得不承认的是，整合的组织观由于融合了前面两者的观点，抹去了它们之中偏激的要素，因而它对班级组织的认识显得更全面、更合理。更为重要的是，班级组织是一个育人的组织，它同时强调班级组织作为一个整体的育人功能以及班级组织中每一个学生的需要和成长。因而，整合的组织观在对班级组织的分析中拥有着更多的优势。因此，在本章中我们主要运用整合的组织观来分析班级组织的要素及其相互之间的关系。

第二节　班级组织的要素及其关系

要认识班级组织这样一个复杂的社会系统，我们必然要将它分解，去认识组成它的每一个部分。但这并不是说只要了解班级组织的每一个组成部分，而是通过分析这每一个部分在班级组织中的地位，从而从整体上把握班级组织。这样，我们对于班级组织的认识也会更深入、更系统。在此基础上，对于班级组织的管理工作也会更科学、更自觉，而非仅仅凭借教师的直觉和经验。因此，这一节我们将对班级组织的四个要素及其相互关系进行具体的论述。

一、班级组织的要素

班级组织作为一个复杂的社会系统，它必然由许多的要素构成，我们可以列举出很多班级组织的构成要素。其中有些是必不可少的，如果缺少了这些要素，班级组织就不能成为班级组织了；而有些则是属于班级组织的充分条件，这样的要素越多，班级组织也就越复杂。对于班级组织来说，个体、目标、制度和文化是其必不可少的四个要素。我们将对它们进行详细的论述。

（一）个体要素

每一个组织都是由众多“个体”所组成，它们共同构成了组织，支持着组织的存在。班级组织也不例外，班级中的个体共同构成了班级组织，它们是班级组织的中心。班级组织中的一切活动都起源于班级组织中的个体、由他们所进行、并最终是为了他们的发展。个体在班级组织中处于中心地位，是班级组织的一个关键要素。没有了这些个体，班级组织就不复存在。因此，班级组织中的个体形成了班级组织存在的必要，他们的互动是班级组织中一切活动的中心。

从内容上来看，班级组织中的个体有学生、教师（包括任课教师和班主任）。当然，这些只是班级组织系统内部的个体，他们还受到班级组织系统外部的个体，包括学校领导、家长等的影响，因此，班级组织系统外的个体也影响着班级组织系统内部的个体，他们形成了班级组织的外部系统。我们将主要对班级组织系统内部的各个个体进行简要的论述。

首先，学生是班级组织中的重要个体，没有学生，班级组织就没有了存在的价值和意义。在传统的教育中，我们一直把学生置于教育对象或教育客体的地位，而特别是在班级管理工作中，学生成为被管理者，是教师作为班级管理者的管理对象；而现今越来越多的理论和实践工作者都已经认识到在班级这样一个教育组织中学生所应具有的重要地位，他们应该处于班级组织的主体地位，充分发挥学生的主体性成为教学理论的共识，而在班级管理过程中充分发挥学生的主体性也是发挥班级管理教育作用的重要途径。

其次，教师，包括班主任和任课教师，是班级管理的实施者，他是班级组织运行的统筹者和主导者。我们以前一直把班主任作为班级管理的唯一实施者，很多人也认为班级管理是班主任的事情。而事实并非如此，每一位教师都是育人者，他们在教学的同时也应该成为班级管理的实施者。而班主任则是班级管理工作的统筹者，他需要统筹的是班级管理中学生之间的关系、任课教师和学生之间的关系以及教师之间的关系。因此，他需要站在一个整体的高度上来协调班级组织运行中的各种关系。

从他们对整体的班级组织的影响来看，他们每一个个体都以自己的方式影响着班级组织。每一个人都有自己的需要，这些需要塑造着每个人的行为。只要可能，大多数个体都会在工作过程中关注自我需要的满足。因此，在班级组织中每一个个体虽然所扮演的角色以及拥有的地位都不一样，但班级中每一个个体的需要和动机都是决定班级组织的关键因素，他们共同影响着作为整体的班级组织。除此之外，每一个人都有自己的行为风格，每一个教师，每一个学生都有不同的风格，尽管他们在班级组织中扮演同样的角色。不同的行为风格导致了他们的不同行为方式，也形成了班级所特有的风格。总的来说，班级中个体的需要和风格影响着班级组织的建设。

（二）目标要素

“当某一目标的达成需要共同努力时，人们就通过组建特定的组织来协调活动”，① 可见，某些特定的目标是组织形成的前提。从班级组织的形成来看，这种论断也是合理的。需要共同实现的目标是班级组织建立的必要前提，没有这些共同的目标，班级组织也就失去了引导，其存在的基础也就产生了动摇。可以说，班级组织中的个体就在这些目标的引导下进行互动，共同维持和建设班级组织。

从内容上来看，班级组织的目标要素是由各种目标所构成的系统。首先，从纵向上来看，班级组织的目标从高到低包括国家的教育目标、地方的教育目标、学校的教育目标、教师的教育目标、学生的学习目标。在这五个层级中，每一个层级的教育目标都包含着对上一个层级教育目标的理解、贯彻和实施，而同时也包含着这个层级所特有的个体特征。从地方的教育目标来看，它既包含对国家教育目标的贯彻和实施，同时也包含对地方特有情况的关注；从学校的教育目标来看，它也既包含着对地方教育目标的理解，也包含有对学校特色的考虑；从教师的教育目标来看，它也同时囊括了学校的教育目标和个人自身的特点和对教育的理解；从学生的学习目标来看，这既有对教师的教育目标的遵从，也有自身特征以及兴趣爱好的体现。总之，班级组织的目标由这五个层级的目标所构成，他们之间并非是相互独立而存在，而是相互作用着而存在。其次，从横向上来看，他们每一个人在班级组织中都有一个属于自己的目标，这些属于他们每个人自己的目标能在实际上导引他们的行为。由于他们每一个人的自身特质、自我认识以及对学习、对教育的不同理解，这些目标具有个体的差异性，每一个人的目标和其他人的目标都不相同。但同时，班级中每一个成员的目标在拥有自身特色的同时都或多或少地带有组织目标对个人的要求。因此，从横向上来看，班级组织中的成员都有自己的目标，这些目标是班级组织的目标和个人特有目标的结合。

同时，这些目标在班级组织中也发挥着重要的作用。目标的具体、清晰程度影响着班级组织的结构、班级任务的细化以及班级管理的行为。模糊的班级目标妨碍班级组织的理性化，这是因为，没有清晰的目标，班级组织的管理者是不可能作出合理的决策的。除此之外，班级管理中的日常事务也受目标的引导，目标的清晰有助于班级日常管理的有序进行，而缺少清晰的目标则容易使班级日常管理工作陷入混乱和无序。

---

① ［美］韦恩·K. 霍伊、塞西尔·G. 米斯克尔著．范国睿译《教育管理学：理论·研究·实践（第七版）》，北京：教育科学出版社 2007 年版，第 22 页。

（三）制度要素

制度是班级组织的一个重要的要素，它是班级作为一种社会组织的重要体现。它指的是班集体为实现共同的奋斗目标而制定的规则、法则，是班集体按一定程序办事的规矩，是班级管理的准绳。在班级组织目标的引领之下，为了更好、更快地实现班级组织的目标，保证班级组织成员之间互动的秩序，制定一定的规章制度是必不可少的。班级管理离不开规章制度，俗话说“无规矩，不成方圆”，一个良好班集体的形成，必须有一个人人都必须遵守的制度。因此，班级组织的制度更多地是体现了班集体对学生和教师的要求，是他们所必须要遵守的。

一般来说，每一个学校都有一套统一的针对学生的规章制度。这套制度是学校领导制定的，是学生必须要遵守的。在这些规章制度的制定过程中，学生是很少参与的，大多由学校领导和教师制定。从其作用范围上来看，这些制度针对的是全校的学生，是所有学生都必须要遵守的。而作用范围的广泛决定了其内容只是对学生的基本要求。教师在管理班级的过程中必须把学校的规章制度传达给学生，从而使其成为班级组织的制度的一种形式；然而，这些制度并不一定适合班级的实际情况，或者不能满足班级管理的要求，因此，在学校制度之外，每个班级都有针对自己班级所制定的制度，这些制度是由教师或者教师和学生或者学生自己所制定的。学生在这些制度的形成过程中具有一定的作用，不管学生是否参与这些制度的制定，这些制度的最终实施或者生效的前提则是学生的认可。从其广度来看，它们的作用范围只限于本班，是本班学生所必须遵守的，而其他班级则有其他班级的制度，当然各班级的规章制度可以是相同的，也可以是不同的。然而，和学校规章制度不同的是，班级自己的制度有一部分是明文规定的，而有一些则不是。它们是教师和学生在日常互动中所形成的隐性的制度。它们没有明确的规定，但确实是每个学生和老师都知道的，这是渗透在他们日常生活中的规范，只有他们自己知道，而外面的人只有通过参与他们的生活才能体验到。因此，这三种制度形式共同构成了班级组织的制度要素，共同对班级组织成员的行为和互动起着规范的作用。

（四）文化要素

在班级组织中的成员互动过程中，会形成一种共享的价值观、规范、信仰和思维方式。这些共同的取向就形成了班级组织的文化。班级文化是班级所特有的特征，它把一个班级和另外一个班级区分开来，并为班级组织成员提供了一种认同感和归属感。班级文化提供给组织成员一种超越他们个人的信仰和价值观；从而个体属于远远大于他们自身的群体。当文化非常强大的时候，对群体的认同感与群体的影响力也会变得非常强大。

从其内容上看，班级组织的文化可以分为物质文化、制度文化和精神文化。班级组织的物质文化是班级组织文化中的实体部分，主要包括班级的教室环境、教学设施、各种墙报、宣传画、图书角，荣誉匾牌以及各种象征物等。班级组织的物质文化的具体形态展示出不同类型的班级往往具有不同形态的物质文化；班级组织的制度文化是指班级组织文化中的制度部分，包括班级中各种条例化和有形的规章制度、行为规范、纪律等，以及班级中那些无形的习惯、约定俗成的规范，以及班级在教育教学活动中逐渐形成的传统和风气等。然而，班级组织的制度文化并非仅仅指的是制度本身，还包括班级组织的制度所体现的精神以及班级组织成员在遵守制度过程中的行为方式；班级组织的精神文化是指班级组织文化的观念部分，包括班级特定的思想意识、价值观念等。在班级组织中，这些观念文化常常是无形的却又无处不在，它以“隐性课程”的方式对学生的世界观、人生观和价值观产生着重要影响。班级组织文化的这三种形态并非独立存在的，它们是相互联系的，其核心是班级组织的精神文化，它们在一定程度上决定着班级物质文化和制度文化的形态。

班级文化所呈现的是班级组织非文字的情感部分。我们在班级组织中看到的物质文化的呈现方式是物质的、外在的，但我们更多关注的并非是这些形式本身，而更是这些形式背后的观念以及他们给学生的影响。它使得教师和学生以及学生和学生之间的沟通变得容易，同时这种共享的价值观有助于维持班级组织的凝聚力和情感。更为重要的是班级组织的文化是教育学生的一种重要的资源，它全面塑造着学生的个性和特质。

二、班级组织各要素间的相互关系

班级组织是一些“人”为了实现某个教育目标而建立起来的组织；为了实现这些目标，他们需要建立一定的制度以保证组织的正常运行；这样，在班级组织目标的引领之下，在班级组织的制度框架之内，班级组织中的“个体”进行着各种互动，而互动的一个重要结果就是班级文化的形成。由此可见，班级组织的这四个要素并非是相互独立存在，而是处于动态的相互制约的关系之中。因此，在班级组织中存在着众多对的相互制约的要素。在其中，有三组要素的关系最为重要，它们是个体要素与目标要素、个体要素与制度要素以及个体要素与文化要素的关系。如何认识这三对要素的关系决定着教师如何处理班级组织中每一个成员和组织的关系，最为重要的是它决定着学生在班级组织中的地位与角色。而在实践层面，这三对要素的关系所带来的问题也是教师所一直困惑的问题。因此，在这一部分我们将对它们之间的关系进行详细的分析。

（一）个体要素与目标要素的关系

班级组织的个体要素和目标要素从其主体来看存在着差别。班级组织的个体要素主要指的是班级中的每一位学生，反映的是班级组织中每一个个体的需要和动机；而班级组织的目标要素主要是从班级组织作为一个制度性存在的所具有的目标，因此它体现的学校管理者对学生的总体要求。在传统的师生关系理论之中，我们把教师作为学校教育的主体，而把学生作为学校教育的对象或者客体。教师与学生之间是教育与被教育的关系。在这一理论认识之下，教师或者班主任自然便是班级组织的管理者，而学生则是他们管理的对象，是班级组织中的被管理者。教师与学生之间是管理与被管理的关系。因此，班级组织的个体要素与目标要素则处于相互对立的关系之中，而目标要素处于个体要素之上，个体必须无条件地服从于班级组织的目标。

而事实上，班级组织的个体要素和目标要素在其根本之处是相互紧密联系的、统一的。因为学生实现全面发展，需要一个强大、持续、健全的目标引导。如果目标不完善，甚至性质上悖逆于学生的发展需求，那么学生个体的发展根本上是受到牵制的，某些时候甚至会产生决定性的恶劣影响。因为个体是生活在班级中的，影响是全方位的。而在另一方面，班级目标的实现需要班级中每一个人的参与，因为班级是属于大家的，每一个人都是其中的一员。只有所有人全面参与班级的当前运行与未来发展，才能集全体人的智慧与精力，全面促进班级目标的实现。如果大家不能同心同德，那么班级目标的实现则远较全体人合理奋进为难。

（二）个体要素与制度要素的关系

从传统教育理论上看，班级中的个体要素与制度要素是严重对立的。因为在传统的认识中，个体要素体现出的往往是一种自由、散漫甚或“没有规矩”的特性，而制度要素则向人们展现出井然有序、整齐划一的生活样态。在强调划一、效率的传统教育教学活动中，人们总是试图通过制度的全面渗透让班级中的每一个个体尽其全力实现“进步”，而全然不在乎个体本身的需要，每一个个体都只是制度指挥旗下奋力向前的一个小卒。而如果个体稍有懈怠或者反抗，制度的惩罚机制就会发挥作用，在一定意义上，惩罚是制度的一个本体性质。因此，制度是监督、鞭策个体按照一定计划以实现正常运行的。在这一层面上，班级中的个体与制度是对立的，冲突也是不可避免的。

然而，我们所看到班级中个体要素与制度要素的严重对立只是表面的，我们应该看到两者之间深层次的勾连关系，即他们两者也是相互依存的。这种依存关系又不是能被轻易打破的。一方面，个体的发展需要制度的保障。如果没有制度的引导与护卫，个体将会面临无可估量的阻碍，浪费大量的时间于其上而没有任何收获。如果制度设计与运行良好，个体将在获得更多自由的情况下实现更多、更好、更快的发展。因为一个好制度是能给人更多自由的，当然，这种自由也只是在相对意义上才存在。另一方面，制度的良性存在也需要个体的参与。首先，一个制度要制订好，毋庸置疑需要大家的共同努力，只有班级中每一个个体集思广益、群策群力，才能保证制度在设计之始就处于一种好的状态。其次，制度的运行、实施过程中，需要班级中每一个个体的自觉遵守与修正，这样才能保证制度最大限度地促进人的全面发展。

（三）个体要素与文化要素的关系

从表面上来看，班级中的个体要素与文化要素处于对立与冲突之中。首先，在每一个班级之中，无论是有意为之或是无意而成，班主任和任课教师都以自身对学生、对教育的认识为导向而塑造着班级文化，这样，每一个班级都体现着它的班主任和教师，而尤其是班主任的“个性”。正如很多老师所说的“什么老师带出什么样的班级”、“这个学生一看就知道是哪个班的”。因此，班级文化是由教师主导的，而作为个体要素主要反映的只是处于班级中的每一个学生的需要。在传统的师生观念的审视下，班级中的个体要素与文化要素就更多地被对立起来；其次，从两者的形态上来看，班级文化反映的是班级的整体形态，是班级组织作为一个整体性的存在而拥有的特征，因此，班级文化是整体性的。而班级中的个体却是作为班级组织整体的“细胞”而存在的，他们每一个都各有其特征，每一个都是不一样的，因此，班级中的个体都是独特性的。从而，从存在形态上来看，班级组织中的个体要素和文化要素也是存在明显区别的。

但是，这些区别和对立只是表面的。从更根本看，班级组织的个体要素和文化要素是紧密联系的。一方面，虽然教师和班主任在班级文化的形成过程中起着主导作用，但这并不意味着学生个体在班级文化的形成过程中完全处于被动的地位，他们并不只是“被塑造”着。相反，作为整体的班级文化正是处于其中的每一个个体互动的结果，班级组织中的个体在其文化形成过程中处于核心地位；另一方面，作为体现个体行为方式的班级亚文化和甚至是反学校文化对于班级文化也具有激活的作用。班级文化形成之后，随着时间的推移，它会不断形式化，最终逐渐僵化，这样班级文化也就失去了其陶冶作用。而学生亚文化或者是反学校文化的出现会打破班级表面的平静和平衡，使班级组织日常生活泛起波澜，从而引起班主任和教师的注意和努力，并最终建立新的平衡，更具活力和生命力的班级文化也会形成。因此，从根本上来讲，班级组织的个体要素和文化要素是紧密联系和统一的。

在整合的组织观的审视下，班级组织的个体要素、目标要素、制度要素以及文化要素是构成班级组织的最基本的要素，缺少了其中任何一个，班级组织就不成其为班级组织。在班级组织这个整体中，这四个要素相互联系、相互牵制地存在着。而每一个要素都是班级组织管理的重要问题，这是作为班级组织管理者的班主任和任课教师所必须努力解决的问题。而班级组织管理的重心也就在于此。

问题与思考

一、简答题

1. 相对于科学主义与人文主义的组织观，整合的组织观有哪些超越？
2. 在整合的组织观之下，班级组织有哪些特征？
3. 在整合的组织观视野下，班级组织有哪些要素？它们之间的关系如何？

二、论述题

根据你对三种组织观的理解，结合你中学时代所处的某个班级组织，谈谈它们在其中的体现。

三、案例分析

班主任工作总结

在担任班主任工作的一年多来，我深深地体会到这项工作的烦琐和复杂，我相信，任何一位班主任都希望把自己从这繁重的工作中解脱出来，现就当好班主任工作谈一谈自己所受到的启发。

一、共同拟定班级公约

有目标才有动力，我根据学校工作安排和本班实际情况，在开学初与全班同学共同拟定班级公约，让每一个学生明确我们全班正在努力奋斗的目标是什么，增强集体的凝聚力和动力，然后，让每一个学生自己拟定个人目标，将集体的动力落实到每个学生身上，帮助和鼓励每一个人进步，使每个人都在明显而又易于承受的压力下自觉要求自己。

二、培养学生的良好习惯

低年级学生由于年龄小，自控力差，纪律涣散。我从培养学生良好习惯入手，课上进行趣味教学，尽量吸引学生的注意力，组织好学生的纪律。利用晨会课、思品课、班队课学习学校规章制度，提醒学生做好上课准备工作，并且在课后注意观察学生的行为，根据学生的表现在学生中树立榜样。在日常学习中，时刻注意调动学生的积极性，逐渐养成认真听课、认真作业、下课好好休息、讲文明、讲礼貌的好习惯。

三、干部队伍的组建和培养

一个班的集体面貌如何，很大程度上是由小干部决定的。所以我都慎重地选拔和培养干部队伍，这样班主任工作才能逐渐从繁重走向简单与轻松。干部队伍的组建不能仅仅作为一种形式存在，应具有较强的号召力和自我管理能力，我首先帮助小干部树立威信，然后鼓励干部大胆工作，指点他们工作方法的同时，要更严格要求干部个人在知识、能力上取得更大进步，在纪律上以身作则，力求从各方面给全班起到模范带头作用，另外培养干部团结协作的精神，要能够通过干部这个小集体建立正确、健全的舆论，带动整个班集体开展批评与自我批评，形成集体的组织性、纪律性和进取心。

四、以强化常规训练带动工作

良好的常规是进行正常的学习和生活的保障，一个学生调皮捣蛋，不合常规的举动往往会使一堂好课留下遗憾，使整个集体活动宣告失败，甚至使全班努力争取的荣誉付诸东流，直接影响到班集体的利益。因此，要扎实有效地加强学生的常规训练。晨会课、思品课、班队课都是强化训练的主阵地，通过训练让每个学生具有服从集体、服从命令的思想，具有自我约束力，形成习惯，保证整个班集体随时表现出良好的班风班貌。

在这学期中，我与学生在一起，觉得日子过得真快，虽然每天都是忙忙碌碌的，但我忙得高兴，忙得开心，我将更加努力工作，不断完善自己，提高自己。

（资料来源：www. 3edu. net）

根据你对班级组织要素的认识，谈谈上述案例中班主任工作涉及了班级组织的哪些要素。

第三章　班级组织结构

导读

班级作为学校的基本单位，有其特殊的组织结构，它由地位、角色和权力这三个要素组成。其中，不同的因素将会影响不同班级组织的形成。据统计，在目前的中小学班级中，大概有“树状”组织结构、“辐射状”组织结构和“网状”组织结构三种常见的班级组织结构。随着新课改的不断深入和教育体制的不断优化，传统的班级组织结构日益暴露出不足，探索理想型的班级组织结构迫在眉睫。通过对当今教育实践的考察，我们构建了几种理想型的班级组织结构，它们分别是：人本化班级组织结构、网络化班级组织结构和学习型班级组织结构。

第一节　班级组织结构概述

一、班级组织结构的历史沿革

班级组织结构并不是从一开始就固定不变的，而是经历了一个漫长的发展过程。从简单到复杂，从单一到多元。班级的产生是班级组织结构的前提和基础。

班级产生以前，教师与学生只是简单的师徒关系。教师除了传授给学生知识以外，并没有其他的任何联系与互动。比如：中国古代传统的私塾制、西方的家庭教师等，学生上完课就回家，教师完成自己的教学任务之后就离开。这时候班级还没有形成，也没有具体成形的班级组织结构。教师与学生之间的关系是一对一的关系，即“教师—学生”的单线联系。

随着需要接受教育的人数增多，老师的数量已经不能满足广大学生的要求了，这就迫切需要成立一个组织，将教师和学生统一起来。夸美纽斯的班级授课制的诞生就提供了一个这样的机会。中世纪的西欧各国学校组织基本上处于混乱无序的状态，没有形成统一的学年制度和教学组织形式。这非常不利于教育的普及和国民的教化。为改变这种根深蒂固的情况，夸美纽斯制定了统一的学年、学日制度，并在总结 16 世纪新旧各教派所兴办的学校中实行班级授课的初步经验的基础上，提出并全面系统地论述了班级授课制度。① 夸美纽斯主张把全校的学生按照年龄和知识程度的不同分到不同的班级，班级作为教学的组织单元。每一个班级有一个教室。每个班级有一个教师同时对全班学生进行教学，这改变了以往个别教学的现状。在每个班级中，学生被分成许多小组，每一组 10 个人，并选择一名学习好的学生作为组长，组长帮助教师管理本小组内的同学，组长还拥有一定“权

---

① 吴式颖：《外国教育史教程》，人民教育出版社 1999 年版，第 212 页。

限”，他有权检查小组同学的作业。夸美纽斯的班级授课制一致被公认为有关班级组织结构论述的最早开端，以后的相关论述都在一定程度上借鉴了夸美纽斯的思想，当前中国的班级组织结构及教学形式就可以追溯到他的班级授课制。这时候教师与学生是一对多的关系，即“教师—学生群体”的关系。

随着众多教育理论流派的兴起，教育观念已经深入大众的心中。班级是学校教育活动的基本单位，也是学生个体社会化的基本场所。班级的状况直接影响到学生对于学校生活的感受和参与程度，影响到教师的教育效果。① 教师也已经开始构思如何将班级组织结构最优化，保证班级目标的实现。对班级组织的发展产生巨大刺激的是 19 世纪初期在英国出现的“导生制”。它是由贝尔和兰卡斯特创立的，所以又称“贝尔—兰卡斯特制”。教师在学生中选择一些年龄较大、学习成绩比较好的学生担任导生。这样班级内的学生就被分为两拨人：导生和一般的学生。教师先对那部分导生进行教学，然后由这部分导生去教其他学生。导生制扩大了学生的数额，使教育在一定程度上得到普及。这时候就形成了“教师—导生—学生”的关系。

在中国，班主任的角色开始逐渐凸显出来，班主任作为班级的领导人物，他必须合理规划班级发展的步骤，领导并监督班级组织与管理。教师通过在学生中选定一个比较优秀的同学作为班长，班长成为教师与学生之间沟通与联系的桥梁。这样就形成了“班主任—班长—学生”的关系。班长成为班主任的“小助手”，班主任会将任务布置给班长，班长便协助班主任管理班级，处理同学与同学之间、同学与老师之间的各项事务。这样自上而下的直线式结构借鉴了军事管理组织的结构，它的主要特点是：（1）权力集中，指挥统一，由班主任控制整个班级组织，有利于规范管理，提高工作效率；（2）班级组织目标以及活动计划的制订、组织、实施、过程控制、考核评比等都由班主任具体负责，目标明确，意见统一；（3）班长、组长在班主任的安排和指导下开展工作，一般学生接受班主任领导的同时，还要服从班长的领导，有利于统一管理和安排工作。但同时这种直线式结构也存在着一定的缺点：（1）由于权力过分集中，班主任难免疲于奔命、顾此失彼；（2）班干部在班主任控制下开展工作，缺少独立意识和个性特色，不利于班干部独立工作能力的培养和提高；（3）目标确立、计划制订以及管理的过程中没有学生参与，容易造成与实际脱节。直线式结构适用于人较少的班级和低年级。②

但是，在班主任的领导下，要想仅仅依靠一个班长来完成班级管理的任务是不太现实的，所以在直线的基础上，便发展出了以不同的职能为基础的组织结构。班长在班级内部形成班委会，分设学习委员、劳动委员、文艺委员、体育委员、生活委员、纪律委员等来管理班级的不同事务。这样就形成了“班主任—班长—班委会—学生”的关系。这种职能式的特点是：（1）按组织目标和内容设立专业管理人员，使班级管理更加专业化；（2）设立中层职能人员，缩小了管理跨度，有利于班主任从事务工作中解脱出来，加强教育教学和管理研究，提高管理效率；（3）担任中层职能工作的学生都具有一定的特长，学生之间的特长互补，可提高班级管理的整体水平；（4）学生参与管理不仅可以培养他们的

① 吴康宁：《论作为特殊社会组织的班级》，《教育理论与实践》1994 年第 2 期，第 23 页。

② 刘怀忠：《谈班级组织的建立与管理》，《教育管理与评价》2004 年第 1 期，第 7 页。

组织能力、协调能力，提高他们的管理才能，还可以调动他们的积极性，发挥主观能动作用。① 目前我国主要采用的就是这种班级组织结构（见图 3-1）。

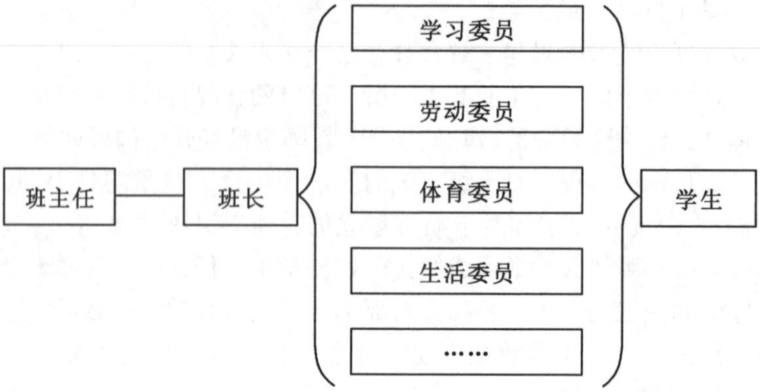

图 3-1　职能式的班级组织形式

二、班级组织结构的定义

组织结构是一个组织内部的各个构成部分，以及它们之间所确立的相对稳定关系的抽象表现形式。② 组织之所以称之为组织，正是因为它有自身相对稳定的关系和结构。除此之外，组织结构还指组织内关于规章、职务及权利关系的一套形式化系统，它说明各项工作如何分配、谁向谁负责及内部协调机制。③ 组织的正常有序的运作和组织内部人际关系交流都在一定程度上受到组织结构的影响。

班级组织作为一个系统的社会实体组织，也具有组织的三个基本要素：共同的目标、协作的意愿以及信息的联系。那么，班级组织就是在班集体共同目标的指导下，为了实现这一系列的目标，班级组织内的教师和学生达成共识，全力协作，在实现学校目标和班级目标的时候，在教师和学生之间、学生与学生之间、班主任和科任老师之间信息得到最大限度的共享和交流，充分利用有益于班级发展的信息，时刻抛弃不利于班级发展的信息，这样一个相对稳定、环环相扣的班级组织系统就“诞生”了。借鉴阎德明关于学校组织结构的定义，我们可以得到班级组织结构的具体定义：班级组织结构是按照学校目标和班集体目标的要求，将班级的人事、职务、岗位进行科学组合，形成结构合理、责权清楚的协作系统。④ 按照阎德明关于学校组织结构定义的具体分解和剖析，我们也可以对班级组织结构的定义作一“分解”，而分解后的要点恰好是班级组织结构的两个基本特征。

（一）班级组织结构的设立是为了实现班级目标

众所周知，现实生活中每进行一项活动或者完成一个任务，都要预先设定目标。目标

---

① 刘怀忠：《谈班级组织的建立与管理》，《教育管理与评价》2004 年第 1 期，第 7 页。
② 徐小平：《管理学原理》，北京：中国轻工业出版社 1997 年版，第 125 页。
③ G. R. Jones：Organizational Theory. Massachusctts，Addison Wesley，1995.
④ 阎德明：《现代学校管理学》，北京：人民教育出版社 1999 年版，第 58 页。

对人的行为具有激励和导向的作用。通过设定整体目标和具体目标，我们可将任务细化。设置了目标之后，我们可以广泛地调动人的积极性，指导人的行为，将组织成员的个人需要与管理目标紧密的联系起来，“共荣辱，齐呼吸，同命运”，目标管理的方法已经运用到各种各样的管理活动中去了。

学校承担着为社会培养输送优秀人才的重任，社会对学校培养人才的规格和质量都有一定的期望和约束，学校依据社会对学校的期望和对学校目标的约束制订了符合自己学校实际情况的目标。学校制订了培养目标之后，将具体任务落实到学校的基本组织——班级上，班级就成为了实现社会和学校培养目标的主要载体。班级组织结构存在的目的就是为了实现目标而进行协作活动，所以，为了更好地实现社会和学习以及班级的培养目标，就必须设立班级组织结构。

（二）班级组织结构是一个协作系统

班级组织结构是一个内容丰富的大系统。一方面，从班级组织结构系统内部来说，班级管理主体在班级管理目标的指导下，充分发挥班级管理职能，对班级管理的客体进行管理。在班级组织结构中，班级管理主体、班级管理客体、班级管理目标和班级管理职能这四部分相互联系，交错组合，共同影响。另一方面，将班级组织结构系统看做是一个整体，它作为学校的一个分支系统，学校里面有多少个班级就有多少个这样的分支系统。班级组织系统的发展是随着社会和学校的发展变化而变化的，在当今知识经济大爆炸的时代背景下，班级组织结构更应该走出班集体，走出校园，积极迎接社会的挑战，不断调整自身以更好的适应社会的发展。所以，这就需要班级组织结构以一个“整体系统”的姿态出现，内部各要素相互协作，外部主动与社会相适应。

因为班级组织是由人构成的，人是最基本的因素，班级组织结构的形成和发展最初都是从人开始，最终落到人身上。所以班级组织还应该注意组织内部人员之间的信息交流，保证信息畅通，人与人之间相互配合、协调一致，力图构建一个良好的人际关系群体。学校组织是一个“人文团体”,① 那么作为学校组织最基层的组织也是一个“人文团体”。这就需要组织内部人员相互沟通，以人为本，构造良好的人文氛围，而不仅仅是一个机械的、毫无生气可言的组织。

三、班级组织结构的构成要素

上述对班级组织结构的定义和基本特征作了介绍，接下来具体分析班级组织结构的构成要素。借鉴管理学中的相关知识，我们可以列出班级组织结构的构成要素，它们包括地位、角色、权力三个方面。

（一）地位

所谓地位，就是组织成员在组织层级中所占的相对位置，即在正式组织中的职位。班级组织中的成员被赋予一定的地位，班级组织成员正是根据这种地位同其他班级组织成员发生一定的稳定关系或进行相互作用，从而形成以班级组织成员之间的稳定关系为内容的组织结构。② 在一个完整的班级组织中，教师与学生分别处于不同的地位，学生与学生之

① 阎德明：《现代学校管理学》，北京：人民教育出版社 1999 年版，第 59 页。

② 金东日：《现代组织理论与管理》，天津：天津大学出版社 2003 年版，第 15 页。

间也并不一样。按照传统的观点来看，教师是传道授业的主导者，那么理所当然的拥有一定的主动权，地位便也就相应地高于学生；学生是知识的接受者，在知识传输的过程中属于被动的一方，地位略低于教师。在学生之间，有担任班干部和没有担任班干部的区分，学生干部作为班主任和同学之间沟通的桥梁，在一定程度上也承担了管理班级的职责，那些没有担任班干部的学生也就变成了被管理的对象，所以这也就有了地位高低之分。

地位主要表现在组织成员之间的隶属关系，它是权力和服从的主要基础，因此，地位是形成组织结构的基础因素。没有地位，那么进一步谈权力和服从也是徒劳。我们知道，班级是由不同的个体构成，但每个人并非都是处于同一相对位置，而是被赋予了一定的地位，不同的个体履行着符合他所处地位的职责。

在班级组织生活中，地位发挥着重要的作用：首先，地位明确了班级组织成员之间的相互影响，因为它提供了相互作用的基本依据，每个人都清楚的知道自己该做什么而不该做什么，各司其职。其次，地位消除了在组织成员关系上的模糊性，而且还调动了人们的职务动机，不断激励自己工作，加强班级组织对其成员的控制。再次，地位有助于维持班级组织内的秩序，保证班级组织成员之间信息沟通与交流的顺畅，有利于成员之间的相互交流及影响。

地位既然在班级组织中有着这么重要的作用，但也不能一味地取其优点，地位也存在着负面作用。如果我们就地位而论地位，不考虑班级组织的实际情况；或者简单的把地位作为班级组织的目标，那么班级组织将会陷入僵硬的境地，死气沉沉毫无活力可言，班级组织内的成员也会因为他身上被赋予的地位，造成一定的地位差距。

（二）角色

所谓角色，就是他人对占据组织中一定位置的人所期望的行为集合。这种构成角色的行为是相对稳定的，因而组织成员的主要行为根据其角色就可以预测①班级组织内的老师和学生就是他们的角色，学生在班级组织中的角色是学生个人和社会之间沟通的桥梁。

角色是组成组织结构的基本单位。相互依赖的一系列角色形成比较稳定的集合类型，从而形成组织的下一层次，即组织子系统的结构。而这种组织子系统的结构之间具备比较稳定的联系，就形成整个组织的整体结构。正是因为不同的角色之间相互联系，才形成了相对稳定的组织结构类型。

鲁洁教授从社会学的角度来分析过班级组织中的角色结构。一方面，班级中的角色常常成对出现，称为“对偶角色”。② 比如说：教师与学生、教育者与受教育者、管理与被管理、信息发布与信息遵从等。同时另外一方面，班级组织中的角色并不只是单一的。不仅许多人可以履行同一个角色，而且一个人也可以同时履行不同的角色。比如说：班级中的学生，在教师面前他是一个学习知识的学生，在同学面前他又是一个一起玩耍的同伴，在父母面前他又是一个还未成年的小孩子。所以，班级组织的角色结构还常常出现“角色不明”，“角色负担过重”，“角色冲突”等问题。③ 相应地教师在进行班级组织管理的时候，应当指导学生进行角色定位，调整、改善学生在班级组织中的位置。

---

① 金东日：《现代组织理论与管理》，天津：天津大学出版社 2003 年版，第 16 页。
② 鲁洁：《教育社会学》，北京：人民教育出版社 1990 年版，第 400 页。
③ 鲁洁：《教育社会学》，北京：人民教育出版社 1990 年版，第 400 页。

需要澄清的一个问题是，角色是由一个个鲜活的个体来体现的，角色离不开他的角色承担者。但是，角色承担者并不就是角色，角色因其不同的角色承担者而有不同的表现。所以，角色承担者不是固定不变的，而是可以由不同的人来承担，这说明角色具有不依赖其承担者的属性。

（三）权力

当今对权力的定义有很多，吉登斯认为，“权力是个体和群体使自己的利益和所关心的事情（甚至当其他人抵制时也能）受到重视的能力。”戴维·波普诺认为，“权力是指个人或团体控制和影响他人行动的能力。”所以权力与遵从和服从密切相关，权力主体行使权力是要付出一定代价的，权力被行使的过程也是权力主体付出代价的过程。

在组织中，权力支撑着地位和角色，并把组织内的各种角色和地位结合在组织之中。因此，权力起着在组织成员之间形成一定关系的媒介作用。在班级组织中，教师与学生之间、学生与学生之间、班主任老师与科任老师之间都存在着一定的权力关系。另一方面，组织是权力的载体，难以想像脱离组织的权力。如果一个组织没有权力的话，就会出现权责关系混乱的情况，这样不仅会出现多个权力主体“相互打架”的过程，也不利组织的进一步发展。所以在班级组织中，要合理分配各种正式权力，保证班级工作任务的顺利完成与班级目标的实现。

在班级中各种显性和隐性的权力关系交错在一起，共同支撑着班级的形成和发展。例如班主任与科任老师的权力就不尽相同，班主任除了要承担自己分内的教学职责以外，另外还要对班级的所有事务进行管理，那么班主任在治理班级的时候便拥有了绝对的权力；而科任老师仅仅担负着自己所教学科的责任，对于班级内的其他事务他不必负责，这样对于整个班级的了解也相应地减少了。

一个良好的系统必须具有合理清楚的结构和明晰的权责关系，如果系统内部结构混乱、权责关系模糊的话，那么这个系统也就一团糟了，能持续发展的时间也不会太长。班级组织结构是由班级管理的幅度与层次共同决定的，管理的幅度是班级管理的横向划分，管理的层次是班级管理的纵向划分。如何划分及划分的程度如何都与班级的规模密切相关。在一定的班级规模下，班级管理幅度越大，那么班级管理的层次就越浅；反之亦然，班级管理幅度越小，那么班级管理的层次就越深。

班级管理的幅度与层次要根据每个班的具体情况来考虑，如果班级人数较少，管理幅度也就较小，教师可以对每一个学生进行深入的了解；反之，如果班级人数较多，班主任要解决的事情会更多，可能会疏于对每一个学生的照顾，管理也就不会那么深入了。

四、班级组织结构建立的影响因素

我国的基础教育阶段，每个班都有不同的班级组织结构，要形成不同的班级组织结构，影响因素有很多，这些因素不一定全部都发挥作用，但至少是几个因素共同起作用。我们可以从外部因素和内部因素两个方面来进行分析。

（一）外部因素

1. 国家政治结构

要谈教育，谈学校，谈班级，就不得不首先考虑“政治”这个教育的社会大背景。政治作为一只“无形”的手时时刻刻操控着我们的教育，教育是带政治性的，这点在任何国家发展的任何阶段都是毋庸置疑的。由于“政治”的基本问题是权力的分配与运作问题，因而政治结构的主要作用当在于导致形成教育控制的一定模式。① 在不同的教育控制模式下，便会形成不同的班级组织结构。更为重要的是国家的政治结构通过国家机器（行政、立法等权力机关）制定法律和政策，在组织上确立对学校的管理和领导方式，制定和修改一系列的国家教育政策，在国家教育政策的“指挥棒”作用下，各级学校组织和班级组织都紧紧围绕着国家的教育政策开展教育教学活动。例如，在吴康宁的《教育社会学》中，他将世界各国的政治结构分为“中央集权”、“地方分权”、“地方自治加中央调控”三种结构，什么样的政治结构，就有什么样的教育控制模式，也就有什么样的班级组织结构。“教育”绝不可能游离于、超脱于“政治”所设置的种种框架。② 教育的一切都会被政治所密切“关注”。

2. 学校发展战略

学校发展战略是学校发展的纲领性线路，是学校进一步建设和发展的精髓。学校的发展战略与学校组织结构以及班级组织结构有着密切的联系。不同的发展战略和班级发展走向，那么班级组织结构也会呈现出不同的形态。比如，学生生源可靠、数量稳定的学校，一般采用“防御性战略”，学校的组织结构往往是比较简单的科层制结构；寻求新机遇、开拓新专业以满足日益增长的社会需求的学校，一般采用“探寻性战略”，学校组织的结构往往是比较灵活的……③一个组织的战略就是他的总目标，他涉及一定时期内组织的全局方针、主要政策与任务的运筹谋划，他决定着本组织在一定时期内的活动方向和水平，他是制订策略和计划的准绳。④

3. 科学技术发展

“科学技术是第一生产力”，科技的高速发展为我们的生活带来了日新月异的巨大变化，并已经渗透到学校班级生活的方方面面。任何一个组织都需要科学技术的运用，班级组织也不例外。科学技术的条件决定着班级组织的结构。多媒体技术的运用、班级博客、教师博客、学生家长博客、QQ 群、电子邮箱等形式多样的班级管理方式已经极大地改变了传统的管理现状。班主任和科任老师借助这些现代的科学技术，与家长随时保持联系，关注学生成长的每一步。

诚然，由于我国历史和地理位置等众多原因，在我国还有很大一部分地区连学校自身的生存、学生的正常学习都成问题，更不要说将先进的科学技术引入班级组织结构中来了。采用科学技术管理班级对于他们来说是天方夜谭。这是需要我们不惜一切代价必须改变的现状，保证每个学生都能享受优质均衡的教育资源是我们的教育义不容辞的责任。

（二）内部因素

1. 班级发展走向

班级组织未来的发展走向也决定着班级组织结构的形态，如果一个班级想要建立民主性的班级结构，那么教师就会适当放权给学生，让学生也参与到班级管理的过程中来，让

---

① 吴康宁：《教育社会学》，北京：人民教育出版社 1997 年版，第 76 页。

② 吴康宁：《教育社会学》，北京：人民教育出版社 1997 年版，第 91 页。

③ 李保强：《学校管理学》，北京：高等教育出版社 2002 年版，第 152 页。

④ 罗珉：《现代管理学》，四川：西南财经大学出版社 2002 年版，第 223 页。

学生自我管理、民主管理；如果一个班级想要建立学习性的研究性班集体，那么教师就会成立一系列的研究性学习小组，打破原来按学生座位进行的分组秩序，通过研究性小组竞争的方式来进行班级管理，让每一个学生在小组内都找到自己的位置，发挥自己的主观能动性。

2. 班级成长的阶段

班级与班集体是非常容易混淆的两个概念。组成了班级，并不等于说就形成了班集体。班级要想从一个松散的班级群体转变为一个有凝聚力的学生群体不是一蹴而就的事情，这需要一个漫长且艰辛的过程。在班级的成长阶段中，每一个阶段的班级组织结构也不尽相同。关于班级成长的阶段有很多种说法，其中日本学者广田君美的观点比较有代表性。广田君美将班级组织按照结构化程度分为水平依次递进的五个阶段：孤立探索期—横向分化期—纵向分化期—小群体形成期—群体统合期。①

在孤立探索期，学生由于刚进入班级这个组织，彼此对周围的环境还不是太了解，学生与学生之间的交流很少，班级组织结构并没有形成；在横向分化时期，学生之间的交流开始增多，在一次次的活动中，学生以自我为中心，逐步与自己兴趣相投的学生"拉帮结派"，这为下一步班级组织结构的建立奠定基础；在纵向分化时期，在横向分化的基础上，班级成员开始分化成"领导者"和"服从者"，学生可以同样从自己的同辈群体中获得在老师那里满足的需求。在小群体形成时期，学生为了共同的兴趣爱好组建一个个规模不大但是影响却很显著的小群体，这些小群体中间有他们约定俗成的规定和制度，不容侵犯。最后在群体统合期，班级组织结构已经基本形成，各个小群体在班级"首领"的指导下统一进行行动，目的都是为了班级目标的实现。② 可以看出，在班级发展的不同阶段，班级组织结构的发展水平和发展程度是有所差异的。

3. 班级发展的规模

我们在前面已经讲述过，班级发展的规模与班级组织结构有着密切的联系。在班级规模不变的情况下，班级组织结构是通过班级管理的层次和班级管理的幅度来体现的。在管理学中，组织活动的垂直差异表现以组织的等级为代表的垂直方向的专业化活动，即劳动（工作）的垂直分工。③ 组织的纵向等级就是管理的层次，表现了组织的纵向分工和各个等级不同的管理职能。在班级组织结构中，即表现为班级管理自上而下的分工，分为多少层，每一层具体干什么。管理幅度是指一个管理者能够直接有效管理多少下属。④ 他体现着一位管理者直接管辖的部门或次级组织的数量，体现着该管理者直接控制协调的业务量。⑤ 在班级组织结构中，即表现为在班主任的引导下，对班级进行横向分工，班级中设置了多少分支机构和部门，每个分支机构和部门又分管哪些工作。

一般来说，管理层次和管理幅度是随着班级规模的扩大而增加的。但是当班级规模不变的情况下，管理层次和管理幅度是成反比的，即管理层次越多，管理幅度就越小；管理

① 小川一夫：《班级管理心理学》，北京：北大路书房 1979 年版，第 173-175 页。
② 吴康宁：《教育社会学》，北京：人民教育出版社 1997 年版，第 300 页。
③ 徐小平：《管理学原理》，北京：中国轻工业出版社 1997 年版，第 130 页。
④ 徐小平：《管理学原理》，北京：中国轻工业出版社 1997 年版，第 132 页。
⑤ 李保强：《学校管理学》，北京：高等教育出版社 2002 年版，第 152 页。

层次越少，管理幅度就越大。扁平结构和高直结构就是两种具有代表性的班级管理结构。扁平式班级组织结构管理层次较少，而管理幅度较宽；纵深式班级组织结构管理层次较多，而管理层次较窄。

第二节　中小学班级组织结构示例

通过前面的内容，我们知道班级组织结构的定义和重要性，教学工作是学校教育的中心工作，各学科的教学活动基本上以班级为单位组织实施，而学校的其他教育活动，如德育、体育、艺术、社会实践等也主要以班级为平台进行操作。所以班级犹如军队里面的“连队”，构成了学校中最基本的单位。自从我国实行班级授课制以来，主要是采用的班主任负责制对班级进行管理。班主任负责制溯源于前苏联，它是计划经济体制在教育单位基层组织的体现，是权力高度集中的象征，确保了学校教育活动的有效运行。随着民主化进程的不断推进，班主任在每个班培养了一群“得力干将”，即是每班的班委会成员，共同对班级进行管理。直到今天，为了更好地形成“教师、学生、家长”三方的合力，学校与家长合作，共同为学生的学习和成长“保驾护航”。本章力图呈现目前中小学比较典型的几种班级组织结构，并对几种常见的班级组织结构进行深入分析。

一、“树状”组织结构

（一）“树状”组织结构概述

“树状”组织结构是当前中小学中最常见的班级组织结构，它是指在班主任的领导和带领下，每个班通过民主选择或班主任指派的方式产生班级委员会，班级委员会分设班长、副班长、团支书、组织委员、学习委员、卫生劳动委员、体育委员、文娱委员、生活委员、宣传委员等。班委在班主任的指导下，共同管理班级。班主任将班级事务进行合理分工，明确各位班委的职责与权限，把班级管理的各项任务和工作传达给各位班委，各位班委便在班上开展工作，班里的各位同学要配合班委的工作，如果有什么问题和意见也可以通过班委提出。这样一种班级组织结构就像一棵繁茂的大树，班上的每位学生是这棵大树的根，负责各项不同事务的班委是这棵大树的树枝，而班主任则是这棵大树的树顶，他可以“俯瞰”大树上的每一个枝节。(见图 3-2)

“树状”组织结构是最为传统的班级组织结构，也是平时学校中最为常见的组织结构。它将班级中的人员分成班主任、班委、学生三个部分，他们之间也只是简单的管理与被管理的关系，在他们中间，只有下达命令和接受命令的单向联系，所以这样的组织结构是单一的、直线的。

（二）“树状”组织结构的运行方式

班主任一般在每学期开学的时候，将本学期的工作计划、班级各项重要工作和活动等传达给各班委；每周定期举行班委会议，班委首先要将他所负责的事务进行简单回顾，同时也要向班主任和其他班委讲明工作中所遇到的困难和阻碍，希望得到他们的配合和帮助。班委其实是班主任与同学之间沟通的桥梁，起着上传下达的作用。同学如果遇到什么问题，一般都首先会向班委反映，再由班委给班主任汇报。学期末班主任要组织班委进行本学期总结，回顾一学期以来班级中所发生的各种问题。涉及对班上的同学进行评优的时

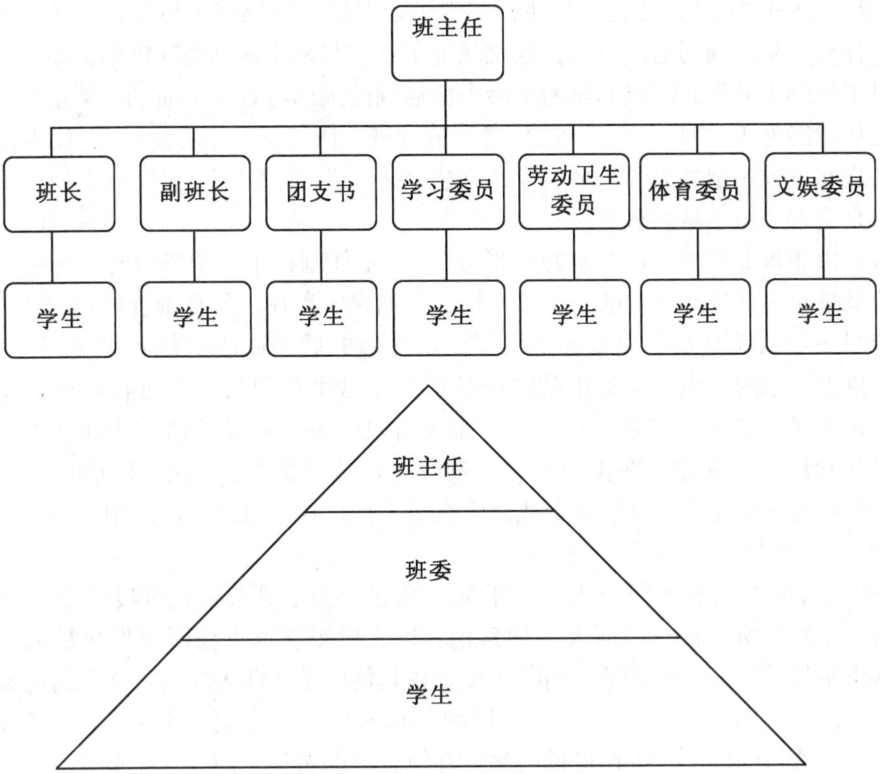

图 3-2　“树状”组织结构

候，班主任可以听取各班委的意见，作为参照的标准之一。

（三）“树状”组织结构的操作要领

这种组织结构的操作要点是注重先行培养班委会成员的管理能力，正确看待和发挥班委会的中介作用，使他们成为管理过程中的“主角”。班主任在进行班级管理的时候，会精心培养一批小干部、小助手，让他们既能忠实地领会教师的管理意图，又能干练地协助教师完成各项任务，把班级管理好。

（四）“树状”组织结构的优缺点

这种组织结构是以班主任为班级管理中的主干。班主任并不直接参与对全班学生的管理，他是通过对班委会的管理，再由班委会具体参与班级管理。并且由班委会将学校、班主任的管理意图渗透到学生中去。在这种组织结构中，班主任扮演着一个“导演”的角色。他处于整个班级管理的“宏观操控”地位，对班级的事务有比较全面的了解。

其主要特点是管理结构层次分明、程序清晰，每一个人都明确知道自己主要负责的任务，有利于发挥学生的积极作用，展现学生的特长，锻炼学生的能力，使学生逐步学会自己管理自己的班级。

同时，我们可以发现，“树状”组织结构存在着明显的组织的“科层制”色彩，每个人各就各位，主要目标是在班级里建立严格的规范和秩序，以便有效地控制学生，保证学习知识和德育教育的纪律。班主任和学生的角色比较单一和固定，表现出相当程度的非人格化特征。

“树状”组织结构的缺点是，班主任和学生之间缺少情感交流与信息反馈，由于班委作为班主任与学生之间沟通的桥梁，这就减少了学生与班主任见面的机会，不仅不利于班主任及时了解学生的思想状况和学习生活中所遇到的困惑与难题，而且在学生心目中，会觉得班主任始终处于“高高在上”的位置，感觉班主任“神圣不可侵犯”，慢慢地在学生与班主任之间形成一定的隔阂，最后导致学生“不敢”、“不愿”去找班主任，怕见班主任，常常是退避三舍，敬而远之。

同时，由于班委常常是班级中的“精英”，班主任刚接手一个班级时，学生入学前的档案评价就是班主任选择班委的一个重要指标。如果学生在之前有做过班委的经历，那么让他继续当班委也就是顺利成章的事情了。这样做的后果造成“优者更优，差生更差”的局面，班上其他的学生在无形中就被排挤在班委这个行列之外，他们只有继续当“平头百姓”的命了。作为“群众“的学生，很少有机会参与班级活动的计划和组织，主要是听从老师和班委的安排，在指令性、行政性（而非活动性）的小组扮演预定的角色，这些学生个体的真实生活也就被笼罩或淹没在班主任掌控的班级生活之中了。①

（五）案例分析

作为班委的学生，在班级中担任“干部”角色，由于其社会化程度还没有达到一定水平，班委常常会扮演着“两面人”的角色：即，班委在班主任面前唯命是从，言听计从，成为班主任手中的一枚棋子；同时，班委在其他同学面前表现出趾高气扬的姿态，一味表明自己的“领导”姿态。学生经常徘徊于这两种角色之间，不免会产生角色冲突。下面就是一个典型的例子，担任班长的学生有他自己的苦恼，原来班里的学生将“班长”一职简单地理解为班主任安插在班级里的“间谍”，这让班长很是头疼。

我不做“间谍”了

“我再也不做‘间谍’了”，班长冷不丁冒出一句话。

我很愕然，细问之后，他才向我诉说了做班干部的种种烦恼：同学们总把班干部当作间谍一样看待，有时即使是老师自己发现某生的违规违纪行为，同学也说是班干部告了密，有的班干部甚至还为此遭到打击报复。如果班干部不汇报工作，不积极主动做事，班主任会说他不负责任；如果想管事、想做事，同学们又说他是间谍，还说他想讨好老师，真是里外不是人！

听班长说完，我问：“除了做‘间谍’。还有其他方法做好班干部工作吗?”

他疑惑地看着我，我接着说：“班干部不是‘间谍’，也不应该是‘间谍’，班干部是老师的助手，更是班级的管理者。试想，如果你发现同学犯了错，马上委婉地提醒他、善意地教育他，实在处理不了再向老师汇报，同学们还会认为你是‘间谍’了吗?”

我又举了些优秀班干部管理班级的例子，告诉他，班干部就像“领导”，要学会关心“下属”，要把自己看成是“人民的公仆”，这样才能增强自己的向心力。

---

① 李伟胜：《班级管理新探索：建设新型班级》，天津：天津教育出版社 2006 年版，第 149 页。

听我说完，他开心地笑了。之后，他放下包袱，大胆工作，在他的管理下，我班几乎每周都能得到学校的通报表扬。

资料来源：杨友明：《学生不想当班干部，怎么办》，《班主任》2009年第11期，第35页。

◎问题与思考：

如果你是该班的班主任，遇到上述情况，你会有什么更好的解决方式吗？

二、“辐射状”组织结构

（一）“辐射状”组织结构概述

“辐射状”组织结构是指以班主任为领导核心，班级设班委、课代表、小组长作为班级管理的主要机构，共同管理和服务全班的同学。（见图3-3）由于班级事务较为繁杂和琐碎，仅仅设立班委还不能确保能对班级进行全面有效的管理。所以为了扩大班级管理的辐射面，有更多的同学参与到班级管理过程中来，增强学生民主管理的意识，将班级管理事务进一步细化。班委从宏观整体的层面上来负责班级各项活动，课代表主要负责各科作业本的收发，并及时将作业情况反馈给任课教师、班主任；帮助任课教师做好教学准备，如拿实验器材等；负责任课教师与同学间的沟通。小组长主要负责收交作业本。由于收作业本量太大，建议每位同学负责一门功课作业本的收发，并担任相应科目的小组长。如从第一排向后分别为语文、数学、英语、物理、化学、历史、地理等小组长。可以看出，班级里面有很多同学开始作为班级的“管理者”。

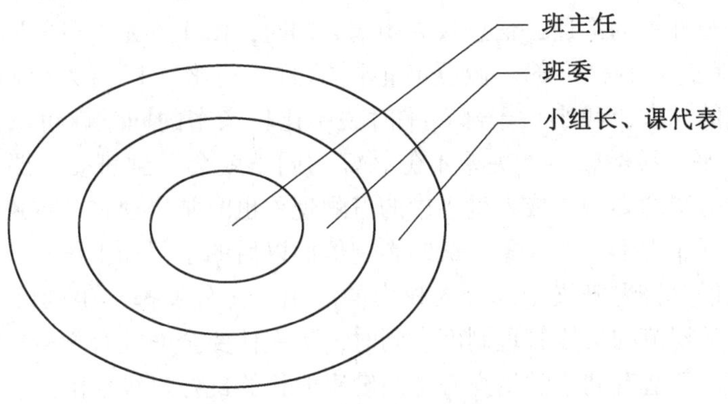

图3-3　“辐射状”组织结构

“辐射状”组织结构相比“树状”组织结构而言，发动了更多的同学参与到班级管理的过程中来。在这种班级中，每个学生都是平等的主体，都是班级的主人，让不同职责的学生管理班集体，增加了他们的责任意识，也在一定程度上减轻了班主任的工作压力。

（二）“辐射状”组织结构运行方式

这种组织结构是以班主任为中心，整个班级的管理工作都围绕班主任的中心意图运作。这样在结构上就以班主任为原点将管理影响辐射到每个学生身上，形成明确的管理和被管理的关系。班主任在组建一个新的班集体的时候，除了确立和培养班干部以外，还应选定班上的小组长和各科的课代表，给他们传达和讲明所要承担的责任和拥有的权利。小组长和课代表更偏重于对班上同学教学常规的管理，课代表是任课教师与班上同学沟通的“中介”，如果班上的同学对任课教师的教学或者其他方面有意见的话，课代表可以“侧面”地向班主任反映，及时解决问题。小组长除了收发作业之外，还要负责本组的卫生、纪律等情况，若遇到违纪的同学，先予以劝阻，效果不明显的时候可以直接向班主任汇报。

（三）“辐射状”组织结构的操作要领

这种模式要求各方面协调一致，否则就会造成管理上的混乱。班主任事先应该与班委、小组长、课代表进行良好的沟通，统一认识，确立目标。由于管理队伍的扩大，增加了班主任管理指导的难度；岗位设置多，工作容易流于形式。班主任应重点抓如何提高班级管理的效率。

（四）“辐射状”组织结构的优缺点

“辐射状”的组织结构扩大了班级管理的主体，班主任、班委、课代表、小组长为了更好地完成班级目标，大家共同为班集体贡献自己的力量。在这种组织结构中，班主任起着担纲作用，学生处在这个整体的管理网络中。它的实质是：班主任充分调动每一个学生的积极性，使他们由被动接受管教变成主动参与管理。由此使学生之间形成一种相互影响的管理关系的网络，以达到“纲举目张”的效果。其主要特征是：以班主任为纲要，以班委会为骨干，以小组长、课代表为主要力量。这种结构是一种动态的整体，在这个网络里每个学生的位置、角色在不断变化着。他既可以成为管理的主体，对班级进行管理；同时他也可以成为班级管理的客体，服从班主任的领导。

由图可知，“辐射状”组织结构是由几个闭合的圆所组成的。班级事务大多数在班级内部解决，缺少与外界的沟通，信息较为闭塞。同时，由于都是本班的同学，大家交织在“人情关系网”里面，小“干部”收受其他同学的“贿赂”以便为他们提供种种方便，或者是碰到违纪的同学，和小“干部”平时关系比较亲密的同学就可以糊弄过去，而那些和小“干部”平时接触较少，关系不怎么好的同学就会受到班委、课代表、小组长等班干部个人主观情绪的影响。成人世界中的丑陋现象也时常出现在学校班级里，这会在学生幼小的心灵留下非常不好的印象，最终影响他们以后的学习和工作。

为此，班主任要警惕班级干部个人权力的滥用，充分发挥学生的民主意识和参与意识，建立一套科学规范的班级管理制度。同时，班主任要全面关心学生，以情感交流作为联系学生的纽带，营造有利于学生身心全面健康成长的良好班级氛围。

（五）案例分析

发挥课代表在班级学风建设中的作用

课代表在很多学校和班级里，仅仅是收收作业的“小官”而已，他们往往是自己该门学科成绩好，但往往缺乏热心为同学服务的精神和责任心，有的同学还担心会因此影响自己的学习，不乐意担任这一角色。其实，课代表在班集体建设中具有独特的作用，他们是学科教师与全体学生之间联系的纽带和桥梁。因此，如何发挥课代表在班级学风建设中的作用，是班主任在班集体建设中的一项重要任务。

我在选拔课代表时，首先把热心为同学服务，责任性强放在首位，其次才是学科成绩好。在课代表的职责中，把发挥榜样示范作用作为重要考查内容。并且及时发现课代表中的典范。

王亮同学是我班公认的课代表的榜样，被生物老师誉为从教十几年来见过的最负责的生物课代表。每次上交暑假作业前，王亮先对同学作业进行分类汇总（分为最认真的、较认真的、一般的和需要改进的），这样，既了解了班级情况，又能协助老师工作。王亮同学还自己编习题，不定时督促辅导六七位后进生逐题去做，隔一段时间还组织检测。他的责任心与热心为同学服务的精神得到了全班同学的认可，他的做法也被其他课代表竞相效仿。

例如，物理课代表经常为同学讲解经典例题；化学课代表主动帮外出开会的老师批改试卷并反馈评改信息；语文课代表制定的“成语接龙”比赛细则，让我领略到了王小丫“开心词典”的神韵。

针对晚自习收交家庭作业耗时长而导致班级纪律涣散的现象，学习委员召集课代表会议会诊，进行了两次整改，从而保证了晚自习的秩序。

正由于课代表们的“软硬兼施、刚柔并济”，原先一些经常拖欠作业的学生因碍于同学情面或者不胜其“烦”，都有了明显进步。每次考试公布成绩时，课代表们就像急于知道自己的成绩一样关心后进生的分数，为的是督促鼓励后进生，也为了看到自己的工作效果。在课代表的带动下，我班的学习风气日渐浓厚起来，在同学之间形成了“比、学、赶、帮、超”的良好学习氛围。

资料来源：祝伟清：《发挥课代表在班级学风建设中的作用》，《班主任》2009 年第 8、9 期合刊，并略作修改。

案例中展现了一个成功的“辐射状”班级组织，各课代表在班主任的代表下，积极地各行其是，发挥自己在本科目学习中的带头作用，以少帮多，以先促后，将整个班集体团结在一起，创造了优良的班风学风。

三、“网状”组织结构

（一）“网状”组织结构概述

现实中很多班级组织是封闭的，游离于社会大环境之外、不与周围环境发生相互联系，以致班级组织被完全孤立。在封闭性班级组织中，班级与班级间划清界线，不相往来。彼此间只存在纯粹的竞争关系，固步自封，以竞争的态度与其他班级交往。班级与学生家长合作意识薄弱，认为家长缺乏教育方面的专业知识，不懂得教育儿童的方法，学校是支配者，家长是服从者，学校处于主动地位，家长处于被动地位。班级与社区完全隔离，班级孤立于社区之外，崇尚知识中心、书本中心、课堂中心，班级教育与社会生活处于完全脱节的分离状态。班级单一化、封闭式的管理模式造成了班级工作的低效能，也严重影响了教育工作的开展以及学生的发展。①

“网状”组织结构是指班级管理跳出班级内部环境的约束，走出教室，与家长、社会

① 林艳：《中小学班级组织的病理现象及其诊治和预防》，《基础教育参考》2007 年第 11 期，第 26 页。

取得联系，形成教育合力，共同管理班级。学校、家长、社会三者的教育管理作用是相互影响、相互联系的，其中有独立的部分，也有相互重叠的部分。(见图 3-4)

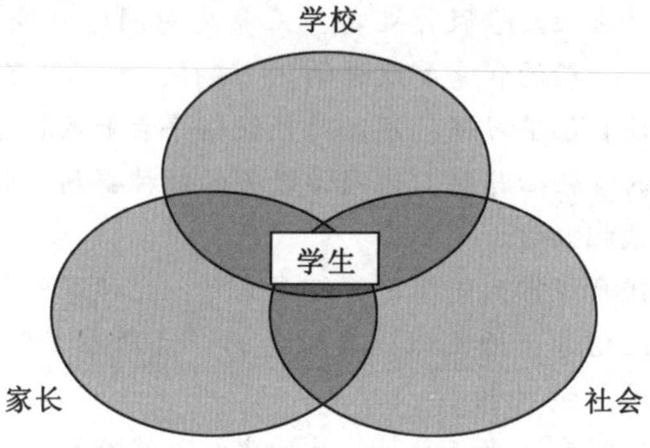

图 3-4 “网状”组织结构

(二)“网状”组织结构运行方式

班主任在组建一个新的班集体的时候，首先到当地所在社区相关机构了解他们能够有哪些可以作为教育孩子们的素材和机会，与当地社区负责人保持联系，定期将社区人员请到课堂中来，以讲座、座谈会等的形式对孩子们进行教育，例如遇到火灾时该怎么处理、注意交通安全应该怎样做。也可以将孩子们带出去，走进社区，让学生家长也加入进来，不仅作为活动的组织者，也是活动的参与者，更是活动的体验者。比如让学生参观博物馆、爬山、春游、秋游等。

(三)“网状”组织结构的操作要领

班主任要对班上每一个学生的情况有比较全面的了解。在与家长沟通的时候，应注意语言和方式方法，力图与学生家长形成朋友式的和谐关系，与社区工作人员交流的时候，应选准时机，调整好自己的角色和地位，用自己的真心和热情与他们打交道，赢得社区和家长对学校教育的支持和对班级管理工作的理解。

(四)“网状”组织结构的优缺点

班主任进行班级管理的时候，由于班级各种事务的多样性和繁杂性，班主任常常抱怨自己肩上的担子太重，实行“网状”组织结构可在一定程度上减轻班主任的负担，班主任可以有更多的时间进行阅读和学习，不断增强自己的专业素养，提高班主任专业化的水平。

将班级管理放在社会这个大圈子中来进行，结合当地所在社区的条件和水平，利用社区工作人员的力量，让学生家长献计献策，集思广益，发挥群体的智慧和才智，为班级的发展注入了活力，丰富了教育资源，提供了帮助。

另外，许多班主任在进行与社区、学生家长沟通的时候，存在着一个错误的观念：认为学校与社区联手，家长与学校沟通的主要目的是为了让社区、家长配合学校。于是，在这种理念的指导下，沟通不是双向交流，而是单向告知，即社区和家长只要记住学校或教师的要求并照此执行就可以了。① 家长中与班主任教育观念不和的一些教育建议就被很快地剔除掉，这在一定程度上会打击家长参与班级管理的积极性。

因为班级管理是在学校、家长、社区三方共同努力下进行的，所以不可避免地会产生一定的“冲突”，比如学生家长只在乎学生的学习成绩，不关心学生其他能力的锻炼，对于与学习无关的活动就不予配合，这就需要我们的班主任用“高超的技艺”来化解与家长之间的矛盾，在平等、尊重的基础上开展合作与交流。

（五）案例分析

家长委员会——孩子成长的“助推器”

一个班通常有四五十个孩子，如果只靠班主任和任课教师的力量，教育孩子的难度相当大，并且很容易发生“5+2=0”的现象。创建班级家长委员会（简称“家委会”），引导家长参与学校教育，有利于家校合作，促进学生健康成长。

一、精心选择家委会成员

选择合适的成员是班级家委会开展工作的重要基础。新学期开学，我在调查学生个人情况的信息登记表上附上了家庭信息调查栏，请家长阐述其教育观念、对孩子的培养目标、对学校教育的期望以及对老师的期望。然后向家长简要介绍创建班级家委会的目的，询问其是否愿意加入。最后，要求家长在备注栏填写个人特长以及愿意为班级建设提供哪种服务。选择哪些家长进入家委会的标准有三个：第一，是否认同学校和教师的教育观念，是否具有正确的教育观；第二，是否热心公共事务，是否愿意参与班级共建；第三，是否善于与人沟通交流，是否具备良好的个人素养。

二、精心建设家委会组织

家委会组织建设是开展工作的关键。根据学期班级工作情况设立相应职务，让家长们自选担任。我班的家委会设置了如下职务：会长、秘书长、爱心大使、读书大使、活动大使、资料大使、秘书大使。经过与家委会成员讨论，我们进一步完善了家委会的组织建设：一是制定了班级家委会章程；二是根据学生家庭住址就近划分区域，按区域选择该区域的负责人；三是制作发放全班家长联系卡。

三、精心设计教育活动

在家委会协助下，我们一切从学生出发，根据班级情况开展了丰富多彩的教育活动。我们走出校门，在春天去放风筝，参观博物馆，每月为“小寿星”举办集体生日会，创建“班级家教博客”，建立家长QQ群，创办“家校通小报”。

四、以家委会为核心，带动家长集体发展

家委会是连接老师和家长、学校和家庭的重要桥梁。经过家委会一段时间的努力，家长们目睹了他们为大家服务的无私奉献精神，在感谢与感动中纷纷参与班级共建，在沟通中形成共同的教育观，一个和谐发展的家长集体已经形成，而真正受益的是学生。

资料来源：叶茂：《家长委员会——孩子成长的“助推器”》，《班主任》2009年第2期，第17页。

---

① 陈德州：《家校沟通的问题与对策》，《班主任》2009年第2期，第28页。

随着班级组织结构的日渐优化，家长也有意识地参与到班级管理的过程中来。家长与老师相互配合，及时沟通，为学生的健康发展共同出谋划策。

第三节　理想班级组织结构的构建

前一节对现在常见的几种班级组织结构进行了梳理：“树状”组织结构是班主任—班委—学生的单向管理；“辐射状”组织结构是在班主任的引导下，班主任作为中心，班委、课代表、小组共同进行管理；“网状”组织结构是学校、社会、家庭共同进行班级管理，三方不仅有双向的交流，也有多维度的沟通。在这一节中，总结了之前班级组织结构的不足和缺点，继承了他们的管理精髓，力图构建出几种班级组织结构的“理想型”，他们分别是人本化班级组织结构、网络化班级组织结构、学习型班级组织结构。

人们在追求客体的价值属性的过程中，总是以特定的方式实现价值追求的目的，当这种“特定的方式”形成了相对稳定持久的特征时，即构成了价值取向。以此推理，班级管理的价值取向即是指人们在追求现代学校管理目标时，在思想层面上所形成的稳定持久的倾向与特征。接下来的三种班级组织结构分别暗含了三种不同的价值取向。

一、人本化班级组织结构

学校人文管理学派自20世纪30年代兴起以来，其思想观点一直绵延至今，且有了进一步的发展，体现了该学派思想观点的强大的生命力。现代学校人文管理思想认为：学校管理的起点和归宿是人，管理的源泉和动力是人，管理的核心和主轴是人，管理的成败还是取决于人。重视人文关怀：人本化班级管理充分注意到人在管理中的主体地位和主导作用，坚持以人为本的价值取向，认为在班级管理中，人是管理的起点和终点，一切由人去管理，一切管理都是为了人。而在知识日益成为推动生产力发展的主导要素，人才竞争日趋激烈的知识经济时代，更要坚持以人为本的价值取向。①

以学生为本。以学生为本的价值取向，就是要树立尊重学生、关爱学生的管理理念。对于学生，传统的班级管理观念常常将其置于纯粹被动的边缘地位，把学生看做成人并以成人的眼光来对待。正如卢梭所说：“人们并不理解童年。最明智者致力于研究成年人应该指导些什么，但从不考虑孩子们按其能力可以学到些什么，他们总是把小孩当成大人看待，从不想一想他还只是孩子呢。”现代班级管理思想认为，学生有着不同于成人的发展规律。虽然学生是学校管理和班级管理的对象，但促进每一个学生的潜能与个性得以充分的发展也是学校管理和班级管理的重要使命，学生不仅是被管理者，也是自我管理的主体和班级管理的积极参与者。更为重要的是，在信息网络技术高度发达的今天，学生接受信息的通道已经由单一家庭和学校扩展到多元的电子媒介，并且由于他们对新事物拥有好奇心、敏感性、接受能力强、少受旧有价值观和行为模式束缚等优势，从而使他们第一次赢得了获取信息的便利性和对变动不拘的生活意义进行解释的权威，具备了对成人进行

① 李保强：《学校管理学》，北京：高等教育出版社2002年版，第52页。

“文化反哺”的可能性和现实性。因此，以学生为本的价值取向，其实质就是，班级管理者要充分认识、挖掘学生身上蕴藏的巨大潜能，了解、顺应学生的身心发展规律和个性需要，维护、尊重学生的各项权利和人格尊严，使学生成为个性全面发展、自主管理和生动活泼的学习主体，而不是毫无权利、无知无能、任人摆布的被动的生命体，否则“我们只能得到不成熟的苦涩果实，并很快就腐烂了”。构建人本化班级组织结构可以从以下两个方面来着手。

（一）尊重学生的身心发展特点，承认每个学生的差异和个性

诚如世界上没有相同的两片树叶一样，班集体中的每一个学生也都有其自身发展的特点和差异。男生与女生之间存在差异，小学生和初中生存在差异，天赋较好的学生与学习比较吃力的学生存在差异，性格开朗外向的学生和性格孤僻内向的学生存在差异等。班主任要看到这些差异，不搞“一刀切”，因势利导，特殊问题特殊处理。这里分别阐述一下小学生和中学生身心发展的主要特点。

1. 小学生的身心发展特点

首先，从整个小学时期来看，小学生生理变化比较平稳，各系统的发育都比较均衡。到高年级后，女生从10~11岁起，男生从12~13岁起进入青春发育期，生长速度开始出现明显的上升趋势。

其次，小学生心理发展可以表现为：第一，小学生心理发展是迅速的，尤其是智力和思维能力的发展；第二，小学生心理发展是协调的，小学生心理发展很迅速，又非常协调，表现在言与行、动机与行为比较一致；第三，小学生心理发展是开放的，小学生经历有限，内心世界不太复杂，因此，他们的心理活动显得纯真、直率，能将内心活动表露出来；第四，小学生心理发展是可塑的，小学生无论是思维能力，还是个性、社会性和品德都易于培养，良好的行为习惯也易于养成。①

2. 中学生的身心发展特点

中学是人生成长的关键时期。中学生具有“半少年、半成人”或者说是“半幼稚、半成熟”的年龄特征。他们在身心发展方面，处于一个充满矛盾又很不稳定的时期。首先，中学生要且独立，自尊心、好胜心强；其次，自我意识明显发展；再次，抽象逻辑思维有了一定的提高。②

因此，针对小学生和中学生不同的差异，在班级管理上要强调将规范管理与自我管理相结合，将严格要求与尊重信任相结合。给学生更多的自由和空间，促成他们健康全面的发展。

（二）适度放权，让学生成为自主管理的主人

将班集体建设成为自主管理的班级是我国自20世纪80年代以来，许多学校在教育改革中力图创建的一种被认为较为理想的班级形态。在自我管理的班级中，班干部将自主制定班级活动规划并有效实施，学生互相协作，自主处理班级事务作为班级发展目标；教师

① 江月孙、赵敏主编：《学校管理学（第2版）》，广东：广东高等教育出版社2002年版，第160页。

② 江月孙、赵敏主编：《学校管理学（第2版）》，广东：广东高等教育出版社2002年版，第161-162页。

指导并监督学生自主安排各项事务，使学生从中发展各种能力和个性。学生进行自主管理强调在集体中发展学生的个性特长，建设班集体是为了创设一个优化的“微社会环境”，使集体成员的个性和能力都能得到充分的发展，同学之间强调民主平等，人人都是班级的主人翁。学生逐步实现自主管理，发动学生全员参与制定班级目标，尤其是对照“学生守则”、学校要求，寻找个人和班级与这些要求的差距，由此确立发展目标。在班级活动中，发挥民主，让学生逐步学会自主策划和实施。在完成班级管理事务的过程中，培养学生自主组织和实施活动的能力，培养学生个性。①

在实行自主管理的班级中，班主任角色慢慢开始转变，变成了策划者或者协助策划人员。学生变成了班级管理的主人，兼顾了班级的统一性和班级内学生的自主性，力图将集体主义要求与发展学生个体特长结合起来。学生在一次次活动的锻炼中，自信心和自尊心得到尊重，学生独立可以处理一些应激情况，创造思维和创造力进一步被彰显出来。

二、网络化班级组织结构

随着科学技术的发展，网络也走进了人们的生活。人们在网上冲浪的时候，不仅可以获取丰富资料，还可以与网上的“志同道合”的朋友进行交流，不断学习。

（一）教育博客（教师博客、学生博客、班级博客、家长博客）

教育博客的出现为热爱学习的老师提供了一个相互交流、相互沟通的平台。更为重要的是，将网络博客运用到班级管理中来，打破了传统的“传达任务，执行命令”口口相传的沟通方式，开创了一个更为开放、更为高效的沟通渠道。教育博客按照不同的书写主体可以大致分为学校博客、教师博客、学生博客、班级博客、家长博客。

教师和学校的博客往往会成群地出现和发展，主要是由于博客的本质是人与人交流，从而构建一个网上社区。然而学校教育博客的网上社区是真实的，这是与其他网上虚拟社区的最大差别。网络上我们既然能与那么多陌生人相互沟通、成为朋友，为什么不把这样的氛围引进学校呢？从开始建立博客就全部采用实名制，为提升教育博客的内涵，创建学习型教师团队奠定了基础。②

学生博客即是学生可以把每天所发生的事情以网络日志的形式上传到博客上，学生在自己的博客上可以尽情地展现自己的才能和兴趣，比如有些同学擅长写文章，他就可以将平时的练笔放在博客里，让其他同学来欣赏；还比如有些同学擅长绘画，他就可以利用自己对色彩搭配的天赋将自己的博客装扮的独具特色，形成自己的风格。家长博客是指学生的家长通过博客的形式把自己的孩子的成长的一点一滴记录下来，用网络日志写下自己的孩子在家里面的表现。

班级博客作为学生自主学习、自主管理、人人平等、人人参与的班级建设平台，从而促进班务公开，帮助班主任进行班级常规管理，为班级德育工作注入新的活力。首先，班级博客管理自主化，由不同的同学来担任博客各个栏目的版主，班级博客通过网络将全班学生连结在一起，大家在上面抒写理想和感悟，贡献智慧和创意。班级成员在共同参与班级管理的过程中，集体意识、集体荣誉感、责任感和班级凝聚力都得到了增强。其次，班

① 李伟胜：《班级管理新探索：建设新型班级》，天津：天津教育出版社2006年版，第140页。

② 齐学红：《今天，我们怎样做班主任》，上海：华东师范大学出版社2006年版，第173页。

级博客展示开放化，班级博客为班里面的每一位学生提供了展示自己的舞台，同学可以写下一篇篇生动的文章，拍下了学习和生活中的精彩瞬间，摄录了自己手指间流动的美妙旋律。每个人在班级博客中找到了自己合适的位置，树立了自信心，完善了人格。再次，班级博客沟通便捷化，班主任可以利用博客与班上的学生进行谈心，向老师和同学敞开心扉，诉说当面说不出口的困惑。班级博客在沟通方式上形成一种点对面的辐射状联系，为新型的家校互动提供了良好的环境。班级博客可以匿名留言，这可以让学生家长直言不讳，畅所欲言，使问题及时得到解决。最后，班级博客数字资源化，由于班级博客操作简单易行，可以迅捷地构建班级电子管理档案。同时，班级博客中的各种文档、照片、影像视频等资料相对于传统方式更完整、更安全。①

◎友情链接：

老板老班的博客 http：//chen024177. blog. 163. com/

朱永新教育随笔 http：//13. eduol. cn/

吴虹教育博客 http：//blog. njbxjy. net/user1/4402/index. html

李镇西之家 http：//lzx. eduol. cn/archives/2009/717579. html

万玮教育博客 http：//blog. 163. com/phwan@ 126/

唐晓勇教育博客 http：//blog. sina. com. cn/txy922

南京白下教育叙事 http：//www. njbxjy. net/blog/

南京第二十四中教育博客 http：//www. njbxjy. net/blog/24z/

（二）班级 QQ 群

班级 QQ 群是指利用 QQ 聊天这项技术，让班级所有成员加入 QQ 群里面来，大家就可以进行在线聊天。大家在 QQ 群里面，每位同学都可以畅所欲言，发表自己的看法，比如今天上课老师讲的一道数学题还有什么更好的算法，或者是要布置新一期的黑板报，大家有什么好的意见和建议。班主任和任课老师也可以加入 QQ 群里面，与学生互动，在线回答同学们的问题。另外，QQ 聊天本身就是很轻松的聊天方式，一些搞笑的网络语言和表情符号可以拉近老师与同学之间的距离，让师生交流的气氛更加和谐和活跃。

（三）班级论坛

班级论坛也是一种利用网上交流的形式而进行班级管理。学生在班级论坛上发帖、回帖，发表自己的观点，碰撞出思维的火花，交流各自的心路历程，共建班级精神家园。在班级论坛发帖的时候，同学们可以采用匿名的形式发表自己的言论。

班级论坛的建立必须要有完善的评价激励机制。班主任和同学可以共同对论坛上的帖子进行评比，选出比较优秀的帖子，对学生进行奖励，从而激发学生管理班级的热情。教师还要指导学生如何才能发表有价值、有意义的话题，力求论坛话题在深度和广度上有所突破。

---

① 沈海敏，薛维惠：《我们班的班级博客》，《班主任》2009 年第 1 期，第 13 页。

三、学习型班级组织结构

班级是最基本的教育组织，也是学生生活、学习、成长、发展的最基本的场所。提高班级管理水平和促进学生发展是广大班主任不断追求的目标。本文借鉴当代先进的管理理论——学习型组织理论，探讨一种创新与发展的班级管理模式。学习型班集体，就是以知识和信息的获取为前提，在目标管理的基础上实现自主管理，并在这个过程中使班级成为学会学习、学会发展的班集体。学习型班集体实行目标管理，其成员能够实现“自我学习、自我发展和自我调控”的自我管理，从而为终身学校、终身发展奠定基础。① 在学习型班集体中，教师和学生共同得到成长。

（一）学习型组织的特征

学习型组织体现了知识经济时代对组织管理模式的要求。学习型班级是以人为本、知识共享、自我超越的价值观为核心，具有下面几个特点：（1）班团干部由班级的日常管理者转变为首席的学习者、目标的计划者、关系的协调者；（2）班级中形成了一种开放探究、反思的学习氛围；（3）自主学习和合作学习相辅相成、和谐共存。由此可见，学习型组织是以学习为动力，以共同理想为目标，把学习、工作、生活融为一体，通过提升组织成员的综合素质和创新力、强化民主管理。

（二）学习型班级的建设

我们可以根据学习型组织的理论和五项修炼的技巧（参阅彼得·圣吉著《第五项修炼》），创建学习型班级的管理模式，即在教师的引导下，使学生具有自我超越的能力，创造班级团体的良性互动，以形成共同的发展目标，增强团体的学习动力，使班级成为一个学习共同体，在整个过程中，教师必须整合各个阶段的行动，并不断地加以修正。② 建设学习型班集体可以从以下五个方面来进行。

1. 鼓励学生自我超越，主动发展

自我超越的意义在于使每一个人以创新意识来面对自己的生活和生命，而不是对环境被动的反应。自我超越是学习型组织的精神基础，能使每个人的发展潜力得到最大的发挥，使人养成终身学习的习惯。

自我超越的修炼是要培养学生自己制订目标、制订行动计划并去完成任务的能力。在学习型班级中，学生不是被动的学习者，教师应该给予学生发展自己兴趣的机会，培养学生积极主动的学习精神；学生不是知识的被动接受者，而是知识的主动建构者，每个人心里都有自己的目标，并会自己订出计划，落实到行动之中。教师在班级管理过程中，要以指导学生制定目标、计划和行动方案的方式来处理班级事务，使学生有主动探索的机会，培养学生不断自我超越的能力。

2. 改善班级人际关系，形成团体的良性互动

团体的良性互动是学习型班级的主要特色之一。人与人的合作与沟通，不仅要通过语言，更是集体成员之间不同心智模式、价值观的相互了解、接纳与改善。在班级中，通过师生间的讨论可以整合班级的意见，集中集体的智慧来共同处理班级事务。教师要使学生

---

① 齐学红：《今天，我们怎样做班主任》，上海：华东师范大学出版社 2006 年版，第 57 页。

② http：//www. banzhuren. com/article. asp？ id=3701.

了解到，班级事务是班级全体师生共同的责任，每个学生都有参与班级事务的权利和义务。这样，不仅有利于增强班级凝聚力，也有助于学生在人际方面的互动。

营造班级的良性互动，必须使每个人具备必要的交往意识与能力。首先，懂得相互尊重，不仅教师应尊重学生，学生之间也应该懂得相互尊重；其次，学会聆听，聆听别人的讲话，可以化解彼此间的意见和误会；第三，营造一个开放而平等的班级气氛，鼓励学生说心里话；第四要鼓励学生积极参与班级活动，体验成功的快乐。

通过班级团体的良性互动，学生彼此尊重、相互信任，并分享学习的心得与知识，从而形成强大的团体学习动力。

3. 加强合作学习，形成学习共同体

合作意识和技能的培养是当代学校教育的重要任务之一。教师应该让学生懂得与他人良好合作比单纯竞争和独立学习更能够提高学习及一切活动的效率，正确引导学生发展自己的合作意向，培养合作的习惯和能力。当然，鼓励学生合作并不排除正常的竞争。从本质上说，积极的竞争与合作是一致的，积极的竞争过程也是一个合作的过程，关键是如何处理好这两种互动形式的关系。

4. 明确发展方向，建立共同的班级目标

在学习型班级中，要有共同的班级目标。它可以由全班共同讨论制订，也可以是教师提出来的，但最重要的是得到全体班级成员的认同。这样，学生的学习动力就不再是来自老师或家长的期望，而是来自对共同目标的追求。

5. 采取灵活多变的管理策略

在建立学习型班级的过程中，教师必须系统思考并不断重新调整班级管理的各项行动，在采取每一项步骤的时候，应考虑到与其他步骤的关联性。学生的发展水平和班级的阶段性任务总是在不断变化，教师要使学生清楚地看到共同目标，不断地保持强大的学习动力。

由于每个班级的特点不一样，教师应结合班级实际情况，采取灵活多变的策略和方法，营造有利于促进师生创新与发展的学习型班级。

从上述五方面的建设措施可以归纳出，建立学习型班级，转变师生观念是构建学习型班级的前提，营造良好的学习氛围是构建学习型班级的关键，科学的管理是构建学习型班级的保证。这不仅是建设学习型班级的基本理念，也是建设学习型班级的目标。

问题与思考

一、简答题

1. 你是怎样理解班级组织结构这个概念的？你认为还可以从哪些方面来理解班级组织结构？

2. “辐射状”班级组织结构是指什么？有哪些优缺点？

3. “学习型班级组织结构”是什么含义？如何着手建设“学习型班级组织结构”？

二、案例分析题

你是今年才进入一所中学工作的新教师，分管教学的副校长对你很器重，让你在担任初二（三）班语文教学工作的同时，还让你接手担任该班的班主任。初二（三）

班是全校的风云班级。班上的学生多为该市政府机关工作人员的子女，性格外向活泼，比较调皮。之前班上的学生也曾出现过多起违反校规的事件。但同时本班的学习成绩始终处于全年级第一名，每次考试排名之后，初二（三）班的学生基本上囊括年级前十名。这是一个让任课教师又爱又恨的班级。如何处理日常纪律和学习成绩的关系让之前的班主任很头疼。

试问：当你接手到这样一个班级时，你会怎样做？请结合本章所学知识点进行分析。

第二编

班级管理的系统理论

第四章　班级管理的关系系统

导读

班级是一个微型的社会系统，它的内部成员有着复杂的关系，与外部社会也有着一定的联系，受到外部社会的影响。所以协调、处理好班级教育社会系统内外部种种关系是班级管理工作重要组成的一部分。研究这一关系系统本身也成为班级管理研究的组成部分之一。本章首先对班级的内部系统及其要素间的关系进行分析，主要是师生关系，班主任与任课教师的关系以及学生群体内部关系，并在此基础上探索并提出在班级管理中处理上述种种关系的几条原则，分别是民主自治原则、力量整合原则、以人为本原则、与时俱进原则。接着详细介绍了班级的外部系统及其要素间的关系，呈现了校内影响因素和校外影响因素，提出了以学校教育管理力量为基础，依靠班级团队组织，架起家校联系的桥梁，动员社会参与的处理外部系统各种关系的原则。

第一节　班级管理的内部系统

班级是学校进行教育教学及管理活动的基本单位，它是学校根据一定的编班原则正式组建的师生群体。自从班级授课制产生以来，学生在学校的大部分时间是在班级中度过的，对学生的管理也主要是通过班级来实施的。因此，班级对学生影响至深，班级管理对学生的成长具有至关重要的作用。

一、班级管理内部系统的要素及相互关系

班级自从它诞生的那一天开始，就是一个开放的系统，它的任何活动和效果，都是众多因素综合作用的结果。因此，任何班级的管理，绝对不是班主任一个人的事，而是需要班级内部各要素共同作用的结果。班级内部各要素可分为：教师群体（包括班主任和任课教师）、学生群体（分为正式群体与非正式群体）。各要素之间构成的相应的关系主要是：师生关系，班主任与任课教师的关系，学生群体内部关系。

（一）班级管理内部系统的要素

1. 教师群体

(1) 班主任

班级是学校教育工作的最基层组织，学校通常以班级为单位进行教学管理。要想把一个班级中的几十名学生组织成一个坚强的集体，协调好各任课教师之间的关系同时保证学校的各项工作得到落实，就需要一位教师去全面负责这些工作，这位教师就是“班主任”，班主任是学校中全面负责一个班学生的思想、学习、健康和生活等工作的教师，是一个班的组织者、领导者和教育者，也是一个班中全体任课教师教学、教育工作的协调

者。我国的班主任制度是在新中国成立以后，学习前苏联教育经验的基础上设立的。

班主任有着多重的身份，他既是学校中一个班级的管理者、教育者、领导者和组织者，同时又是学校领导搞好教学、管理等各项工作的得力助手和骨干力量。班主任负责一个班级内学生的学习生活等各方面的具体工作，是学生成长道路上必不可少的重要人物。班主任工作是学校管理的一项重要工作，班主任工作的好坏直接关系到一个班级、一个学校的荣辱兴衰；关系到每一个学生的身心健康以及良好思想道德和高尚个人情操的形成；关系到教育的成败。因此培养、选派优秀教育工作者担任班主任工作是学校的一项十分重要的工作。班主任工作是光荣的，但同时又是非常辛苦的。每一个热爱教育事业、有事业心的教师，特别是青年教师都应该争取当一名优秀的班主任。我国的研究人员对班主任的胜任能力因素进行了调查，其结果如表 4-1 所示。

表 4-1　**班主任的胜任能力因素①**

序号	胜任能力因素	包含项目
1	育人能力	思想品德教育；指导学生的学习；人际活动；全面了解学生；培养学生的兴趣爱好
2	心理辅导能力	观察力；沟通力；换位思考；理解学生；宽容；掌握学生的心理状况；敏感性
3	职业道德	处事公正；工作扎实；坚守岗位；有社会公德
4	情感	批评艺术；真诚；尊重学生；帮助特殊学生；热爱工作
5	知识结构	教育学知识；心理学知识；经验性知识
6	成就动机	超越自我；自信；奉献精神；创新性
7	人际关系	与社会的联系；与家长的联系；亲和力；与学生的互动
8	自我监控能力	自我反省；解决问题；调节能力；计划能力；理性思维；自我批评；思路清晰
9	教学能力	专业知识运用；灵活性；口头语言表达；书面表达
10	班级管理技能	协调性；预见性；团体合作；倾听他人意见；组织能力

（2）任课教师

每一个教师都有其特点和性格，这些因素在教学过程中都对学生起着潜移默化的作用。同时出于教师的良知，他们都抱着教书育人的愿望，尽全力教好学生。正因为如此，每个教师对学生的性格养成、兴趣爱好、日常行为、做事准则等有着不可估量的影响。

同时任课教师是教师群体中的一员，而班级管理是一项系统工程，仅靠班主任一个人的力量是不够的，必须依靠全体任课教师的共同努力与合作。因此，日常教学工作中的类似错误观念应尽力避免，例如，有些任课教师错误地认为班主任拿着津贴，就意味着对班级学生的教育与管理负全部责任，于是，对班级管理工作采取了事不关己高高挂起的态度，久而久之，便越来越远离班级工作和对学生的教育，甚至在自己课上发生的问题也要

① 吴志宏、冯大鸣、魏志春主编：《新编教育管理学》，上海：华东师范大学出版社 2008 年版，第 188-189 页。

推给班主任去处理。

事实上，无论是班主任，还是任课教师都在以个体方式的脑力劳动，为完成教书育人的大目标而不懈地工作着，他们的劳动有共同的教育目的性、方向性和教育影响的一致性，因此，在班级管理中，任课教师的力量是不容忽视的。

2. 学生群体

班级中的每一个学生都不是孤立存在的个体，他们通过相互交往，形成各种群体。所谓群体，就是指在组织机构中，由若干人组成的为实现一定的目标而相互依存、影响，并规定其行为规范的人群结合体。班级管理必须注意协调正式群体和非正式群体的关系。

（1）班级正式群体

正式群体是指在校行政部门、班主任或社会团体的领导下，按照一定章程组成的学生群体。在我国中小学，它通常包括班委会、党支部、团支部和少先队组织、学生会，负责组织开展全班性的活动。这些正式群体的目标与任务明确，成员稳定，有一定的组织纪律和工作计划，对增强集体凝聚力、全面发展个性起到非常重要的作用。如班委会、班干部等对全班学生起凝聚作用；各种课外活动小组，起着满足学生兴趣爱好等心理需要和丰富班级课外活动的作用。因此，积极发挥它们各自的功能与作用能够推动班级的发展与进步。

①正式群体的特点

第一，组织的法定性。正式群体是基于班级管理的需要而设立的，是由同学选举或班主任任命的。

第二，约束的全体性。正式群体对班级全体成员均具有约束力，这与非正式群体只对群体内部具有约束力是有本质区别的。

第三，正式群体是班主任相对信任的群体，正式群体成员要经常向班主任汇报班级的工作。

②对正式群体的管理

第一，选好班干部。教师在选择正式群体中的领导时，要注意选择那些学习成绩相对优良、组织能力、目标意识和责任心强的学生，这样的学生既有威信，又可以较好地带领组织开展班级管理工作。在选择正式群体的领导时，应尽可能采取民主选举或者竞选的办法，这样可以把学生信赖的领导推选出来，使他们一开始就有良好的群众基础。

第二，注意引导支持。班级中的正式群体通常要代表教师行使班级管理的某些权利。在班级管理的过程中，教师要定期开班委会，听取班委关于班级管理情况的反馈信息，必要时可以为他们出谋划策，提出班级管理的某些具体建议。

第三，适当授权，鼓励学生自主管理。正式群体中的许多成员都具有较强的管理和组织能力，教师就应该给予他们更多的参与管理的机会，让他们共享制定班级纪律规范的权利。当学生参与到班级纪律规范的制定后，他们往往更愿意遵守这些规范。

（2）班级的非正式群体

非正式群体是在没有明确规定的目的、没有成文规范的前提下，以个人喜爱为基础，并带有明显的情绪色彩的几个人结合在一起的友好伙伴，人数从二三人到五六人不等，其中的首领人物是在成员交往中自然而然产生的。根据他们与班级的关系可以分为三类：一是亲集体的小群体，其特点是成员间相互关心，共同进步，支持班集体的工作，其中心人物能与班主任、班级学生干部合作，我们称之为积极型的非正式群体；二是偏离班集体的小群体，其特点是，成员的交往活动多表现为共同消磨时间，不能在学习上、思想上彼此帮助，一定程度上妨碍集体生活，我们称之为消极型的非正式群体；三是反集体的小群体，其特点是成员的活动不仅与教师、集体相对立，而且常常危及班集体的利益，这种小群体称之为破坏型的非正式群体。

①非正式群体的特点

第一，以某种共同的利益、观点和兴趣爱好为基础，以感情为纽带。非正式群体多是由于心理需要而自愿结合在一起的，成员之间或是有共同的观点，或是受过类似的挫折，或者有共同的爱好等。

第二，具有较强的凝聚力，但有可能存在排他性。非正式群体的成员之间具有强烈的情感联系，对自然产生的领导言听计从，每个成员对非正式群体都有一定的归属感，但有的小群体或其某些成员对其他小群体有排斥的倾向和行为。

第三，行为上具有一致性。非正式群体具有共同的行为规范，这些规范是约定俗成的，而且成员往往具有共同的行动目标，并为实现共同的目标而力求行动协调一致。

第四，成员的角色和数量不固定。虽然非正式群体中有领导或者中心人物，随着情境的变化，会涌现出由成员认可的新领导者。非正式群体没有固定的数量，成员的流动性也很大。

第五，有比较灵敏的信息沟通渠道。由于其成员变动的频率比较快，所以各种信息随成员的变动也会流通得较为迅捷。

②对非正式群体的管理

第一，摸清非正式群体的性质。按其性质来分，大致包括三种类型：积极型、消极型、破坏型，主要的依据是看他们的目标、价值取向和行为规范是否与班集体相一致。在具体的评判过程中，教师可以采用观察、访谈或者个别谈话的方式，具体探明不同群体的性质。

第二，对积极型的非正式群体给予鼓励和帮助，教师应积极为他们创设有利条件，充分发挥其影响力，使之成为实现班级目标的积极力量。

第三，对消极型的非正式群体给予适当的引导。消极的非正式群体中的领导者往往具有较高的威信和一定的组织能力，教师对他们进行适当的教育以后，他们可以在班级管理中发挥较好的作用，有的甚至可以较好地胜任班干部。

第四，对破坏型的非正式群体要适当地干预。对群体中出现的不良行为，要给予严肃批评和坚决制止。

【案例 4-1】

303 寝室又出事了！一大早，生活部的主管李老师就来到我们办公室，说昨天晚上 303 寝室的女生对生活老师出言不逊，并且在老师离开之后大吵大闹，还摔坏了一把椅子。这些学生越来越不像话了，李老师说，更棘手的是她们现在还特别团结，专门跟老师作对，老师根本没有办法管理。

原来昨晚老师在检查房间时发现 303 寝室有人带了一个电饭煲，家用电器学校是禁止带的，因此老师就没收了，并且问是谁带来的。没想到女学生们不但不说，还怨恨老师动她们的东西，并出言顶撞老师。老师眼看场面一时无法控制，就暂时回避一下，没想到这些学生余怒未消，就在寝室里发起火来，还摔坏了东西，闹到很晚都没有睡。

303寝室现在是很有些名气了，这学期以来，每周都要出点事。最主要原因是里面有一个“女大王”，名叫李艳芳。李艳芳生活在单亲家庭，受母亲的影响，从小就对人不信任，而且特别好强，对学校的规章制度尤为反感。这学期管理她们寝室的何老师能力偏弱，李艳芳势力逐渐壮大，在寝室里竟达到一呼百应的地步，老师们想了很多办法，都无济于事。到后来，有几个以前表现还不错的女生，现在也有了点“匪气”。

对付李艳芳这样的学生，不能用常规手段。老师找她谈话的次数够多的了，她非常有经验，而且磨炼得做坏事时更狡猾，更隐蔽。我问李老师，“‘毛思’研究过吧?”“什么‘毛思’?”“就是毛泽东思想啊，特别是毛泽东的军事思想，真是高明啊。当年毛主席打北平，愣是把北平围了好几个月，围而不打，等到塘沽、大沽、天津一一攻陷之后，傅作义终于被迫投降。打北平要付很大代价，不战而屈人之兵，这招厉害不厉害?”“厉害是厉害，只是跟这件事有什么关系啊?”我微微一笑，“李老师，你附耳过来，如此这般，不出三日，那李艳芳必主动来找你承认错误”。

李老师依计而行。她和班主任一起，马上把这个寝室除李艳芳之外的其余11人列了个名单，按照平时表现及与李艳芳关系的远近，进行排序。谈话是一个一个进行的，先从最外围的入手，大意是这样的，把电饭煲带到学校来想自己尝试做饭的感觉，本身并不是一件不好的事，如果事先跟老师提出来，也不是不能同意。但是后来顶撞老师，又违反宿舍作息时间规定，并且故意破坏公物，造成恶劣影响，就是很严重的错误了。你平时是一个表现还不错的同学，在这件事情上，老师信任你，希望你把你所知道的情况原原本本地告诉老师，否则，这件事情隐瞒得越久，错误就越大。当然针对每个同学的具体情况，还有些别的话，这方面班主任比我要灵活得多。外围的学生很容易就讲出了事情的真相，与我们事先的估计差不多。谈完之后，每一名学生都要把所反映的情况以检查的方式写下来，要签上自己的名字。写完了就回去上课。

攻守同盟一旦被打破，每一次的谈话就显得异常轻松。我可以想象李艳芳眼睁睁地看着她的室友被叫出教室时的表情。对于这个宿舍的学生来说，谈完话对她们也是一种解脱。我没有参与谈话，但是一想到李艳芳可能产生的如坐针毡的神情，我也替她难过。

我想，下课的时候，李艳芳一定会去问那些谈过话的学生，问情况怎样。可是问了又怎样呢？问了只会让她更绝望。当她发现没有被叫去办公室的室友越来越少的时候，她会更不安的。

谈话很快进入到与李艳芳关系最亲密的两个人。由于前面的铺垫，李老师和班主任没费多大力气就结束战斗。现在他们所要做的事情只是使每个细节更清楚而已。对于初犯的和态度诚恳的学生，我们的政策是一律从宽处理，要是负隅顽抗的话，哼哼，那就只有把你家长请来三堂会审了！

李老师和班主任来感谢我。我说，还没完呢。李艳芳今夜回去，必定十分安分，她不是那种硬打硬冲的人。而且，她一定等着老师找她呢。别找她，见到她就像从来没出过什么事一样。她不会问的，要是问的话就说老师已经把事情调查清楚了，正在商量怎么处理呢。明天，最迟后天她会来找你们坦白错误的。她要是问我们为什么不找她只找别人谈怎么办？李老师问。我说，问得好。这样回答，这么做是保护她。因为事先已经问过她，她说不知道，事实上她的错误最大，如果第一个找她谈，根据当时的情况，她一定会矢口否认。你知道的，人一旦开口说了“不”字之后，是会千方百计想尽办法维护这个字的，那样只会使这件事情更糟，使她的错误更大。我们这么做是对每一个人负责，使整个寝室的人不要再犯更大的错误。你还要反问她，为什么一开始不对老师说实话？当然了，你可以肯定她自己来坦白错误的态度是好的。但是对于她的错误要一五一十地跟她分析清楚。让她写一篇检查，她有什么想法或替自己辩护的什么话也可以写上，根据检查我们再商量具体处理办法。李老师领计而去。

对李艳芳来说，今晚注定是一个不眠之夜。李艳芳第二天一早就找生活部的李老师承认了错误，态度比较诚恳，她是聪明的，在发现所有可以抵抗的理由都失去时，她只能选择承认错误。

一周以后，李艳芳和另外两个学生在年级学生大会上被点名批评。李艳芳失去了寝室长的职务，还被取消住宿资格一个礼拜，尽管她的家离学校很远。

李艳芳妈妈到学校来的时候，我们拿出所有学生的检查并将学校的校规校纪给她看，她也没有话说。母女俩在老师办公室外作了一次长谈，两人泪流满面。

（资料来源：摘自《班主任兵法》）

案例中李老师巧妙地解决了非正式群体的问题，是班级同学和谐相处，这是一个成功的案例，班主任既要避免矛盾激化，又要团结同学，把所有力量都集中在班级的统一目标上。在日常的教育教学过程中，要注意对班级中非正式群体管理，讲方法，能够让同学虚心接受。

（二）班级内部系统的关系分析

1. 教师与学生

近些年来，在新的社会环境下，传统教育观念、教育模式框架下的师生地位、角色或互动关系已经显示出了种种不适应、不协调的迹象。比如在班级管理中传统的观念是教师是班级管理的主体，学生是班级管理的客体，是班级管理的对象。现在出现了越来越多不同的声音，提倡将学生也纳入班级管理的主体中，让学生成为自主管理的主体，也就是教师与学生共同构成了班级管理的双主体。

美国心理学家利比特与怀特在研究中发现，教师不同的管理方式及其所表现的不同的态度对师生关系的影响各不相同：采取专横管理方式，师生之间的关系非常紧张；采取放任管理方式，师生之间如同路人，淡漠无情；采取民主管理方式的教师，在这种教育环境中的师生关系轻松愉快、和谐，既有利于学生成长，也有利于师生良好关系的建立。所以在班级管理中我们提倡采取民主管理的方式：即使学生成为班级自我管理的主体。体现以生为本的人本主义观念，尊重学生的民主权利，重视班集体的作用，与学生共同制订班级发展计划、讨论问题，引导学生自我教育、自我管理、自我发展。师生关系问题直接影响班级管理的效能的事实已经为无数实践所证明。面对社会的变化，我们相信，在班级管理中，教师应改变居高临下的传统习惯，积极营造民主的氛围，让学生有更多的时间自主管理、自主反思。把管理建立在尊重学生的基础上，关心他们，爱护他们，使他们感受到老师的管理，而不是放任不管或者是对他们强行约束。这种民主化管理方式往往起到四两拨千斤的作用，老师用不了多少劲，就能提高班级管理的质量。

2. 班主任与任课教师

教师是受一定社会的委托，以培养学生为职责的专门教育工作者。根据教师在班级管理中的职责不同，可以分为班主任和任课教师。班主任和任课教师一样都是班级的授课教师，他们对授课班级的学生共同负有教育与培养的责任和义务。不同的是，他们的岗位不同、分工不同。一般情况下，班主任负有对全班学生的教育责任，而任课教师则主要通过自己所教学科的教学活动来实现对学生的培养。虽然完成教学大纲的规定，是任课教师的基本任务，但是教书育人却是每个教师的根本任务。教书育人的要求实际上包括教师在课堂内外的管理工作，有些老师意识不到这一点或流于形式，在工作中各司其职，做他们“分内”之事。这就要求班主任能积极主动地争取各任课老师深入、细致地参与班级管理，从而更好地完成教学任务。

班主任负责全班每一个学生的思想、学习和生活的方方面面，是班级的组织和教育者，是联系班级所有任课教师进行教育、教学、管理的纽带。班主任定期和不定期地与任课教师沟通，可以更好地发挥班主任的核心作用，也可使任课教师获得关心集体成长、参与班级管理的机会。例如，应当经常在一起交流教育、教学经验，交换对学生的看法，发现问题后共同研究解决问题的办法，商讨教育学生的措施等。总之，要管理好一个班级，班主任必须注意争取任课教师的配合，使教育者的影响一致，共同协作，只有教师们形成了一股凝聚力，才有利于健康、优秀的班集体的形成。

教师群体进行班级管理的内容主要有以下几个方面：

其一，行政事务管理。班级有许多行政工作需要处理，比如班级常规的制定、学生座位的安排、班级目标的设定、班级活动的组织、班级事务的处理、每日例行工作的执行等。

其二，班级环境管理。班级环境管理主要包括物理环境的管理和心理环境的管理两个板块。物理环境主要是指教室，也包括学生活动的其他场所和设施。要注意的问题是环境的通风、整洁、光线以及桌椅的摆放位置等，合理的布局，最优化的方式有利于学生的学习和生活。心理环境主要是指班级的整体气氛或心理社会环境等，它是一种无形的环境。需要班级所有成员之间的良性互动以构成和谐的氛围。

其三，教育教学管理。学生在校的基本任务是学习，因此，教育教学管理必然是班级管理的重点之一。其范围包括教学活动设计、教学内容选择、教学方法的应用、学生作业的指导以及学习效果的评价等。

其四，班级常规辅导。班级常规是学生学校生活尤其是班级教室生活中的一种规则，包括课堂礼节、教室秩序、集体公约等。师生共同协商达成共识，目的在于形成良好的生活行为习惯。

3. 正式群体与非正式群体

班级中的几十名学生，在班级管理中有着双重角色。首先，他们是班级管理的对象，其次又发挥着自我管理的主体作用。学生在班级社会中扮演着不同的角色，他们因不同的因素可被划分为不同的类型或群体，从而形成不同的关系。

在任何一个班级中，除了班组、团队等正式群体以外，多数学生还自发地三五成群，组合成一个个小团体，每个小团体的成员通过不成文的规范，彼此信任，形成小联合体，就是非正式群体。从社会学角度来讲，非正式群体对班级群体的作用可能是正面的，也可能是负面的。正面作用主要有：（1）满足学生在正式群体中没有得到的交往和表现自我的需要；（2）促进班级内部意见沟通。其负面作用主要有：（1）群体内部的过多接触，容易影响成员对班级正式群体活动的参与；（2）群体利益的一味保护，容易导致群体发展成为班级中的“独立王国”。①

在处理正式群体和非正式群体的关系时，有的老师认为非正式群体的出现是一种正常的现象，放任之，对其置若罔闻；而有些老师则是过于紧张，良莠不分，统统强制打压。

那么究竟该如何正确对待和处理学生群体的正式群体和非正式群体的关系呢？可以从以下几个方面着手：第一，要正确识别班级中的非正式群体，判断其是积极型的还是消极型、破坏型的；第二，善于发挥非正式群体的积极作用；第三，引导和改造消极型、破坏型的非正式群体；第四，强化正式群体，将非正式群体纳入实现班集体目标的轨道。②

二、处理好班级管理内部关系的原则

（一）民主自治原则——让学生成为班级管理的主体之一

所谓民主自治原则，是指班主任要充分发扬民主，调动全体学生的积极性和创造性，发动和组织他们参与班级管理。它反映了新型的师生关系，要求我们必须正确处理班级内部的教师和学生、集中与民主、纪律与自由、组织和个人之间的关系。值得一提的是，民主自治管理要求把涉及班级管理的所有成员真正当做主人，处处尊重他们，努力为他们创造班级管理的机会和条件，使所有的班级成员把班级管理看做是自己的权利和义务。可以说，民主自治是组织管理的重要目标，因为这达到了“管，是为了不管”的最高境界。

【案例 4-2】

江苏无锡市旺庄中学薛汉忠老师一走进教室就发现那个很脏的痰盂，仍然挑战似地摆在教室的一角。为了这个总是没人倒的痰盂，薛老师不知在班上讲过多少次了，可是学生就是无动于衷。当时，薛老师真想运用班主任的权威，责令当天的值日生即刻去把痰盂倒干净。如不听命令，就狠狠地训斥他一顿——来一个“杀鸡给猴看”，看谁还敢把老师的话当做耳旁风！可一想，这样做并不能从根本上解决问题，那个被老师责罚的值日生，会自认为“倒霉”，而那些未被责罚的学生则会暗自庆幸。即使责罚暂时生效，过不了几天，类似的情况还会发生。

薛老师踱步沉思。同学们为什么不愿意倒痰盂呢？有的是嫌脏，怕痰盂上的灰尘弄脏了手；有的是怕讽刺，怕倒了痰盂会被同学们讥笑为“假积极”，给老师“溜须拍马”；也有的是故意等着看老师如何处置。

找到了问题的症结所在，也就有了解决的办法。“榜样的力量是无穷的。”老师

---

① 吴康宁：《教育社会学》，北京：人民教育出版社 1998 年版，第 285-286 页。

② 吴立德：《班级社会学概论》，四川：四川大学出版社 1996 年版，第 45-54 页。

也是班集体中的一员，要求学生不怕脏，要求学生干部做榜样，老师为什么不能首先做学生的榜样呢？

想到这里，薛老师深感自责、内疚。薛老师急步走上讲台、缓声说道："同学们，我也是班级中的一员，有责任和大家一起把班级的环境卫生搞好。过去。我总是批评同学们嫌脏、怕讥笑，不愿倒痰盂，从今天起，由我来值日，这个痰盂，我去倒。"说完，薛老师转身端起痰盂朝外边走去。由于同学们没想到老师会去倒痰盂，"哄"的一声笑了起来。但这笑声很快就戛然而止——他们开始思索。一连几天，薛老师总是提前把痰盂刷洗干净。无声的行动，胜过有声的要求。从那以后，薛老师班上的痰盂开始有人争着倒了，一些在家里娇生惯养、有些娇气的女学生，也积极认真地参加值日劳动，再也没有人嫌脏怕讥笑。

通过这个老师的案例，我们可以归纳总结出几个实施民主自治原则的要点：(1) 树立民主思想和作风，调动全员的积极性；(2) 提供机会，充分发挥家长的智慧和才能，从他们那里得到管理的支持力量；(3) 扶放结合，培养学生的独立性、自主性和创造性；(4) 通过必要的组织手段保证民主管理。

民主自治的管理不仅有利于学生综合素质的提高，而且会给学校的管理带来全新的气象。当然这一切都需要精心的组织，使它能逐步地从低级阶段向高级阶段发展，由不自觉走向自觉的转化。

（二）力量整合原则——让教师群体形成班级管理合力

搞好班级管理，仅靠班主任一个人的力量是不够的，必须依靠全体任课教师的共同努力与合作。要形成一个以班主任为核心的教师体：在一个班级中的核心是教师，而教师的核心是班主任。搞好班级的原动力来自于班主任。班主任在组织好学生的同时，应主动拿出一定的时间和精力与任课教师进行沟通、交流、协调，充分调动任课教师在教学上对班级的积极性，在思想上对学生的关心，形成合力。班主任要发挥组织作用，要以共同的目标把任课教师组合起来，了解他们的特点，发挥他们的长处，尊重他们的意见，使他们感到在本班上课非常愉快，愿意与班主任合作，愿意与学生交流。

【案例 4-3】

N 市某小学在整合班级教育管理的力量上作了大胆的尝试，推行了班级教育小组工作，初步构建了以班级教育教学质量管理为重点的全员、全程、全方位的教育教学质量管理新格局。班级管理不再是班主任一个人的事情，而是班级教育小组全体成员的事情。其具体做法是这样的：

第一，共同协商班级教育小组的建立，把各科老师的能量、处理问题的不同方式等汇聚在一起，碰撞出智慧的火花，从而找到解决问题的"最佳途径"。学校每个教育小组都很重视这一点，老师们非常重视学科间的整合、协调，重视学生的提优辅差，积极利用教育小组这个平台，共同协商，研究学情，沟通有无，制定对策，积极有效地对班级情况和特殊学生作出"诊断"。

第二，目标引领。原来一个人说了算的班级管理模式中，班级的目标、计划，任课老师大多不关心或不知道，而在班级教育小组制度的实施过程中，小组成员共同重视目标引领的作用，大家共同协商，相互配合，在班级教育质量、班级常规管理、学生品德行为分析后，靠着一系列经过教育小组协商的明确目标的引领，教书育人各项工作都朝着既定的方向稳步前进。

第三，同抓习惯。班级教育小组成员共同担负着全面教育学生的重任，老师们一起按着班级目标，讨论制定出本班学习、生活常规。从课堂学习常规到课外活动，从早晚自习到就餐、就寝都协商作了较为统一的要求。对班上偶尔出现的问题，老师们共同商讨，有策略地进行批评，形成正确的舆论向导。

这个案例中实行的班级教育小组，实际上是班级管理力量的很好的一种整合方式。他不再是单方面地要求班主任要主动去整合任课教师的教育力量，而是直接将所有的老师从形式上就整合到了一起，成为一个小组，小组成员通力合作，共同进行班级管理工作。

（三）以人为本原则——让班级管理沐浴人本之风

所谓以人为本原则，是指人以及人的工作积极性是现代管理的核心和动力，管理者的工作中心必须是以人为核心，以做好人的工作、充分调动人的积极性为根本，进而提高管理功效、实现预定目标。具体内容包括：(1) 确立“人的因素第一”的观念；(2) 做好人的工作、充分调动人的积极性；③构建平等、民主、和谐、科学的人际关系。班级管理工作要坚持“以人为本”的教育理念，面向全体学生开展教育工作，要针对不同类型学生的不同特点给予有针对性的帮助，教育、鼓励、发扬他们的优点，批评、克服他们的缺点。特别要重视后进学生的教育转化工作，指出他们缺点的危害性，鼓励他们树立克服缺点、改正错误的决心和勇气。对班级团干部、优秀学生，要教育他们树立更远大的理想，戒骄戒躁，继续努力，发挥他们的榜样力量和带头作用，指导他们帮助后进学生共同进步，进而达到班集体的共同进步，促进良好班风的形成。下面的案例展示了教师如何履行“以生为本”的原则。

【案例 4-4】

某班一个学生上课时打哈欠，班主任老师把她留下来批评她：“你是学习委员，要严格要求自己，不能因为看电视而耽误学习，大家都看着你呢。”可是几天下来，这个学生仍然没精打采，并且作业又错又乱。班主任老师意识到可能还有别的原因，于是，课后老师主动询问。原来她妈妈与爸爸吵架，已经有一个星期没有回家了。她因为想妈妈，整夜睡不好觉。班主任了解这些情况以后，感到十分内疚，由于自己的主观臆断，错怪了学生。这个班主任一面给学生擦眼泪，一面安慰说：“放心吧，你妈妈会回来的。我们想办法让你妈妈回来好吗?”班主任回到办公室，分别给她的父母打电话说明了事情的原委。几天后，学生恢复了往日的天真与活泼，班主任知道，她妈妈回家了。

该案例中班主任针对学生的不同特点，不同情况，给予有针对性的帮助与指导，做到以人为本的原则，详细了解了学生出问题的原因，根据综合分析解决问题，提高了班级管理功效，实现了班级管理目标。

班级管理是一门艺术，班主任可以通过多种教育方法来展现班级管理这门艺术的魅力。一个班级中的几十个学生因遗传素质、生存环境、教育水平、身体状况和生活条件等因素的不同，存在着兴趣爱好、智力才能、心理素质、脾气性格、个性气质等因素的个体差异。所以班主任在具体工作中不能搞一刀切，要对症下药，使用不同的教育方法和多种教育手段对学生进行教育。在班级管理工作中既要面对全班学生提出统一的要求，又要从班级内学生的具体情况出发，承认个体差异，合理地运用集体教育和个别教育的方法。在实际工作中要根据不同地点、不同时期、不同的人、不同的事等具体情况，可交替采用常规教育法、说服法（说理法）、榜样法（示范法）、陶冶法、奖励法、惩罚法、评比法、劳动锻炼法等多种多样的教育方法来教育、引导学生，使每一个学生的个性、才能和特长都得到充分的尊重、保护、张扬、发挥和发展。同时，老师要对学生的言行举止进行细致观察、认真分析，要主动关心询问，不能主观臆断，真正地让班级管理沐浴人本之风。

（四）与时俱进原则——让班级管理跟上时代步伐

各个不同的时代，班级管理的目标和任务既有相同的地方也有相异的地方。班级管理并不是僵化不变的，它在根本目的、基本任务和工作内容上都是有所继承的，但需要注意的是班级管理又必须随着时代和社会的进步而有所发展。

长期以来，传统的班级管理是通过种种约束性的规章制度，借助量化打分等手段，采用检查评比等方式，迫使学生服从纪律，保证学校教育教学工作的顺利展开。的确，班级管理工作需要一定的规范，但固守成规往往会不利于学生主体性的发挥和创新精神的培养，在推进中也会遇到不少阻力。下述案例成功地解决了校规与“早恋”问题上的冲突。

【案例 4-5】①

学生行为自律仲裁庭

C市高级中学有一条规定：学生谈恋爱，发现一次即作处分，不能参加任何评优活动，再扣量化得分15分。学生认为校方的这一规定深深地挫伤了他们的自尊，应该修改内容。因此就通过他们的学生自治组织“学生行为自律仲裁庭”进行了开庭裁定。学生方和校方进行了激烈的举证和辩论。最后达成了一些共识，于是对规定内容进行修改：反对早恋，但提倡同学间建立正常互助的友谊关系。学校在处理此类事件时，应实事求是。在没有确切证据，未作充分核实时，不能随意以“早恋”作结论，否则学生有权向仲裁庭申诉。对影响范围十分广泛、情节十分严重者，发现后应以教育为主，不改正错误行为者，再作处分，扣15分。

从上述案例可以看出，班级管理需要与时俱进，体现时代的特征。班级管理的目的在于服务学生，帮助学生形成良好的学习习惯、生活习惯与行为习惯，使学生具备基本的自理能力、自治能力和独立生活的能力，在德智体诸方面得到和谐的发展。这样才能满足素质教育的需要，满足人的发展和社会发展的实际需要，全面提高学生素质，尊重学生主体和主动精神，促进全体学生的全面发展。

① 孙泽军：《透视学生行为自律仲裁庭》，《思想·理论·教育》2001年第10期，第6页。

第二节 班级管理的外部系统

班级并不是一个纯粹封闭的社会，而是一个开放的教学单位与教育系统。除了受到种种内部因素的制约，它还受到各种外部因素的影响。在处理好班级内部各种关系的同时，协调好影响班级管理的各种外部关系同样重要。这里承担协调与处理工作的主体显然是教育者，尤其是班主任老师。

一、影响班级管理的外部因素及作用呈现

处于班级外部，影响班级管理的各种因素包括校内影响因素与校外影响因素。这些班级外部的各种影响因素直接或间接地影响着班级管理工作的展开及成效。

（一）校内影响因素及作用呈现

在学校内部，除了处于班级内部的教师群体与学生群体这两个要素之外，学校领导、校园文化与学校团队组织也是处于班级外部的影响班级管理的重要因素。

1. 学校领导

在日常教育教学过程中，教师群体，特别是班主任群体是班级管理的主体之一。他们需要协调与组织各种教育与非教育因素，以达到班级管理力量的整合。一方面，班级管理离不开班主任的直接工作，另一方面，班级管理也需要学校领导的管理与支持。学校领导对班级实施着间接管理，即通过制定和完善整个学校对班级的领导体制，并充分发挥各方面的作用来实现。

学校领导对班级的间接管理，体现为一种宏观的领导。其具体表现为校长负责制。我国中小学实行的校长负责制是由校长负责德育工作和班级教育管理工作的领导体制，具体可由副校长组织实施，由学生处（政教处）等负责落实，年级组和班主任负责执行。实施这种制度的过程中，由学校领导把握班级教育管理工作的指导思想，明确班级教育管理的方向目标，并细化一套量化指标体系（如班级的出勤、卫生、纪律、公物保护、日常行为、班容班貌等），定期评比班级教育管理绩效，以形成现代班级管理的最优化模式，为全校班级建设与管理营造良好的条件①。

2. 校园文化

班级是处于学校系统中的子系统，具体的班级发展受到特定的学校环境的制约。其中，校园文化是推动班级管理的内在力量。这里的校园文化是广义上的校园文化，包括学校的物质文化、精神文化、学校管理制度等。② 校园文化对班级发展的制约主要是通过隐性的方式实现的，体现的是一种潜移默化的影响。

校园物质文化，主要表现为良好的校园环境：如绿化良好、校舍整齐、教室宽敞、设备先进，成为班级发展与班级管理的良好外部条件。如教室内的桌椅应摆放整齐，学校教室应保持清洁，尽量给学生以美的体验，使学生怀着愉悦的心情走进校园，走进教室。舒适的，有利于交往的住宿环境往往可以使学生心情舒畅，从而可以使其以积极愉快心态去

---

① 张建文、李从玉：《班级教育管理论》，云南：云南大学出版社 2002 年版，第 275-276 页。

② 张建文、李从玉：《班级教育管理论》，云南：云南大学出版社 2002 年版，第 281 页。

学习，有利于教师的班级管理。而校园文化的精神层面更是对学校师生产生潜移默化的影响，无形中有利于班级管理工作的展开。组成校园文化的精神文化与管理制度，具体表现为学校良好的校风、学风、师生关系，师生积极向上的精神面貌，学校良好的后勤保障，行之有效的规章制度等。如学校的规章制度对学校的整体建设起导向作用，往往代表了学校的办学理念，是学校精神的集中体现。因为规章制度的这种导向性，所以合理的规章制度往往可以使学校井井有条，可以提高学校的教学质量，为优质班级管理的实现提供保障。

3. 学校团队组织

我国的学校团队组织，即少先队与共青团是促进班级管理的组织力量。少先队即中国少年先锋队，是共青团领导下的少年儿童的群众性组织。我国中小学设有少先队大队部，由大队辅导员负责学校少先队工作。少先队通过班级中队组织开展活动，对少年儿童进行教育。共青团即中国共产主义青年团，是中国先进青年的群众组织。我国中学一般从初二起，每班设有团支部，学校设有团委。各班团支部在学校党支部、团委的领导下开展活动。

一般情况下，少先队和共青团开展工作的目标与班级管理的目标是相容的。团队组织针对不同年龄的学生开展各种丰富多彩的主题活动，在加强学生思想教育，培养良好思想品德的同时，团结学生，有利于形成班集体的凝聚力，有利于各项班级管理工作的开展。班主任在开展班级管理工作时，要协助、支持少先队、共青团开展活动，善于利用少先队中队、共青团支部开展的活动教育学生，管理班级，培养中队委员与发挥学生团员的模范带头作用。

（二）校外影响因素及作用呈现

来自学校外部的社会力量也影响着班级管理的成效。因此，仅靠学校内部力量，仅靠处理好学校内部的各种关系是不够的。教师，特别是班主任还需要协调好来自学校外部的影响因素，以形成班级管理的合力。

1. 家庭教育

家庭教育是班级管理的外部支持力量。由于家庭教育具有早期性、奠定性、长期性等特性，使得它成为整个教育的起点，并成为学校教育的辅助与补充。家庭教育，即家长的作用也成为影响班级教育与管理的不可忽视的力量之一。虽然到大工业革命以后，家庭教育的功能让位于公共的学校教育，但是家庭教育的作用仍然非常重要，特别是在培养青少年健全人格方面的教育，更是学校所无法取代的。

事实证明，如果学校教育忽视了家庭教育的作用，其教育效果的实现将会受到极大的阻碍。现代学校的班级管理需要教师，特别是班主任善于同不同年龄、文化程度、职业、身份、个性的家长沟通，协调好家校关系。只有这样，才能有效地把握学生各方面的情况，并获得家长的配合，达到教育的目的。从班级管理的角度来看，和谐的家校关系是必需的。它是和谐师生关系的前提条件，因此班级教育与管理也需要家长的参与及合作。

当下我国中小学已有的家校沟通形式主要有：班主任与家长利用家校联系手册、家校联系卡（单）、手机短信、电话、电子邮件、班级网站、班刊等工具手段进行日常联系；班主任利用家长会、家访、家长学校等形式与家长进行面对面的交流；家长利用访校日、家委会或主动访校等形式进行家校沟通等。传统意义上的由教师单向传输，家长被动接受的家长会等家校沟通形式正在慢慢发生变化，向着双向沟通方向发展。

家校双方的有效沟通，将避免不必要的家校矛盾，使家庭教育的力量与学校教育的力量形成一股合力，从而也有利于班级管理工作的展开。

2. 社会教育

学生与班级管理工作的展开都要受到其所处社会的社会传统、社会制度以及社会活动或事件的种种方面的影响，这种影响即表现为一种社会教育的形态。社会教育自古就有，这种教育是潜移默化的，从而成为班级管理的潜在影响力量。以下仅以传媒、社区文化作为代表来说明。

大众传媒以其迅速的传播速度和广阔的覆盖范围，深刻地影响着现代人的思想观念、生活方式。它因具有开放性、生动性、时效性等特点而对青少年产生了深远影响，也加快了他们的社会化过程。大众传媒也在某种程度上为班级教育管理工作增加了难度，带来了不利因素。如传媒中的一些不健康的导向削弱了学生在班级生活中接受的教育影响。而一个班级中来自不同社区的学生也会受到不同社区文化的影响，以及与此密切相关的同伴群体的文化影响，这也增加了班级管理、教育影响的复杂性。

因此，当下的班级管理受到了一定的挑战，如何使学生在获得各种力量影响后最终得到良性发展，是一个值得研究的问题。

二、协调班级管理外部关系的原则

由于班级管理有着诸多的外部影响因素，所以处理好它们与班级及班级管理间的关系非常重要。教育者只有调动一切相关力量，并力求各种教育力量在方向上保持一致，才能营造班级教育、管理的合力。这种合力并不是各种教育力量的简单叠加，而是由教育者尤其是班主任通过协调与整合形成的。

（一）以学校教育管理力量为基础：利用学校管理平台与校园文化

面对来自学校内部的教育管理力量，班主任在开展班级管理工作时存在着被动接受还是主动利用的选择。班主任在开展班级管理工作时，应该有意识地以学校教育管理力量为基础，利用学校管理平台与校园文化。

1. 利用学校管理平台，形成学校内部合力

班主任在班级管理过程中需要主动协调好与学校领导的关系，主动及时地向学校领导汇报班级管理工作，反映班级管理的情况，寻求领导的支持，为班级管理工作的开展创设良好的环境。校长负责制与学校内部科层制的设置，为班级管理提供了支持与平台。班主任应在学校各级领导的指导思想下，结合具体班级的特点，参与学校的各项评比活动（如卫生、黑板报、运动会评比等）进行班级管理。

2. 整合班级文化与校园文化

班级文化建设属于班级管理、建设的一部分，每个班级都有着自身特定的文化。而校园文化具有润物细无声，潜移默化的特点，特定的校园文化对班级文化具有导向与示范作用。班级文化虽然不一定与校园文化、学校文化完全一致，但班级文化建设总是在一定的校园文化的条件下进行的。班主任在进行班级日常管理时（如日常行为规范管理），可以积极利用学校的各项优良传统、校风、校训等，即整合班级文化与校园文化。

（二）依靠班级团队组织：组织协调好少先队、共青团工作与活动

【案例 4-6】

张老师是五（1）班的班主任。五（1）班四十多位学生均是独生子女。最近，张老师发现大部分学生热衷于购买名牌服装，并互相攀比。有些学生不遵守学校规定，不按要求穿着校服。一些没有名牌服装的学生回家后向家长哭闹，要求家长给自己买名牌服装。

上面的问题表现出学生对穿名牌服装有一种认同，认为只有穿名牌服装才显得有档次，才美。班主任张老师发现这一现象后，与学校少先队辅导员商量，设计了一次活动方案。少先队大队辅导员并将活动在学校推广，每个中队都结合本班的班级管理情况开展了活动。该活动的目的在于，通过主题活动的方式，以讨论、图片展、表演等具体形式，帮助学生树立正确的审美观，让学生意识到心灵美与外表美同样重要。一方面让学生深受教育，另一方面也便于班主任进行班级日常管理。

在我国中小学中，少先队与共青团是学生的群众性组织，拥有优良的传统。其组织深入班级，通过各种活动团结学生，对学生进行思想教育，培养学生良好的思想品德，增强班级的凝聚力。班主任应该组织协调好少先队、共青团的工作与活动。具体来说，主要包括：协助少先队辅导员开展工作、培养中队委员、开好中队队会、配合做好学生的少先队入队和退队工作、引导学生加入共青团组织、选拔培养团干部、协调团支部与班委会的工作等。做好这些工作，有利于班级管理工作的开展。

（三）架起家校联系的桥梁：及时沟通、双向交流

家庭教育是班级管理的外部支持力量，班主任在进行班级管理时需要与家长进行及时沟通。面对不同年龄、阶层、知识水平、教育观念的家长，班主任须以真诚宽容的态度对待，避免不必要的家校矛盾。具体来说班主任需要做好以下几点，架起家校沟通的桥梁，以便于班级管理工作的展开。

1. 与家长保持联系

【案例 4-7】

N 市某小学一年级（5）班，以班刊《金色童年》为平台，及时反映学校、班级信息，以图文并茂的形式记录学生童年学习生活成长动态，展现家长平时育子经验，呈现班级管理、教师教学过程中的热点现象。家长每周都能从孩子的手中拿到这份由班主任老师精心设计、家长积极参与编写的班刊。一学年下来共出版了 37 期，学期末汇集成册。班刊中开辟了：班级简介、班主任及任课教师简介与联系方式、家长感言、班级信息平台、学校作息时间表、课程表、家长亲子日记、班主任手记、任课教师寄语、学生获奖通报、班级活动展示、学生作品展示等栏目。这份班刊架起了家校沟通的桥梁，家长通过班刊全方位地了解学生的在校情况，从而积极地为班级管理提出自己的意见，并在亲子日记栏目中畅所欲言。

班主任老师在"班主任手记"板块中写道："作为班主任如何使家长保持长期而实在的关注而不是一时的热情，就必须充分发挥自身的专业职能对家长进行有效引

领。我和家长商量了在家长中开展撰写《亲子日记》的活动，家长每周至少写一篇关于孩子的日记，字数要求不限，在每周周五由孩子带给班主任。对每周的《亲子日记》我都认真阅读并以谈心的方式在上面写上批语，尤其注重显示孩子在学校的表现。从家长的日记中我了解到了孩子在家的情况；从我的批语中家长了解到了孩子在学校的情况。此举深受家长欢迎，每次《亲子日记》回收率都在100%。同时我依托每周一次的班级小报《金色童年》刊登家长《亲子日记》中富有代表性能为其他家长所学习借鉴的文章，并给予该家长的孩子以五角星奖励。班级中形成了教师关注孩子，引领家长；家长关注学校，引领孩子；孩子也关注起家长，期望得到奖励的良性循环机制。对孩子在家中表现的贪睡、偏食、迷恋电视等不良习惯，我也把五角星发给家长，让家长发挥其激励作用。实践证明学校和家长在对待孩子教育方面由于使用了同一的激励方式，孩子的进步非常明显。”

在《亲子日记》互动版中，有家长写道：“老师请家长对班级和目前状况作一番思考，并提出改良建议，态度非常诚恳，令我很感动。……其实班级现行的管理模式，我还是很满意的，我将会按照“孩子喜欢的好家长”的五点要求努力做好自己该做的事，很好地配合老师的工作。从我和孩子交谈以及开家长会时看到班级对读书的评星情况可以看出，孩子们非常喜欢读书。我觉得班级是否可以继续开展读书讲故事的比赛。我记得曾经举办过一次讲故事比赛。我想能否利用班会的时间每周举行一次。这样也许可以提高孩子的思维表达能力，锻炼他们的胆量，激发孩子们对课外书的更大兴趣。可以结合孩子的表现情况，如故事表达是否完整，表情动作是否丰富生动，评一位“故事大王”。据我观察孩子是很喜欢听故事也乐于讲故事，只要给他们更多的引导和鼓励。另外上次家长会上，潘老师针对自己的孩子学习生活各方面的表现制作了一张表，我很感兴趣，希望有所借鉴，能否印在《金色童年》上，让家长都能学习，谢谢！”

上述案例中，班主任利用“办刊”的形式，在家长和班主任之间建立起沟通的桥梁，一方面反映出学生一周在学校的表现，另一方面又看到孩子们在家中的表现，让班主任更全面了解学生信息，同时家长也参与到孩子的管理教育中，共同负责，交流信息。

班主任在日常工作中要利用好各种工具与手段，和家长保持联系。如发挥家校联系卡（单）的作用，利用手机短信、电话、电子邮件。还可以建立QQ群、班级网站、班刊等，为家校沟通的有效展开搭建平台，将一些信息或班级管理工作情况，教师的教育叙事、班主任的教学手记、班级管理感言等及时发布，让家长了解班级的发展，听取家长的意见，取得家长对学校教育与班级管理的理解和支持。

2. 家访不告状

家访是教师走出学校深入了解学生及其家庭情况的途径，对解决具体学生的特殊问题具有针对性。同时，家访也是教师与家长沟通，交流教育方法的重要方式。班主任可以针对新学期、新接班、学生出现的新问题等进行家访。有时候，班主任在发现学生临时出现的问题后，需要配合以家访的形式，解决问题从而管理好整个班级。

班主任在进行家访过程中，应注意“报忧也报喜”。告状式的家访往往会造成家长对学生的惩罚，收到不良的效果。实事求是地表扬学生的优点与进步是必要的，这有利于家长全面了解学生在校的情况，也有利于家长配合学校共同教育学生，解决具体问题，从而有利于整个班级的教育与管理。

3. 家长会实现双向沟通，形式和内容力求多样化

【案例 4-8】

李老师的班级在近期的期中考试中成绩不理想。她反思后，认为老师们也有一定的责任，并仔细分析了学生成绩不理想的原因，拟好了相关改进措施。但是家长会上如何面对家长呢，她想了很久之后，决定先请两位成绩最优秀的学生的家长向其他家长介绍家庭教育经验。然后，由她介绍学生的在校情况及这次考试的状况。家长会上，李老师总结说，这次成绩不好的责任，首先在老师。老师们已仔细分析了原因，拟出了相关改进方法，希望家长们能够配合。整个家长会在良好的气氛下结束，没有家长埋怨学校和老师。

家长会是在教师精心准备下，家长走进学校全面了解学生在校情况的重要方式，是我国当下家校联系的普遍形式，也是邀请家长参与班级管理、争取家庭教育与学校教育同步的主要途径。①

传统的家长会往往是班主任唱主角，向家长们通报情况，成为一言堂，缺少思想与心灵的交流。家长会的内容也主要集中在学生学习成绩的问题上面，典型的表现就是有些家长会会将学生的成绩排名写在黑板上。这样的家长会，效果往往不好，对教师、学生、家长来说都是一种负担。有成效的家长会应该实现双向沟通，让家长、学生都参与其中。其形式与内容也应多样化。如，专题讨论会、亲子活动、经验交流会等，这些都可以成为开展家长会的形式。班主任对家长会的内容与程序的精心设计与准备也很重要。

4. 处理好突发事件

在班级日常管理活动中，常常会遇到一些诸如吵架、丢失偷窃、逃学等始料未及的现象，这些突如其来的非正常性问题，我们称之为突发事件，究其发生原因，既有环境又有社会因素，也有学校教育、学生家庭及其个人因素，其影响之大，危害之深，不能不说是一个班级管理中颇带全局性的大问题，也是学校教育尤其是班主任老师必须认真思考并加以解决的常规问题之一。

【案例 4-9】

某班班主任王老师在得知学生小强逼迫学生小冰从家里拿钱给他后，向班上学生了解与核实了情况。小强承认了事实，在感到事情的严重性后，班主任请小强的父母来学校解决问题。班主任将事情和盘托出，家长居然怒目而对，并说道：“王老师，您是新接班，恐怕对许多问题还不了解。今天的事情我们还要再问问孩子。”说完拉着孩子回家了。第二天早晨，小强父母再次来到学校，他们说平时给孩子零花钱，他不缺钱，并且从小教育他不乱花钱等。小强也否认自己曾经做过这件事。情急之下，王老师找到人证物证。家长理屈，但孩子母亲却又说小强说不定是被陷害的，并认为

① 王鹰等主编：《班主任工作技能训练》，北京：人民教育出版社 2005 年版，第 267 页。

王老师有意针对小强。随后，大家不欢而散，事情被搁下。

一段时间后，王老师得知校长收到一张针对自己的“告状信”，知道是小强父母写的。王老师困惑伤感之时，经一位老教师指点：一些家长对学校、教师处理问题存有偏见，有时可能是教师处理问题时带有个人情绪，有些是家长看待问题偏激。无论怎样，教师要学会宽容，真诚地与家长沟通，让他们认同自己的教育观点。之后，王老师进行反思，认识到处理问题时没有照顾到家长的面子和情绪，只是向家长公布孩子的“罪行”，没有表现出真诚，也没有顾及家长的感受。随后，王老师买了些水果，主动登门拜访小强的父母，在实事求是地表扬了小强某些方面的进步后，真诚地谈论了那次事件。家长的态度也完全改变了，问题得到了解决，并就孩子的教育问题聊了很久。

班主任在处理班级事务、管理班级时，遇到突发事件，需要联系家长来校商量。处理突发事件时，班主任要注意与家长沟通的方式与态度，要尊重家长，切勿一味地向家长“通知与公布罪行”。要避免不必要的家校矛盾，处理好突发事件。①

(四) 动员社会参与：“走出去”和“请进来”整合社会资源

诚然，学校和教育者不能选择与改变社会环境，但是，教育者，特别是班主任能够组织与协调各种社会教育力量，将不良影响降至最低，整合各种社会资源，为班级教育与管理服务。班主任首先需要了解社会及学校所在社区的各方面发展状况，关注班级内学生发展的动态，分析学校内外、班级内外的各种问题与现象。其次，需要班主任组织与协调各方资源，动员社会参与，具体来讲需要注意以下几点：

1. 精选教育内容

班主任在班级管理中，要切合实际地选择教育内容来进行教育，教育内容的选择，要坚持既有利于学生身心发展，又能够顺利完成教育任务，服从于教育目的。有时一个好的教育内容会收到“事半功倍”的教育效果，因此班主任要选好教育内容。

【案例 4-10】

某中学班主任赖老师认为面对流行时尚包围学生的现状，班主任应该因势利导，让学生通过追求真时尚享受美好的生活，他提出如下策略。

一、面对青春派校园小说大行其道，班主任应率先了解和阅读，然后引导学生有选择地阅读，并与学生交流，从而引领班级的阅读时尚。

二、面对学生的追星时尚，班主任应深入其中，关注明星资讯，了解学生喜欢和崇拜的对象。在此基础上与学生交流，在可能的情况下转移话题，引出你认为能够做学生榜样的社会精英，如杨利伟、袁隆平等。

三、面对学生的网络化生活，班主任同样首先需学会使用网络化语言，能建立QQ群与学生进行交流，然后向学生推荐班主任所推崇的文艺作品，引导学生在网络交流时使用规范的语言。

四、面对学生对流行服饰的追求，班主任首先要做好榜样，衣着大方简洁。其

① 张万祥：《给年轻班主任的建议》，上海：华东师范大学出版社2006年版，第212页。

次，在符合校纪校规、学生行为规范及符合学生家庭经济情况，不盲目追赶时髦的前提下，班主任要尊重学生穿着独特、追求个性的权利，不宜管得太多。

五、面对一些网络恶搞、恶俗时尚等流行现象，班主任应重视，可以利用班级集体讨论、征文等多样化的方式对学生进行教育，使学生明辨是非，促进其成长与班级管理工作的开展。①

案例中赖老师从实际情况出发，认真分析学生的现状，准确把握学生的心理需要，并结合班级管理来选择教育内容，因地制宜地解决了学生的多方面需要。

面对各种流行文化、时尚等影响着学生的情况，一方面，教育者应该去接近和了解这些流行元素，接触和熟悉学生文化，从而能与学生交流，而不是一味地对其持批判的态度。教师往往习惯于简单地将一些流行、时尚的东西视为不健康的、或者不合适的，而事实上自己对这些流行时尚所知却甚少，这就不免使教育失之于主观性。教师应该在对这些学生所钟爱的流行、时尚有一定的了解、认识的基础之上，理性地看待这些因素，努力摒弃其中不合理的成分，充分利用其合理成分的教育作用。另一方面，班主任和任课教师可以结合班级管理组织读书节等活动，向学生推荐优秀书籍，这些优秀的书籍可以是一些经典著作，也可以是一些最新流行的、更具时代性的，受学生欢迎的书籍。通过日常教育管理或讲座、讨论等主题活动引导学生选择适合他们的书籍、报刊、影视作品等，提高学生的自主选择能力。

2. 组织学生走出去，开发社会资源走进来

一方面，班主任可以利用爱国主义教育基地、社会教育基地，联系学校所在社区内的企事业单位、驻军等资源，让学生走出校门，了解社会，参加社会公益活动。通过这些活动，让社会了解班级的发展，为班级管理服务。如，针对学生迟到、早退及一些学生上课不能集中注意力的情况，班主任老师联系学校附近的交通民警，组织学生利用课余时间到附近交通要道维持秩序，以帮助学生树立纪律意识，锻炼学生的注意力。通过利用身边的资源，为班级管理服务。另一方面，学校、班主任可以联系社区、企事业单位、驻军等，聘请相关人员担任学校辅导员，走进学校参与学校教育和班级管理。另外，利用学校所在社区的社会资源开发校本课程。如，某学校以所在社区的名字中的“勤”为主题，开发校本课程，形成学校的勤文化，以此激发学生勤劳、勤学的品质，并在班级管理中发挥勤文化的力量。

总之，班主任在开展班级管理工作时应注意培养学生的自我教育和自我管理能力，激发学生自我管理的主体性；在形成班级管理、教育内外部合力的过程中树立系统观与整合的意识，协调好师生之间、任课教师之间、家校之间的关系，整合各种对班级管理、教育具有影响力的资源，形成班级管理的合力；具备平等、主动的态度，尊重学生、家长。

问题与思考

一、简答题

1. 班主任是班级管理的主体吗？学生在班级管理中处于什么地位？

① 张万祥：《给年轻班主任的建议》，上海：华东师范大学出版社 2006 年版，第 201-202 页。

2. 影响班级管理实施效果的外部因素有哪些？
3. 在开展班级管理工作的过程中，班主任需要协调和处理哪些关系？

二、案例分析

1. 王老师是六（2）班的班主任，最近他发现班中一位能言善辩、性格活泼的同学突然变得沉默寡言，课间不和同学一起游戏，放学也总是独自回家。问其原因，才得知原来是他上课时和别的同学讨论老师提的问题，结果任课老师误认为他是故意调皮捣蛋，让他在门口站了一节课，还说他脸皮厚，让他的同桌和其他同学以后都不要理他。

如果你是班主任，面对上述情况，你将如何做？

2. 六年级（1）班学生丁某，因父母忙于经商，一直由奶奶照顾，目前处于六年级下学期。由于毕业班面临升学，老师们对学生学习抓得比较紧。随着复习的开始，丁某由于学习基础不好，且上课不认真听讲，对完成老师布置的作业感到困难。于是，他学起了其父的老板派头，出钱雇同班同学帮他做作业，后来发展到出钱雇同学帮他做值日、背书包等。这件事情在学生中的影响很不好。学生们面临小升初，看到这样的情况，班主任老师很着急，打算进行家访。

如果你是丁某的班主任老师，面对上述情况，你会怎么做？如果你考虑家访或召开家长会，请设计家访或家长会的详细方案及程序。

第五章　班级管理的目标系统

导读

人类进行任何的实践活动，事先都会在头脑中形成对这项活动的构想和期望，这就是目标。班级管理是教育者所进行的一项教育实践活动。因此，在班级管理活动中，也必然存在着班级管理目标。班级管理目标对于班级整体和班级中的个人都有着重要的意义。它关系到班级管理工作的成败，关系到把全班学生引向何方，关系到能否充分调动学生积极性和创造性等一系列至关重要的问题。① 它既是班级管理的起点，又是评价班级管理绩效的依据和标准。

当然，班级管理目标的制订也不是凭空想象的，而是管理者依据一定的管理思想以及班级的实际情况制订的。因此，管理者所秉持的管理理念，在很大程度上影响着班级管理目标的制订和实施，以及后面将要学习的班级制度和班级文化。可以说，班级管理目标是管理者管理思想的现实写照。本章第一节就将简要论述一下管理中的两种具有代表性的管理思想及其所代表的价值取向，以及这两种价值取向在班级管理中的体现；第二节和第三节分别论述班级管理目标的内涵、制订与实施。

第一节　班级管理的价值取向

管理，既可以指向物，也可以指向人。马克思主义认为，管理作为人类社会任何发展阶段普遍存在的现象，它根源于生产的社会性本质。由于人类的生产活动在任何条件下都是以人群为单位、以社会为单位共同进行的，为了有效地进行社会生产，这个“人群”和“社会”就必须建立一定的程序，必须有分工和协作，必须有协调个人的活动机构和人员，也就是说必须有管理。②

班级是学校的“细胞”，有学校管理就必然有班级管理的存在。上述提到，在班级管理中，管理者所秉持的管理理念直接影响到班级管理目标的制定。追根溯源，管理的理念来自哪里？当然是来自于历史上纷繁复杂的管理思想，人们总是在历史发展之中汲取着管理思想的精华，为我所用。我们不能单纯地去批评或者赞扬某种管理思想，特别是站在当今时代对当时历史背景之下的某些管理思想评头论足，这种做法显然是违背历史唯物主义的。纵观中西方自古以来的管理思想，很多管理的基本原理和规律都是人们在各个历史时期经过艰辛的探索而总结和发现的，它是人类社会一笔丰富而宝贵的文化财富。每一种管理思想都是伴随着当时生产力的发展而产生的，也在当时极大地促进了生产力的发展，推

① 曹长德：《当代班级管理引论》，合肥：中国科学技术大学出版社2005年版，第172页。

② 孙灿成：《学校管理学概论》，北京：人民教育出版社1993年版，第2页。

动着社会历史不断前进。我们如果把灿若繁星、看似纷繁复杂的管理思想梳理一下就会发现，随着历史的发展，管理的思想也遵循着由理性主义向非理性主义，即从物本主义到人本主义、从效率主义到以人为本的转变这样一条主线，并在管理思想的沿革中最终形成了两大对立的管理思路：效率主义和人本主义。这两种管理的思路不仅在企业组织中存在，在学校管理、班级管理中也同样存在。

一、古典管理理论指导下的“管理主义”、“效率至上”的管理观

古典管理理论在早期管理思想的基础上发展演变而来，西方早期的管理思想产生于19世纪末以前，管理的思想和实践也主要体现在指挥军队作战、治国施政和管理教会等活动之中。17—18世纪，英法等国资产阶级革命的胜利和资本主义工场手工业的发展，推动着生产力的巨大发展和财富的迅速积累。强调效率、速度，不断地追求更高的产量和利润，成为新兴资产阶级和经济学家们的目标。如，亚当·斯密在《国富论》中就高度赞扬专业化的劳动分工带来的巨大好处，而没有考虑到劳动者本身的、人的需要。但这一时期的管理思想仍在管理思想史上有着极其深刻的影响，是管理理论的萌芽时期。19世纪末20世纪初，随着生产力的发展，管理理论和实践都有了新的发展，但是尚未形成系统而科学的理论体系。著名的“科学管理之父”泰罗在经历了一系列的实验之后，提出了一套较为系统的管理制度与方法，被称为“科学管理”。“科学管理”是从“经济人”的假设出发，指的是在处理管理问题时，认为被管理者的唯一动机是经济利益。把人视为经济动物，认为只要企业能够给予工人更多的经济利益，就必然能够促进生产效率的提高。科学管理仍然没有按照管理者预想的道路发展，工人的生产热情不但没有提高，反而出现了劳资关系的恶化，甚至对抗。根本原因就在于科学管理的思想是建立在违反人性的基础之上的，把拥有思想、灵性，活生生而又有血有肉的人视作像动物一样仅为生存而存在的个体，把拥有丰富内涵的人性狭隘化了。与此同时，法国的管理学家法约尔、德国的著名思想家和管理学家马克斯·韦伯也提出了相关的管理理论，但是都同泰罗的科学管理一样，在他们的管理学中，人和人性似乎都是不值得研究和关注的问题。① 因此，科学管理依然不能算是真正意义上的科学管理，它仍然是效率主义的产物。

“管理主义”是一个新的概念，从学科角度看，它既是一个管理学的概念，也是一个社会学的概念。这个概念所表达的基本意思是，将作为实现各种社会活动目标的基本手段的管理活动绝对化，并且把这种管理手段本身变成目的。当然，在对于教育活动的分析和说明中，这种管理主义则是指把作为一种教育手段和重要形式的教育管理绝对化，变成一种目的本身。② 一切都是班主任说了算，学生几乎没有一点自主的权利。在我国基础教育中，这种情况是有一定的现实原因的。虽然素质教育的口号和实践也一直在探索之中缓慢地前进，但是应试教育毕竟根基深厚，在短时间内无法“刨根除底”，因此，学习效率和学业成绩依然是学校一切工作的重中之重。班主任和各任课教师恨不得学生不要有休息的

---

① 王一多，孟昭勤：《从效率主义到以人为本——管理思想上的质的飞跃》，《西南民族大学学报》2007年第1期，第30页。

② 谢维和：《论班级活动中的管理主义倾向——兼答吴康宁教授的商榷文章》，《教育研究》2000年第6期，第27页。

时间，能挤出一点时间是一点，不停地讲课、做练习、考试、一遍一遍地演练……，只要能出成绩，一切就都是值得的。至于学生个性的发展与张扬、创新精神和意识的培养则统统退后，成绩和分数是核心。“向四十五分钟要效率”，成为一线教师的努力方向和目标。仔细分析一下，这种思想的根源不正是西方效率主义的产物吗？只不过这里追求的效率和利益不是经济利益，但是也间接与经济利益挂钩，因为没有成绩和分数就代表不能考上重点，不能考上重点就代表家长要出一大笔择校费。在成绩和分数至上的面前，学生是没有条件谈自身发展的。在这种班级管理思想之下：课堂是死气沉沉的，是“填鸭式”的，学生是毫无生气的，是记录教师知识的“机器人”，而教师也成了知识的“录音机”；班级文化是单调的，或者根本谈不上班级文化的建设；课外活动更成为一种奢侈，因为更多的课外活动就意味着更少的学习时间，两者成为互相冲突的“敌人”。当然，在21世纪的今天，在新课程理念的指引之下，上述现象已经得到了很大的改观，尤其是一些大中城市的学校，学生已不再是“被牵着走的木偶”，已经有了很大的空间和自由。但是在一些小城市、县城、乡镇和偏远地区，这种现象还是屡见不鲜的，问题的关键就是教育的理念没有刷新，管理的思想过于陈旧，已经不符合时代的发展，我们需要的是一种更加民主、自由的教育和管理理念，来营造学生生命成长的真实空间。

二、现代管理理论指导下的“以人为本”、“生命至上”的管理观

与古典管理理论不同，现代管理理论把着眼点放在了“人”的身上，关注“人”本身的发展，因为随着时代的发展，管理者已经逐渐认识到，人不是可以驯服的“机器人”，人本身是有血有肉有灵魂的，活生生的个体。现代管理理论由行为科学理论发展而来，而行为科学的产生，与心理学、社会学、哲学、生物学等学科的发展有着紧密的联系。它产生于20世纪20年代末期。行为科学理论推翻了古典管理理论的“经济人”假说的研究前提，将管理的重点转向管理中最活跃的因素——人，并提出了人是“社会人”的论点。① 在这里，我们不得不提到著名的霍桑实验。霍桑是一家工厂，拥有较完备的养老金制度、娱乐制度和医疗制度。但是工人们仍然显得愤愤不平。美国科学院组织的工作小组和著名的管理学家梅奥一起，着手开始研究，想要寻找到其中的缘由。该实验历经八年（1924—1932年），进行了一系列的诸如照明实验、福利实验、访谈实验等，最后竟然发现，对工人本身的关心及工厂中的人际关系是影响生产效率的最重要的因素。霍桑试验证明了工人不是“经济人”，而是“社会人”。除了必要的、满足生存需要的经济利益之外，对人的关心、人际关系的好坏、内心的安全感及归属感等社会因素和心理因素对工人们来说更为重要。自从霍桑试验之后，管理学中对人性的探索开始如雨后春笋般地发展起来。如人际关系理论、激励理论、领导效能理论等，都是这方面的代表性理论。和古典管理理论相比，行为科学管理理论已经由物本转向了对人本的研究。20世纪50—60年代，科学技术进一步发展，生产力迅猛提高，各种管理理论和学派林立，出现了一片管理理论“丛林”，被称为现代管理理论阶段。由于霍桑实验拉开了关注人性的大幕，现代管理理论同样沿着这一道路发展，实现了“人本的回归”。之所以称“回归”，有两点原因：一是因为早在文艺复兴时期，解放人性、重视人的作用的伟大思潮就曾经在历史上出现。只

① 王德清：《中外管理思想史》，重庆：重庆大学出版社2005年版，第251页。

是因为时代发展的缘故，这一思潮没有得到发展就被掩盖在历史的车轮之下；二是从“经济人”到“社会人”再到当今时代的“复杂人”以及20世纪80年代的“文化人”、“理性人”。时代和环境的变化，管理思想也在发生着变化，而且无不涉及人的因素。

班级是教师教授知识、学生学习知识的场所。因此，在班级中，学生必然要面对一个“知识的世界”，这是毋庸置疑的，也是我们接受学校教育的目的所在。但是，知识的学习是唯一的目的吗？答案是否定的。除了知识的学习，我们还要获得品德、体能、美感、劳技的发展，也即我们常说的除去智育以外的德、体、美、劳。学生只有在这些方面都有所长进，才是教育的最终目的所在。当然，我们不能强求也不应该要求每一位学生都要在这些方面有所作为，但是至少我们不能剥夺他们发展的权利和机会。学生发不发展是一回事，学校教育提不提供机会是另一回事。所以，除了知识的世界，学生们还要面对更加广阔的“生活世界”，这样的学校生活才是完整的。正如湖南师大的刘铁芳教授所言：“学生的生命成长必须面对两个世界：‘知识世界’和‘生活世界’。‘知识世界’引导学生获得知识、开启智慧、拓展心智视野；‘生活世界’启迪、培养学生的生活感受力，增进、丰富个人的生活体验。”①“只有‘知识世界’与‘生活世界’相融合，才能培养完整的人。无视‘生活世界’存在的教育，是不完整的、残缺的教育。教育者需要从‘知识世界’出发，引导每一个人面对‘生活世界’，使之发展个性、舒展自我，成为真正意义上的人。”② 其实，关注学生的生活世界，就是在关注学生的个性发展，就是在关心学生的生命成长，就是以人为本的教育。2001年，国务院颁布的《基础教育课程改革纲要(试行)》，拉开了新一轮课程改革的序幕。本次新课改的核心目标就是让学生更加“社会化、素质化、个性化”。

在新的教育和管理理念的指引下，学校的景象是一派欣欣向荣的，班级是充满活力的，课堂是生机勃勃的，学生的学习生活是快乐的。班主任和各任课教师不再是“一管到底”、“事必躬亲”，像学生的“保姆”一样为管理而管理。在新的管理理念之下，学生被“推向了前台”，教师给学生“放权”，学生有了很多的自主权。在制定诸如班级目标、班级制度、搞班级活动时，不再是班主任的“一言堂”，而是给予了学生许多发言权，让学生做主，自己为自己的发展谋划，而不是教师的越俎代庖。

需要说明的是，站在当今时代的社会背景之下，我们中的大部分人可能比较认同人本主义的管理观，但是我们又不能单纯地批判效率至上和管理主义的管理观，因为毕竟它们符合那个时代，是被那个时代的发展规律所造就，并且极大地促进了当时生产力的发展。只是随着历史的发展，它渐渐失去了往日的光彩，与当今社会的发展理念有所背离，才遭遇人们的批判。所以，我们应该具有辩证的头脑，用辩证的思维来思考问题。而且，即使是在当今社会，不管是任何组织，单纯的管理主义和人本主义都是不存在的，存在更多的则是二者的结合和过渡，根据各个组织实际情况的不同，更多地倾向于某一种理念。因此，对于二者的评价不能走极端。但是无论如何，我们仍然应该看到：人本主义是潮流，是趋势。

① 刘铁芳：《守望教育》，上海：华东师范大学出版社2005年版，第128页。

② 齐学红主编：《今天，我们怎样做班主任——优秀班主任成长之路》，上海：华东师范大学出版社2006年版，第44页。

第二节　班级管理目标系统概述

班级的一切活动，都应该在班级管理目标的统领下进行。班级管理工作的设计与运转、班级管理者对班级内各种矛盾的解决、班级管理工作的评价与得失，都离不开班级管理目标。可以说，班级管理目标是班级管理工作的宗旨和主题。要准确地定位班级管理目标系统，首先应从理念的角度，对班级管理目标有一个清晰的认识，再者从实践的角度，深入了解分析班级管理目标在班级活动中扮演着什么样的角色，发挥着怎么样的功能，从而形成对班级管理目标系统的整体认识。

一、班级管理目标的界定

对班级管理目标系统准确定位，首先从理念上把握班级管理目标的属性以及定义，再从多维度理解班级管理目标即班级管理目标的类型。

（一）班级管理目标的定义

"目标是人们期望通过努力而达到的结果。""是人们想达到的境地和标准。"人的任何实践活动都有目标，同样管理活动也应该有目标。在班级中，班级管理目标也应然存在。班级的管理目标将学生的智慧和力量转化为一种向心力，不仅实现了班级目标而且促进学生自身的发展。管理目标是指"管理系统在一定时期内预期达到的目的和取得的成果"。① 在一定时空范围内，某种管理活动预期要达到的结果，这个结果就构成了该活动中的管理目标。班级管理目标，就是在班级领域内，根据具体情况、时间安排，预期班级管理活动要达到的结果或标准状态。班级管理目标指明了班级活动的方向以及预期达到的结果。班级管理目标是班级管理活动以及班级活动中的一个核心要素，是班级工作的宗旨和主体。

（二）班级管理目标的类型

根据不同的标准，班级管理目标可以划分为不同的目标类型。

从对象上分为学生个体目标、学生群体目标和班级集体目标。学生个体目标指的是按照每个学生各自的需要、兴趣、性格、意志、情感、品德、学习等特点，实现学生的全面发展、或者培养学生创新精神等目的而制订的目标。个人目标则应以班级集体目标、学校目标为导向，这样彼此之间就不会方向各异，互相抵消，甚至内耗。学生群体目标是指规定学生群体发展成有效成熟学生群体的目标。如外在目标和内在目标，自愿目标和非自愿目标，现实目标和非现实目标，长期目标和短期目标等。班级集体目标是指在一定时期内班级集体共同活动要达到的效果或标准状态。如班级学习目标、班级德育等各方面的目标。

从内容上分为学习目标、德育目标、常规目标、身心目标、素质目标等。学习目标是指学生或班级在一定的时期内达到的成绩或者学习能力的结果。如学生做到学习态度端正、学习目标明确、有一定的自学能力等。德育目标是指在德育方面要实现什么样的状态。如遵守学校规章制度、热爱班集体、同学之间互帮互助等。常规目标指的是学生达到

---

① 顾明远主编：《教育大辞典》，上海：上海教育出版社 1997 年版，第 483 页。

学校或班级制定的规章制度要求。

从时间上分为短期目标、中期目标与长期目标。长期目标应该从整体出发，从长远着眼班级管理活动要达到的预期效果或状态，促使全班学生在德、智、体等各方面全面发展，创造性的建设班级。中期目标可以理解为一个学年或者半个学年的奋斗目标，它指明了在这段时间内班级活动应达到的效果，它是实现长期目标的过渡阶段，起到了对短期目标实现情况的总结与对长期目标实现的引导。短期目标是时间最短的目标，是实施长期与短期目标的基础。长期目标、中期目标与短期目标应相互结合，目标的实施是一个周期过程，要分成若干阶段，努力使各阶段的目标都得到实现，才能在周期过程结束时，实现总体目标。所以，长期目标、中期目标和短期目标必须形成一个统一的整体。

二、班级管理目标的功能

“人们的活动的协调一致，并不能简单地靠命令来实现，只有实现思想的统一，才能保证一个组织所有成员的活动协调一致。而确保组织活动协调一致的条件，就是一个组织有一个统一的目标。”① 班级管理目标协调的教师与学生的活动一致，有利于建设良好班集体，班级管理目标具体的功能主要是以下几个方面。

（一）导向功能

班级管理目标一定要体现学校、社会对学生的基本要求，符合社会要求的方向，为班级所有成员指明方向，班级管理目标是依一定社会需要和要求确定的。班级管理目标的导向行动是选择、寻找和达到目标的过程。行为科学中的“目标导向理论”认为，只要进入目标行动，必须通过目标导向，两者循环交替，逐步深入。

班级管理目标体现社会、或者是教育方针的要求，班级活动在班级管理目标的引导下，以一定社会对学生的要求具体化为学生的努力方向，培养符合社会要求的合格学生。班级管理目标要以学校目标为导向，在学校目标的基础上制订和实施班级管理目标，使之体现学校的方针思想，体现学校的工作要求。

目标的导向功能，要求班级管理目标应具有正确性和明确性。只有正确明晰的目标，才能起到鼓舞人心，催人奋进的作用。班级管理目标的导向作用对学校工作、对班主任的工作、对学生的成长都有重要意义。这种意义在于使学生能够按照社会要求顺利地发展。正确的班级管理目标的确立和落实，就是学生健康成长的过程，同时也反映了学校工作成果对社会的贡献。

（二）激励功能

班级管理目标对班级工作起到导向作用的同时，还发挥着激励的功能，主要体现在三个方面。一是对学生来说，一个切实可行、行之有效的奋斗目标，可以吸引、鼓舞和推动他们为实现目标而努力，从而使班级工作顺利开展，学生自身得到发展。二是对班级管理者来说，教师或者班主任，目标可以提高他们管理的自觉性，激励他们追求班级管理工作的最大化效益。三是对整个班级来说，通过实现班级管理目标，提高班级之间的竞争力，班级之间的竞争就是“目标”之间的竞争。目标的实现体现了班级所处的班级状态，从而能体现出班级的整体素质以及各个方面的水平。

---

① 李学农:《班级管理学》，北京：高等教育出版社 2004 年版，第 79 页。

实现班级管理目标是一个动态的过程，需要成员之间的积极配合，这种积极主动多半源于目标本身的吸引力。当班级成员把班级管理目标看成一种自身的需要时，目标起到了激励的功能。在管理过程中，班级成员形成了责任感和主人翁的意识。

（三）驱动功能

当班级管理目标一旦成为班级所有成员的共同认识并化为他们自我需要的时候，目标就成了努力的方向。因此班级管理目标会成为一种驱动力量，这种驱动力量既是一种外在的驱动，使落伍者奋力赶上，使先进者更为努力，鞭策激发班级成员的努力，又是一种内在的驱动力量，班级管理目标化为自身的一种需要，使学生从“目标”中看到自己的不足。班级管理目标是班级工作的进取方向和学生成长的标尺，学生从“目标”明确班级、学校、社会的各种要求，从而推动他们积极进取，并化为他们健康和谐成长的各种具体活动。

班级管理如果没有明晰的正确的目标，就没有实际有效的班级活动。实现班级管理目标一旦失去了驱动力，“目标”就形同虚设，班级管理工作就会出问题，管理者与被管理者失去了重心，甚至不知道该怎么干、要干什么。一个班集体，目标的确定只是第一步，还必须有实现目标的驱动力，这样才能实现目标。

（四）评价功能

班级管理目标既有导向功能，又有对全班以及所有成员的激励作用和驱动作用。班级管理目标的实现过程是不断“评价”的过程。首先，在实现目标过程中做了多少，做的好坏，必须以“目标”的基准进行评价。其次，在师生共同实现目标的各项活动中，又要在“评价”中予以鼓励与调整。再次，全班师生在实现“目标”的过程中与“目标”的距离是以不断地“评价”来判断的。“评价”的基本标准就是班级管理的目标。所以，班级管理的目标又能够体现出评价的作用。

班级管理目标的评价作用体现在对班级工作各个方面的评价，如评价优秀班集体，教师的教学质量、班风等各个方面。学校考察班级工作以班级管理目标为基准，学校评价班主任的工作，学生评价班主任的工作都可以以班级管理目标为基准，班级管理目标的评价功能贯穿于整个班级管理过程中。

第三节　班级管理目标的制订与实施

上文谈到，班级管理目标是班级管理活动以及班级活动中的一个核心要素，是班级工作的宗旨和主体，那么制订一个科学而合理的班级目标就显得尤为重要。从一定意义上说，制订出了好的班级管理目标，就标志着班级管理活动成功了一半。

一、班级管理目标的制订

（一）班级管理目标制订的过程

目标的制订不是随意的，在制订之前，要有一系列的准备工作，包括思想上的和行动上的。思想上的准备是制订者在头脑中形成的一套关于如何制订、怎样制订的方案和规划，就相当于建筑师在建筑前的蓝图；行动上的准备是思想上准备的具体实施，如通过简要的调查来分析班级现状、了解学生等，从而使得制订出的班级管理目标符合本班级的实际情况，也更加具有针对性和适用性。一般来说，有以下几个方面的环节。

1. 分析班级现状

教师不管是刚刚接手了一个新的班级，需要制订班级管理目标，或是已经带班一段时间，需要在一定的基础上对原有班级管理目标加以调整和修改，使之更加有利于班级的发展，首先需要做的工作就是对班级的现状作一个分析。对于新接手的班级，需要做的就是初步了解班情，并根据以往带班的经验制订出一个较为适合班级发展的管理目标；对于后一种情况，教师一定要客观地分析以前的管理工作，有哪些成功地经验和失败的教训？为什么会出现不同的情况？其中哪些宝贵的经验值得今后继续借鉴？又有哪些需要引以为戒？都要做到心中有数。其次，正确地分析班级现有条件。包括物力条件和人力条件。物力上，班级现在有哪些基本设施可以利用？还需要创设哪些条件？人力上，班干部数量和分配如何？各科代课教师的素质怎样？等等。通过分析班级现状，从而做到心中有数，为班级管理目标的制订打下良好的基础。

2. 了解学生想法

从多方面调查了解学生是顺利进行班级管理工作的前提条件，因为教师和学生毕竟有一定的年龄差距，教师的想法不能代表学生的想法，不对学生进行调查了解而贸然实施教育，是不会取得好的效果的。新接手的班级是如此，非新接手的班级，教师同样要经常了解学生的想法，随时感知学生思想的变化。俗话说得好："得民心者得天下。"调查了解学生的想法，实际上就是了解"民心"，基本知道合作群体中的每一位成员对班级管理目标的看法和希望。"组织的目标，指导群体的各种活动，并且起着媒介的作用，把多方面的利害关系纳入到共同努力的渠道。只有组织的目标同学生们自己设想的目标相一致，反映出他们的共同愿望，他们才会合作；否则，便得不到保证。"①

下述案例的王老师即通过问卷的形式成功地解决了学生的想法。

【案例 5-1】

班主任王老师是一名刚刚走上教师岗位不久的年轻教师。在走上工作岗位之前，他就已经通过大学时候的实习了解到现在的学生"不好管"，人人都"很有个性"，所以，在那个时候，小王就暗暗下了决心：工作之后一定要当一名"民主型"的教师，处处为学生着想，从学生的角度出发去思考问题，给他们充分的空间和自由。但同时他也明白，这种空间和自由都是有限度的，太松了也会导致学生"目中无师"，变得"无法无天"。所以，要做一名宽严相济的教师。在开学之初，他先对学生进行了一番调查研究，摸清每位学生的"底细"，了解学生的"个性特长"、"兴趣爱好"、"曾任职务"、"最自豪自己做过的事"、"最好的成绩"等。让学生把最好最优秀的一面展现给教师。从"对父母的要求"、"对担任班干部的看法"、"对大公无私的看法"、"对社会不正之风的看法"等项目的答卷之中找到了学生的思想动向；从"目前最关心的"、"目前最苦恼的"、"知心朋友"、"我的理想"、"心中榜样"等栏目中弄清学生各种精神需求的总体情况和个别觉悟程度；从"影响最大的人"、"最谈得来的人"、"你最愿意同桌的人"来了解班级的人际关系，摸清班级的"头面人

① 郭毅：《班级管理学》，北京：人民教育出版社 2002 年版，第 162 页。

物”，掌握班级的非正式群体。通过一系列的调查研究，王老师对学生的基本情况有了大致的了解，从而“对症下药”，制订了班级管理的具体目标，并取得了较为理想的效果。①

该案例中，班主任王老师没有盲目地制订班级管理的目标，而是通过一系列的调查研究学生的想法，虚心听取学生的意见，从学生实际情况出发，结合自身的教育经验来制订目标，有利于学生接受管理目标，有助于管理目标能发挥实效，真正促进学生成长，使班级管理目标的制订不至于流于形式。

3. 师生共同参与

班级是由教师和学生共同组成的集体，尤其学生，是构成班级的主体部分和主要力量。甚至有的学者还认为，构成班集体的力量只是学生，教师并不属于班级的有机组成部分，而只是一名指导者和辅助者。由此可见，在制订班级管理的具体目标时，教师不能搞“一刀切”、“个人专断”的集权主义作风，而是应该做到以学生为主体，以学生为本，以学生的发展为本，广泛吸纳学生的意见和建议，大家共同讨论制订，这也正是一种人本主义的班级管理理念的最好体现。

【案例 5-2】

这个礼拜，轮到四班值周，班主任葛老师又要像往常一样布置任务，把偌大的校园分成若干个小区域，然后在每一个小区域指派一定的同学，大家全体出动，共同完成校园值周工作。由于值周工作大家几轮下来都有了经验，每位同学对于自己负责哪一块卫生区域都非常熟悉了，无须老师多说就能保质保量完成任务并受到校长的表扬。葛老师每次只需强调纪律，如按时到场、不许趁此机会在操场上打闹玩耍、按时回班上课之类。对于四班孩子们的表现，葛老师也是非常满意。每每看见流动红旗又挂在自己班上的墙壁上时，葛老师总是会会心地一笑，然后表扬大家一番，鼓励大家再接再厉。时间过得真快，又轮到四班值周了。与往常不同的是，这次值周，四班不仅没有拿到流动红旗，还被校长批评了。原因是有些学生没有保质保量完成任务，出现了懈怠现象。葛老师很是纳闷，很想好好质问这帮学生，但还是忍住了。她径直走到教室，看见同学们像犯了错的孩子一样都低垂着头，她的气就立马消了一半。没有批评，葛老师代之以温和的口气问大家是什么原因。大家相互对视却没有人吭声，最后还是班长站出来说，每次都是按照一样的分配规则分配任务，没有任何变化，导致有些清扫任务较重的同学有不满情绪，才出现这种情况。葛老师这才恍然大悟。她想起了学校教学楼后面的狭小巷道，由于那里是一个卫生死角，平常大家不经常到那里去，再加上楼上有些不自觉的同学总是爱从窗户向外扔纸屑，导致那里经常是脏乱不堪，大家都不情愿担任那里的清扫工作。自从第一次分配任务，就是几名比较积极的女生主动承担那里的任务，她还表扬了她们。但是一晃快两个学期了，一直是这几名女生承担。葛老师这才感觉到很过意不去，由于自己工作的疏忽，严重挫伤了这几名同学的积极性。从这以后，葛老师改变了策略，在每次值周之前，她都会在黑板上画

① 金英生：《班级管理的目标模式与方法》，《新课程》2009 年第 4 期，第 16 页。

出整个校园的平面图，然后让大家自由选择劳动地点。对于那块“脏乱之地”则是大家轮流进行，以保证公平。这样一来，不仅提高了学生们的劳动积极性，而且每次形成的学生搭配方式的不同还让大家有了更多的交流和沟通的机会，真是一举两得啊！这不，流动红旗又在四班的墙壁上熠熠生辉了。

在班级管理目标的制订过程中，案例中的葛老师吸取教训，避免自己以前不民主的做法，未能让学生参与到目标的制订，只是教师单方面制定规定，这是一种积极肯定的做法，是体现了以生为本的治班理念。其实，一个健全的班级管理目标的制订是离不开师生共同参与的，需要反映学生更多的意见和感受，吸收合理的意见，给予学生更多表达自我的权利和机会。

(二) 班级管理目标制订的原则

为确保班级管理目标设定的正确性和方向性，班级管理目标的设定应该遵循如下的原则。

1. 发展性原则

所谓发展性原则，即是说班级管理目标的制订，必须要以促进学生的发展为本，体现着促进学生发展的要求。正如李学农教授所说：“任何一个班级管理者，必须明确：不是学生为班级而存在，而是班级为学生而存在，班级为学生的发展而存在。体现发展性原则的班级管理目标，应该能够反映创造促进学生发展的班级环境的要求，反映促进班级中每一个学生发展的要求。”①

2. 参与性原则

参与性不仅是班级管理目标制订过程中一个必要的环节，同时也是应遵循的基本原则之一。集体的目标要由班主任与学生共同决定。很多班主任在制订班级目标的时候，都是一人做主、一锤定音，这显然与班级管理的人本主义价值观相悖，与当今社会倡导的人本主义发展理念相悖。在社会快速发展的今天，在倡导学生个性发展的新课程理念的指导之下，学生其实也有表现自我、参与管理的渴望，渴望自己的才能得到施展，能力得到锻炼，个人价值得以实现。如果没有学生的广泛参与，他们就会失去班级管理的热情，对班级的发展极为不利。因此，班主任在制订班级管理目标时，要与学生广泛磋商，广泛吸纳各方意见，民主决断，以取得共识。

3. 激励性原则

前文在谈到班级管理目标的作用时也已经阐明：目标是具有一定的激励作用的。激励即是指目标制订后，能够凝聚班级的各种力量，指引着班级成员共同奋进，成为大家学习的动力之源。要使制订出的班级目标具有激励性，就要求目标的设置有一个合理的定位，既不保守又不冒进，既不能低估本班学生的能力，把目标定位得过低，又不能盲目乐观，过高估计学生水平，制订出不符合实际的“空中楼阁”式的目标，从而让学生因为难以实现而影响其学习的积极性。把目标定位得恰到好处，即目前还没有达到的水平，但是只需在自己的努力和老师的帮助下就能实现。就像前苏联教育家维果茨基提出的“最近发展区”的教育理论，即只需稍加努力就能达到的水平。心理学的研究也已经证明，在任

① 李学农：《班级管理学》，北京：高等教育出版社2004年版，第85页。

务有一定的难度和挑战性，但又不是非常难以达到的情况下，最能激发学习者的动机水平，从而使其学习动机处于最佳状态。

（三）班级管理目标制订的具体化

班级管理目标的具体化是指：为了使班级管理目标具有可操作性和可行性，把目标分解落实到班级管理的各个环节之中，从而更有效地实现班级管理的一种方法和手段，是真正达到班级管理目标的保证。

班级管理工作是零散的、琐碎的。正是这些零散而琐碎的小事的串联，才构成了班级管理工作的体系。要做好班级管理工作具体化的工作，首先要将制订出的班级总体管理目标分散落实到班级管理的各个环节之中。如班级常规管理，包括出勤、早读、早操、眼保健操、卫生环境、收发作业等环节，教师可以针对每个环节提出具体的要求，同学之间互相监督，保证每个环节顺利完成，从而顺利完成每日的常规管理工作；再如对于学生的学习的管理，包括按时完成作业、及时复习、提前预习等方面，教师也可以对每一环节提出要求，如家长以签字或发短信的方式和班主任报告学生的学习情况，教师上课前通过提问检查学生复习和预习情况等手段，来督促学生完成学习任务，通过和家长的合作，共同完成对学生学习的管理。

下述案例中，班主任对卫生环境目标的实现制订了具体的措施，“包产到户”，落实到个人，顺利保证目标的实现。

【案例 5-3】

某中学班主任杨老师班上的环境卫生状况不佳，这是令他最头疼的事。一样的布置任务，一样的打扫，怎么就是没有别的班级情况好呢？反复强调不要乱丢纸屑，遇到自觉的学生还好，遇到不自觉的，再强调仍然无济于事。为了彻底改变现状，杨老师决定实施“改革”，将环境卫生管理这一块事务分解成许多小的方面，责任到人，谁没有尽到责任最后则要承担全部责任。（1）值日生每天上午上课前、中午、下午放学后打扫三次，劳动委员监督总体，值日组长监督每个值日生，如果值日生当天没有到校则由值日组长顶替；（2）值日生监督乱丢纸屑现象，知道是谁丢的让谁捡起来，不知道谁丢的值日生主动捡起来；（3）不知是谁丢的纸屑又没人捡起来，情况严重的，当天值日生重做或罚做一周卫生。自从使用这种方法以来，班级的卫生状况得到了很大的好转，并受到学校的好评。

需要注意的是，班级管理目标的具体化，必然要牵涉许多措施、制度的建立，因此，必须要注意做到以下几点。

（1）有好处。在把目标细化并落实到不同的学生身上时，首先必须让他们明白，所有的做法都是为了大家好，是为了整个集体好，而且通过大家的一致努力，肯定会为班级带来进步和荣誉。这样才能充分调动每个班级成员的积极性。

（2）有根据。即具体化后的措施，必须与一定的教育教学原理和原则相符合，尤其是要避免与有关法规相抵触，以避免执行中出现不必要的麻烦。

（3）有尺度。即具体化后的措施要有层次性，这样才能达到渐进性育人的效果。措施要视学生违纪程度而定，措施中不能动不动就以请家长甚至停课相威胁，而应有几个不同维度的处理措施，让学生受到教育，让其家长心平气和地接受相关处理意见。

二、班级管理目标的实施

班级管理目标制订之后，只有通过有效的实施，才能发挥班级管理目标在班级活动中的作用。班级管理目标的实施是指根据制订的班级管理目标，按照计划的安排实施一定的班级管理目标的任务，班级所有成员积极主动地完成各自承担的任务，实现班级管理目标的过程。班级目标的有效实施从静态的角度来看，需要班级组织者的引导，班级组织的保障；从动态角度即班级管理目标的运行来看，需要一定的协调“艺术”与奖惩手段。

(一) 班级管理目标实施的组织与指导

班级管理目标，根本在于良好班级组织的建设，因而班级管理目标的实施与实现，有赖于班级组织建设。

1. 班级组织建设

班级是学校教育的基层组织，建立好这一组织是班级管理目标实施的首要任务。班级组织的建设不仅包括班级组织结构的设置，更要体现班级组织结构的发展性即形成班集体，为班级管理目标的实施提供有力的保障。

(1) 班级组织结构设立

班级管理目标的有效运行不仅需要教师的正确引导，更重要的是要形成学生自主管理的体系和氛围。因为班级是学生成长的摇篮，组建一个团结向上的班干部队伍是实现班级管理目标的关键。班干部队伍是班级的管理核心，是同学的榜样，是班主任开展工作的得力助手。合理、民主、具有凝聚力的班级组织结构对班级管理目标的实施起着关键性的作用。

在班级目标实施中，班级组织结构可以有各种创新形式，现行的班级组织结构有多种类型。有轮流“执政”的班委制度、设立值日班长、值周班长等，班里每个成员几乎都有自己的“职权”。合理的班级组织结构为班级每个成员提供了大量的创造机会，每个学生的精力都倾注在完成班级各项具体的任务中，班级中人人有事干、事事有人管、事得其人、人得其所。一个富有个性、充满创意、共同协作的集体便在这种组织结构中呈现出来。

【案例 5-4】①

一位值日班长的感言

“今天我是值日班长。屈指一算，这一学期我已经当过好几次值日班长了。当值日班长是件很辛苦又很光荣的事情。以前自己总是属于班上的那种‘灰色人’，没当过班干部，没当过小组长，一直是一个平凡得不能再平凡的学生。老师让我们干什么，我从来不会和老师的要求背道而驰，班干部让我干什么，我从来不会拒绝，我认为不给班级添乱就是好学生。我羡慕那些班干部，好威风。现在自从我当上了值日班长之后，我深刻明白了班干部职责与任务的重要性，明白了班级的真正含义，原来我

① 摘自田静本人在 M 中学实地调研期间写的田野日记。

的那种'不添乱'的思想实在是太肤浅了。当值日班长的那一天和班干部形成'教育合力'、变成'榜样群'、成为'老师的好助手'。以身作则，在管理其他同学时一定要先检查自己的行为是否符合标准，与同学处理好各种关系。在不当值日班长的日子里我也能很好地进行自我管理，我从当值日班长的日子里明白了自己是班级中的一分子，一定要严格要求自己，做好应做的事情。"通过值日班长这种组织结构形式培养了学生的责任心，提高了学生的团结意识。

资料来源：摘自田静本人在M中学实地调研期间写的田野日记

案例中通过值日组长的形式增强集体的凝聚力，养成学生自己管理班级的习惯，有种主人翁的感觉，虽然只是一个很小的职位，但是这能够让学生更加团结集体，关心班级管理。

在班级管理目标的实施过程中，不仅要组建形成一个团结向上的班干部群体，而且要尽量让班级中其他成员参与到班级管理中来，形成一个和谐的、协调的班级组织机构，营造学生自主管理的氛围，使每个学生认识到班级管理目标的实现需要自己的参与和支持。

（2）班集体的组建

一定班级组织结构的形成，为班级管理目标的实施提供了运行形式的保障。要使班级管理目标得到有效的实施需要调动全班学生的积极性，使每位学生参与到班级管理目标的实施中来，班级管理目标“内化”为学生的具体行为目标，“目标的明确，机构的设置，规范的建立，这是班级组织的初建阶段，目标逐步为组织成员普遍接受，组织机构能有效运作，组织任务能基本完成，组织向自己的目标迈进，这是组织的发展阶段；组织的目标成为组织成员自觉追求的目标，组织的规范被成员内化，组织形成了独特的氛围，成员间有着强烈的凝聚力，组织目标的达成有充分的保障，这是组织发展的高级阶段，即集体的阶段”①。

著名的教育改革家魏书生曾这样说过：“班级像一个大家庭，同学们如兄弟姐妹般互相关心着帮助着，互相鼓舞，照顾着，一起长大了，成熟了，便离开这个家庭，走向了社会。”一个良好的班集体对每个学生的健康发展有着巨大的教育作用，形成一个良好的班集体，需要每一位学生的积极参与，班集体的形成为班级管理目标的实施提供了动力支持。

【案例 5-5】

班级日志一则

我们经历了多少场“战争”，每次“战争”过后，我们总会迎来“平静”，所谓“战争”指比赛，“平静”指喜悦与成功。我们对每一场比赛都全力以赴，没有逃避、怯懦，所以才造就了现在7班的活跃与自信，不是吗？比赛激活了我们，让我们更有凝聚力，更加和谐欢乐，这个大家庭会闪烁着永久的光芒，照进每一个人的心中！

2009年1月的合唱节，我们以一首《说唱脸谱》赢得了全校师生的欢迎，热情

① 李学农：《班级管理》，北京：高等教育出版社2004年版，第87页。

的掌声，让同学们信心无比，以完美的表现荣获了年级一等奖的荣誉。同学们唱出了自信，唱出了风采。唱得简直ok，顶呱呱……

我们之所以能更胜一筹，靠的是什么？不错，就是我们班集体的凝聚力！我们相信我们是最棒的，我们一定行的！我们都有同一个目标，同一个梦想！我们团结互助，我们齐心协力，尽力把事做得更完美。我们在一个宽阔而美丽、明亮而耀眼的舞台绽放了全新的自己！

资料来源：南京市某中学某班级的班级日志

此班级日志反映出：一个良好的班集体会增强集体的凝聚力、向心力，调动学生参加活动的积极性，有助于班级管理目标的顺利实现。同样，一个好的班级管理目标更能激发全班同学参加学习和活动的积极热情，带动学生的成长，形成一个更加强大的班集体。

2. 班主任等班级管理主体的指导

班主任既是班集体的组织者、管教者，又是指导者、联系者和参与者。在实现班级管理目标的过程中要充分发挥其指导、协调的作用。

首先依据全班学生的心理、生理年龄特点和学习情况，制订出切合全班实际的管理目标。然后围绕班级目标，指导学生制订出与自身情况相符合，又与班级目标相配套的个人目标。之后，班主任可根据目标的内容和同学们的实际情况，制订出有效的措施，引导同学们实现班级和个人的双重目标。

我们在班级管理目标的实施过程中应充分发挥班主任的协调桥梁作用，并且注意由直接指挥、控制转化为间接指挥与控制从而做好为学生提供各种信息咨询指导以及协调平衡的工作。班主任要协调学生集体和任课教师之间的关系，协调好学生与学生之间的关系等，同时班主任还要发挥桥梁作用使学校、家庭、社会密切配合形成一股合力组成统一的教育力量向班级管理目标的方向前进。在目标的实施阶段，班主任还应关注目标的检查控制。班级管理中的控制是指为保证实际工作与目标要求相一致，师生采取的管理活动。对于目标完成良好的学生，应该实施适当奖励。譬如设立三好学生、优秀学生干部、文明学生、科技创新先进个人、文化艺术活动先进个人、体育活动先进个人等精神荣誉奖励，结合各类奖学金、助学金等物质奖励。使学生获得各层次尤其是尊重需要、自我实现需要等高层次的心理满足，从而激励、强化学生的正向行为。而对于目标完成差的学生，要帮助他们查找、分析原因，如果是主观不努力的原因，也必须批评和适当惩戒，引导其在下一个目标管理周期走向良性发展。在目标实施的整个过程，班主任切忌事必躬亲、包办代替，而应更多地起咨询指导的作用，让学生逐步学会自我控制，实施自主管理。

【案例 5-6】①

王老师有多年的班主任的经验，在班级管理的过程中，注重对学生自主管理意识的培养。2008 年元旦将至，学校通知每个班级准备欢庆元旦晚会节目，学校领导担任评委，对参加晚会的节目进行评选。这是一次在全校师生面前展现班级风貌的机会，大家都很重视这次晚会。各年级各班级在班主任的领导下精心为晚会作准备。由

① 摘自田静本人在 M 中学实地调研期间写的田野日记。

于王老师参加了某地方组织的讲课比赛，一直没在学校，由另一个班的班主任兼任该班的班主任。该老师忙于自己班级的事务往往忽视了该班的一些事情。虽然没有老师的带领与指导，该班的学生由于平时的自主管理意识比较强，并没有因为缺少班主任的指导而放弃参加或者随便应付。在全班同学集体智慧的努力下策划了一场精彩的元旦晚会节目，并赢得了学校领导和老师的好评。

案例中，王老师的班集体并没有因班主任的缺席得不到充分的指导而表现混乱，反而因出色的表现而赢得好评，这不仅是班集体自我管理的成效，也是班主任对班级良好管理的成果。

（二）班级管理目标实施中的“柔性”艺术

1. 班级管理目标系统的协调统一

班级管理目标是以学校发展目标为基础，根据班级及班级成员的具体情况而制订的。所以在班级管理目标系统实施的过程中，尤其要处理好学校、班级、学生个体目标的关系。班级管理目标系统的协调统一指的是班级管理目标是依据学校发展目标而制订，符合学生的个体学生目标，目标之间达到了和谐的关系。

【案例 5-7】①：

某校学习气氛很浓，看看周围的环境就可以感受到。惜时文化成为校园墙壁上的主题。“《春》读书求学不易懒，天地日月比人忙。寸阳分阴需爱惜，休负春色与时光。《夏》田野勤耕桑麻秀，灯下苦读声朗朗。农村四月闲人少，勤学苦功把名扬。《秋》牛角挂书成李密，囊萤映雪有孙康。大夫欲速平生志，一载寒窗一半汤。《冬》晨钟暮鼓值人急，燕去雁来促我忙。千金一刻莫空度，老大无成空自伤。”在校园外面的围墙上还有许多名人刻苦勤奋的故事。例如《闻鸡起舞》、《囊萤映雪》、《悬梁刺股》、《废寝忘食》，在宿舍楼一侧写着《今日诗》：“今日复今日，今日何其少！今日又不为，此事何时了！人生百年几今日，今日不为真可怜！若言姑待明朝至，明朝又有明朝事。为君聊赋今日诗，努力请从今日始。”《明日歌》：“明日复明日，明日何其多，我生待明日，万事成蹉跎。世人若被明日累，春去秋来老将至。朝看水东流，暮看日西坠。百年明日能几何，请君听我明日歌。”该校在注重学生其他方面发展的同时，把学生的学习放在了首位。在学校总目标“提高学生成绩、提高升学率”的影响下，每个班级也把重点放到了学生的学习成绩上。黑板报是班级用来宣传班级文化的一个物质媒介，在该校成了提醒学生认真学习的“阵地”。班主任、各任课老师在学校方针指导下，集中力量抓学生成绩。“成绩好”也成了学生追求的目标。学生自觉学习，制订有规律的学习计划。把有限的时间用到最大化，学生紧跟教师指导的步伐，一步一步实现自我目标，从而实现班级目标。

资料来源：摘自田静本人在 M 中学实地调研期间写的田野日记

对于以上案例，学校把提高学生的成绩作为目标，在班级中积极营造有利于学习的环

① 摘自田静本人在 M 中学实地调研期间写的田野日记。

境，作为班级管理主体的班主任以及任课老师围绕这一个目标进行管理教学，学生进行自觉的自我管理，认真学习，制订学习计划。学校、教师、学生的目标之间达成了一致，在这种情况下，班级管理目标得到了有效实施的有利条件。

2. 激励措施的实施

如何使这种协调统一的管理目标系统维持下去，这就需要激发学生对实施班级管理目标系统的积极性，使学生能积极参与和支持班级管理目标的实施。在实施激励措施时应注意以下几个方面。

一是对班级不同角色的学生实现各自层次目标的程度给予合理的价值判断。这样，有助于学生看到你的成绩，清楚自己实现目标的程度。

二是实施激励手段要及时。对学生完成一定的目标之后，给予及时的奖励。及时的奖励有助于学生树立成就感，对以后的学生生活充满信心。如果没有进行及时的奖励，容易让学生失去动力，自我得不到赏识，从而丧失自信心。

三是对学生作出全面的评价。人的智能并非只是一个，而是由一组能力所构成的整体，这一组能力包括：语言智能、音乐智能、数理逻辑智能、空间智能、身体运动智能、自我认知智能和人际交往智能等。每一种智能都是相对独立地存在着，具有其独特的价值。而这七种智能并非在每个人身上平均分布的，每个学生都具有自己的强项智能和弱项智能。这样，对学生的评价必须注意到每个学生的个性，发现每一个学生特有的优点和不足，而并非用统一的标准予以衡量。同时，这也与赏识教育所要求的发现每个学生的优点不谋而合。如在学习上不但有优秀奖还有进步奖、设立各种荣誉称号如“优秀课代表”、“优秀组织奖”、“学习能手”、“学习明星”、“纪律奖”等。

（三）班级管理目标实施中的“硬性”执行

1. 班级管理目标实施中矛盾冲突

班级管理目标系统内部除了协调统一之外也存在着一定的矛盾冲突。当班级管理目标与学校发展目标不一致的情况下，这样班级的努力就可能被整体削弱，达不到应有的效果，班级和学校的发展都会受到影响。若班级目标强势发展，可能严重地干扰学校的目标。主要体现为班级目标高于学校管理目标、班级目标低于学校管理目标两种情况，下面的案例真实生动地反映了这一状况。

【案例 5-8】①：

M 中学是南京市一所普通中学。鉴于学校的师资、学生的生源各个方面，每年重点学校向该校招收学生名额占毕业班学生人数不到百分之十。重点学校招收这百分之十的条件是分数达到重点学校划定的分数线，然而该校往往由于学生的分数达不到重点学校要求的分数线，从而导致只有几个学生进入重点学校。该校为了提高教学质量，明确教学目标，学校规定每届毕业班的升学率，并且根据每个班学生的学习成绩的情况，分配每个班的具体人数，同时针对这一目标建立了相应的奖惩机制。

四班是该校毕业班中成绩最好的班级。学校给该班定的指标为 4 人必须达到重点高中的分数线。该班的纪律等各个方面在全校都是首屈一指的，担任该班的班主任是

① 摘自田静本人在 M 中学实地调研期间写的田野日记。

一位从教几十年的老教师，对工作尽职尽责，由于综合的因素成就了该班为学校的优秀班集体、被誉为“领头羊”。据了解该班的目标要实现8人达到重点高中的分数线。由于学校的生源问题、师资力量不具备一定条件等，该目标远远超过了学生的实际水平。为了能达到班级制订的目标，上到班主任、各任课老师，下到学生展开了与时间的赛跑，并严令禁止做与学习无关的事情。学生在校的时间很紧张，在繁忙的课业中度过一天又一天。学生、老师每天都筋疲力尽，休息成了一种奢侈的要求。但是考试结果并不如预期的那样理想，更为糟糕的是学校给班级下达的目标也没完成。

该案例反映出该班的目标脱离学校目标，没有以学校的目标为导向，盲目地制订目标、该班的班级管理目标没有取得应有的效果，反而影响了学校目标的实现。因此，我们必须正确处理班级管理目标执行过程中的矛盾冲突。班级目标与学校管理目标的协调一致，其实二者的矛盾在于实施主体及其追求的利益，要让两种目标的制订都能以学生的根本利益为本，需要班主任审时度势理清楚二者的关系，促进班集体和谐，以达到实现班级管理目标的目的。

学生个体目标是班级集体目标的客观基础，班级集体目标是学生个体目标的集中反映。在现实的教育中，由于学生的先天素质、生活环境、教育基础各不相同因而有着不同的性格特点、兴趣爱好、思想品德、知识能力、身体状况、生活习惯等，这样在班级场域中有可能存在个人目标与班级目标不一致的情况。下面以南京市M中学的例子加以说明。

【案例 5-9】

学生的成绩、升学率往往成为学校的工作重点。在“狠抓”学生成绩、勇夺区内第一名为目标的M中学，每个班级的一切活动都是围绕提高学生成绩开展工作。为了给学生提供良好的学习环境，制定了各种规章制度来维持良好的纪律，如班级内部制定的制度名目繁多：学生教育情况反馈表，夕会记录表、班委会记录表、学生会会议记录表、值日班长记录表等。在教室的墙壁、课桌上张贴着各种激励学生的表格。

表 5-1　　**我的对手和我　初一（2）　2009**

	我	对手	1	2	3
1					
2					

表 5-2　　**日常检查表**

项目得分	午休应到人数	周一	周二	周三	周四	周五	周六	周平均分	扣分情况说明
班级		实际得分	实际得分	实际得分	实际得分	实际得分	实际得分		
初一（1）班									

续表

项目得分	午休应到人数	周一	周二	周三	周四	周五	周六	周平均分	扣分情况说明
班级		实际得分	实际得分	实际得分	实际得分	实际得分	实际得分		
初一（2）班									
初一（3）班									
初一（4）班									

说明：1. 采用10分制（有乱哄乱跑现象扣一分，人数少一人扣0.1分，有重大情况及时向值班领导汇报）。

2. 课间纪律应平均全天的情况打分。

3. 午间打分时间为12：45—13：00。

作为“领头羊”的初一（2）班，各种程序实施的井然有序。排除一切干扰学习的因素，学生被埋没在以学习为重的环境中。之所以要叫领头羊，最重要的是班上的学生成绩好，其次纪律各方面都表现得不错。继续做领头羊的班级也成了该班的班级目标。多么优秀的班级也有逃离在制度藩篱之外的学生，班上P学生就是这类学生。他的学习成绩不是很好，他极爱好音乐，他的理想也是希望能在音乐方面有所作为。据学生说，他什么歌都会唱并且唱得也不错，他唯一喜欢的课就是音乐了。他在班上并不受欢迎，被学生经常称之为特殊人物。“经常不认真听讲，唱歌多浪费时间”，“学习成绩一点也不好，我们老师经常找他呢，但是又不改”，“自己作业做不完、时间都浪费在唱歌上了，经常去音乐教室”。

P学生的个人目标与班级的管理目标出现了不和谐，并且P个人的种种行为会给班级的管理带来很多不便。在个人目标与班级目标出现不一致的时候，应该怎么处理呢?

2. 班级管理目标的协调

班级管理目标系统内部存在矛盾冲突，这就要求我们用一定的方式进行调节，确保班级管理目标实施。

一是在班级管理目标的实施中，还要有严格的纪律和规章制度作保证。班主任要组织学生认真学习《中小学生守则》和《中小学生日常行为规范》，要求学生以此规范自身的言行，省察自身。班主任还要根据班级实际情况制定本班的规章制度，使学生有章可循。在执行过程中，要有严格的纪律作保证。制度管理与纪律的约束应统一，大家必须无条件地遵守集体纪律和规章制度。

二是采取量化措施与质性措施，使全班学生的行动有针对性、有据可依。目标在实施过程中应分阶段按要求进行量的分析。可以制定一些具体的规范要求和评价标准，如出勤率、课外活动组织率、体育达标率以及各科成绩的及格率等。对不达标的或者表现极差的学生，进行必要的惩罚，使之朝目标方向发展。有些不能直接量化的指标，进行质性描述与评价，如班级中“记事本”、“心语星苑”等记录方式，学生把自己在生活、学习上的感受记录下来或者对班级中的种种现象进行描述。

班级管理目标是班级管理活动以及班级活动中的一个核心要素，是班级工作的宗旨和主体。班级管理目标在班级活动中发挥着重要的作用。只有制订明确的班级管理目标，通过有效地实施，才能发挥班级管理目标在班级活动中的作用。

问题与思考

一、简答题

1. 班级管理的价值理念有哪些？分别阐述其含义。
2. 班级管理目标的制订过程和原则是什么？
3. 什么是班级管理目标的具体化？
4. 班级管理目标的含义是什么？
5. 简述班级管理目标的功能。
6. 怎样才能有效实施班级管理目标？（结合实践进行阐述）

二、案例分析

我是差生行列中的一员，经受着和其他差生一样的遭遇，这遭遇使我由一个好动的学生变成一个沉默寡言、性格暴躁的“怪人”。我心里常想，为什么我们差生要被人瞧不起，难道仅仅从分数就可以看出一个学生的好与坏，有用与无能吗？因为成绩差，我变成了班上的“灰色人群”中的一个。我们几个差生是个小团体，与所谓的好生老死不相往来，每天在自己的小圈子里转来转去。班级对我们来说只是一个空间，我们在里面找不到归属感。班级里组织什么活动，参加什么运动会……，刚进班的时候我还会参与，但是现在对班上一切与我无关的事情我一概不问、一概不参加，甚至有的时候自己“无权”过问与参加。

我们并不想当差生，当不积极的人，我们也曾努力过、刻苦过，但最后却被一盆盆冷水泼得心灰意冷。

问题：假如你是该班的班主任，针对以上情况从班级管理目标的角度谈谈应该如何使差生融入班级生活中。

第六章　班级管理的制度系统

导读

班级制度是班级管理系统中的一个重要组成部分，是班级良好运行的前提和基础。在班级管理的过程中，要重视和加强班级制度建设，让外在的制度规范发挥促进学生成长的作用，让无形的力量发挥巨大的教育作用。本章主要讨论班级制度的内涵和外延，班级制度在班级管理中发挥的作用。研究班级制度的制定过程中应处理的几种关系。班级制度执行的步骤以及执行中应遵循的艺术。

第一节　班级制度的概述

一个班级的管理离不开班级制度。所谓“无规矩，不成方圆”，班级管理的正常实施，必须要做到有“法”可依，有“法”可循。不管是否成文，一个班级必须有一个人人得以遵循的班级制度。

一、班级制度的内涵和外延

（一）班级制度的定义

班级制度是指由班级管理者引导、学生共同参与，根据《学生守则》《学生行为规范》以及班级的奋斗目标，为保证班级正常的秩序而制定的，学生在学校学习、生活中所必须遵守的行为规则，是约束成员的准则。

它主要包括学习常规、考勤常规、基本行为规范、卫生值勤、奖惩等内容，是班级学生的行动准则。建设一套相对稳定的、班级全体成员认同的行为规则，使学生明确如何规范自己的行为，同时也知道他人对自己行为的期望标准有哪些。他能够以此来行动，并且能够检验自己的行为。一份完善的班级制度是良好班集体形成的文本保证，尤其对学生良好的行为习惯的养成甚是重要。另外，它对于保证正常教学活动的进行也是必不可少的。

（二）班级制度的种类

一般来讲，班级制度按其表现形式，可分为三种类型。

一是制度型，即条文化的制度规范。这是班级制度的核心，也是我们通常意义上理解的班级制度。这是每个班级必不可少的部分，应该说只要有班级存在，就一定会有一个条文性的制度规范。在我国主要是由国家直接提出的行为规范，如国家教委颁发的《小学生日常行为规范》和《中学生日常行为规范》（均系试行草案），国家教育部颁发的《中小学学生守则》等，这些规定带有一定的普遍性，是全国在校生都必须遵守的准则。另一种是由学校和班级根据“学生守则”和“学生日常行为规范”，结合学校和班级的实际情况制定的各学校、班级的规章制度，如学生在校学习制度、作息制度、清洁卫生制度、考勤制度、爱护公物制度、课堂纪律规则等。对学生提出了明确具体的要求。这两种规范都属于正式规范，是由正式文件明文规定的守则、准则，由班级管理者或者是其成员监督执行。如果学生违背了这些规定，学校或者是班级管理者可以按照不同的情况给予批评和处分。在班级管理的实践中，这部分主要是班级管理制度的文本性材料。它有可能是学校下发的管理条例，也可能是班级自主制定的班级规范，也就是我们通常所说的班规。

二是习俗型，即非条文化的、群体约定形成的习俗、风气等，它是隐性的规定。它不以条文的方式表现出来，并且根据时间、空间的不同而有所不同，但这是大家共同的约定。这部分班级制度主要是一些墨守成规的规范，基于基本的道德准则，或者是基于小中学生行为守则、规范等学生所必须遵守的普适性的规范，一般不需要再特定指出。还有一种是班级学生在人际交往中逐渐形成的，是全体成员所认同的规定，它是一种自发形成的、非正式的规章制度，它不是明文规定，也不是被外力所强制的，比如说舆论、传统、习俗等。由此构成了一个具有独特的内容和形式的班级规章制度体系。这种规范虽然没有被正式用文字规定下来，但却能被每个人意识到，并自觉遵守。人们如果违反了这种规范，往往会受到舆论的指责，这就给人们心理上形成一种压力。它主要存在于非正式群体。①

三是口授型，这一类常规既不是成文的规范，也不是公认的习俗，而是由教师通过各种形式反复强调的规定，这种规定是前面两种的补充，是情境性的规定。这种规定是即时性的，根据不同的教育情境，或者是教育活动，可能教师的要求是不一样的，无须形成制度文本的一些规定。我们在本章所探讨的主要是制度型的班级规范。

（三）班级制度涉及的具体内容

班级制度是班级管理很重要的部分，一个班级的管理理念在它的班级制度中确定无疑地体现出来。制度是班级文化的核心，制度的制定不是班主任老师一人独自规定或者是刻板的学校管理制度的细化。班级制度是班级每个成员都要遵守的行为规范。首先，一个良好的班级管理，它的班级制度一定是由学生民主、自主制定的，否则班级制度是不可能被学生认可的。即使学生受到惩罚，他们也不会心服口服。再者，要做到人人参与制度建设，人人遵守制度，不允许任何人凌驾于制度之上。最后，还需使制度人人皆知，并内化成行为准则，使班级由班主任事必躬亲式管理转变为同学们用制度进行自主管理。这样的制度才能发挥它的积极作用。

班级制度的内容主要涉及两个方面：班级生活（班级成员之间的交往、班级良好生活环境的创设等）与班级的日常工作（班级成员的学习、班级秩序的维持等）。

班级生活管理制度：主要包括班费制、考勤制、卫生制等与班级成员的生活息息相关的管理制度。

1. 班费制度

班级均有班费，一个班级的正常运行是需要一定的资金支持的。班费主要是用于班级的公共活动。比如说：班内环境的布置所需各种条幅、标语等；学校或班内组织的集体活动所需费用，一般是各种晚会开支、郊游等；班内或校内同学因疾病或其他情况的赞助性

① 胡光玉、贾锡钧：《中小学班集体建设概论》，上海：上海科学普及出版社 1998 年版，第 89 页。

支出；班内学习方面的报刊、资料用品等支出；班级内部对各类学生的表彰奖励开支；班内用于打印复印与班级活动相关的各种材料等各种班级日常的开支。它是由班级每位学生平均负担，用于班级学生的公共支出。班费的应用应该履行这样的原则："来自于学生、服务于学生。"班费管理要做到透明支出，如果是在班费使用过程中出现了问题，班级的整体建设是很难保证的。

2. 考勤制度

考勤制度是保证教育活动顺利进行的制度。对于保证学生的在校时间、受教育的状况是起到保障作用的。一个完善的考勤制度是整个学校管理的基础。每个学校都会有自己的考勤制度，无论是对于教师还是学生。而班级的考勤主要是包括学生在校学习期间的迟到、早退、旷课以及病、事假等方面情况的记录及处理办法。为了保证考勤制度的顺利实施，制定严格的考勤奖惩制度，是必要的措施，督促班级学生严格执行班级考勤制度，保证教学活动顺利有效地进行。而且在班委的选拔中也要选择合适的学生担任考勤委员，负责如实地记录班内学生的出勤情况。这就要求考勤委员必须由能够以身作则、坚持原则、工作认真仔细的同学担任，以确保班内考勤记录的真实性和完整性，确保考勤奖惩制度的真正贯彻实施。

3. 卫生制度

卫生制度既是指班级的卫生情况也包括学生自身的卫生状况。良好的卫生环境的营造为学生的学习条件提供了保证。对于提高学生的卫生知识，培养良好的卫生习惯，保证学生身心健康的发展有积极的意义。卫生制度主要指日常生活中的卫生要求。包括个人卫生、班级卫生等。卫生制度不仅是对学生卫生的管理，比如说班级的清洁工作，室内外的地面清洁、窗台的明净等，也包括学生的两操等，也要对学生进行卫生知识的教育，让学生懂得卫生知识，提高他们的卫生观念，培养其良好的卫生习惯等。

班级的日常工作管理制度：包括学习制度、纪律制度、奖惩制度、班干部的选拔制度等。

1. 学习制度

学习是学生的主要任务，是班级管理的重要内容之一，因此对于学生学习的管理是最重要也是最基本的管理。班级管理主要也是为了使学生的学习或者是教师的教学活动能够顺利进行。学习制度就首当其冲的成为日常管理中重要的管理制度。学习制度包括学习目标、学生预习和复习、练习及作业等方面的管理要求和规定。学习制度的制定对于班级学风建设是很重要的部分，对于纠正学生的学习态度，引导学生明确正确的学习目的，形成浓厚的学习氛围是一种制度性保证。

2. 纪律制度

学校教育要正常运作，自然需要一定的纪律。从这个意义上讲，纪律是教育的手段。更重要的是，社会的正常运行也是靠社会成员时刻规范自己的行为来完成的，由此说来，纪律性是学生应该具备的。再者良好的班风的形成，要有正确的舆论导向，使班级有内在的凝聚力和亲和力，为了这样的一个管理目标，规范班级学生的纪律就尤为重要。纪律包括课堂纪律制度、课外纪律制度等。

课堂纪律制度。课堂纪律制度是学生守则和日常行为规范对学习要求的具体体现，包括从上课到自修，从课前到课后等一系列的具体的行为规范。

课外纪律制度。包括教室以外的校内各个活动场所的公共生活道德纪律制度。学校里从校门到校舍、从食堂到图书馆，从教室到操场都是学生活跃的地带，因而需要根据课外活动场合接触面广、流动性大、时间性强等不同的特点，建立起相应的行为准则，使学生守则上的要求渗透到校内公共生活的各个角落，并落实到课余生活阵地上。

3. 奖惩制度

没有惩罚的教育是不完整的教育，但是同样一味地惩罚也不能达到教育目的，反而与我们所追求的教育目标相左。当然如何能够把握好奖与惩之间的尺度是很重要的。所以说，制定奖励制度时，一定要考虑奖励面宽窄应适度。过窄不利于调动学生的积极性，过宽将失去奖励的榜样作用。与此相对应班级文化建设也应设惩罚制度，对违反校纪班规，且屡教不改者，给予相应处罚。在惩罚时也要讲究艺术。总之，奖励制度的制定、运用应奖出班级正气，惩罚制度的运用是为了制止班级不良风气，便于同学们健康成长。

以上这些制度不是相对孤立的，在制定过程中要紧紧围绕班集体总目标，要做到各项制度相互协调、一致，绝不能相互矛盾。

二、班级制度的作用

(一) 班级制度为班级管理提供了“法”的依据

班级制度是班级全员的行为准绳，它在规定了学生如何做的同时，也在一定程度上明细了违反规定之后的惩处，从而使整个班级的管理有章可循。通过规章制度来进行班级管理，这就保证了班级管理的公正性、客观性，也可以避免班级管理者的主观性和随意性。如果班级管理者没有制定班级制度或者是在管理过程中一再地破坏班级制度，就有可能形成班主任一人统天下的“人治”的局面，就会使学生没有可依循的准则，学生制度观念就会淡薄，班级纪律就会松懈。因此，班级规章制度，是班级管理者初步实现由粗放型管理向规范化管理的转变，由人治向法治的转变。①

(二) 班级制度对班级成员具有法规的约束力

班级是一种规范性的社会组织。学校、班级的规章制度，则是国家和社会对学生具体要求的体现，为学生在集体大环境中的行为提供了规范和准则。使得学生知道哪些事情是该做的，哪些是不该做的，如果没有了班级制度，学生遵循不同的行为规则，整个班级管理就会乱套，那么班级管理者就会演变成为“居委会”的角色，淹没在调停各种偶发事件中，何谈班级成员的其他方面的教育发展问题。

同时，由于班级制度的严格执行，又会使学生逐渐地认同班级制度，使得他们由他律向自律转变，把规章制度自然地看作是对自我的要求。这样，就可以培养学生良好的行为习惯以及形成优良的班风。

(三) 班级制度有助于班级集体建设

班集体应该说是班级组织发展的高级形式，班集体建设是每个班级的奋斗目标。那么培养和建设班集体，一个很重要的环节就是班级制度的建设。没有明确的规章制度，任何集体都不可能存在。班级制度的制定，使班级成员的舆论有明确的导向，也就能够保证班

---

① 胡光玉、贾锡钧：《中小学班集体建设概论》，上海：上海科学普及出版社 1998 年版，第 88-90 页。

级及其成员团结一致，使班级目标得以实现；才能保证班级统一的严格纪律，使班级各项工作有章可循，使集体活动井然有序。一个班级规章制度做得成功，成员活动就会更协调，关系也就更密切，班级成员也就越整合。总之，班级制度能保证班级工作规范化、常规化，从而有利于稳定教学秩序，保证班集体建设顺利进行。

第二节　班级管理制度的制定

班级制度是学校制度的重要组成部分，也是班级良好运行的前提和基础。它以文字的形式对班级日常生活、岗位责任以及班级成员的奖惩评比等进行了规定和划分，既需承载和延续国家和学校的相关规定（如《学生守则》、《中小学生日常行为规范》、学校管理制度等），也应在前二者的基础上形成针对本班实际情况与特性的个性化准则。良好的班级管理制度的树立是帮助班级全体成员顺利达成集体目标的前提，是营造良好班级生活环境和学习风气的基石，也是促进每个班级成员由他律走向自律、培养良好的行为习惯以及自我调控能力的有利途径，班级制度的起草和形成，自然成为每个班级组建之初应着力解决的头号问题之一。缺乏制度的规范与指引，班级就如同没有车头的火车，在前进过程中，随时面临着脱轨的危险。

一、班级管理制度制定应处理好的几对关系

班级管理制度是协调班级成员行为与关系的准则，也是实现教育目标的手段之一。在着手制定班级管理制度具体细则之前，首先要明确管理制度建设的意义与目的——它是为了培养每个班级成员良好的品性以及营造和谐融洽的班级生活环境等而制定的有关班级成员生活和行为的准则。目的明确，班级各项制度才会有统领核心，执行起来也将更为有力。

无论具有何种特色的班级，在班级运转的过程中都会遭遇一些共同的问题，本处从共同问题入手，提示班级管理制度制定中需要注意的一些细则。

（一）是简单照搬还是“共”“个”结合

班级管理制度的制定首先需要参照国家教育方针、政策以及学校的培养目标和制度，需要引进《中小学生守则》、《中小学生日常行为规范》和校规校纪，这不仅是出于各班各校应培养出国家所需人才的考虑，以及确保和国家、学校方针政策保持一致的表现，更因为国家以及学校的相关规定是在其各自漫长的运转过程中总结的要点和阶段性小结，它们集合了教育过程中的一些共同规律，对学生的管理和成长进行了总体的指引和规划。它们为班级以及班级成员的成长提供了方向性原则，是班级运行过程中需要遵循的“纲”，那么是否意味着无须再创班规，只要简单“复制”即可？如果直接将国家与学校的规定作为本班的管理制度，不仅会使班级建设和发展的具体操作变得抽象和难以把握，也会抹杀本班的特色，不利于班级事务的真正解决。

每一种管理制度的建立都有其相应的创设背景，国家和学校的规定发挥的是宏观统领的作用，一般情况下不会随着细节的变化而相应的立即产生变更，重视宏观规定的作用本身并无不妥之处，关键是与此同时要意识到它们与微观班级管理制度之间的区分。相对于前者，后者更有似于或等同于实施细则，它对于前者的要求做出了“补充”，化模糊为具

体，有助于成员的执行和遵守，并且能够关照各自班级的不同特点以及班级事务的特殊性，促进宏观规定的落实以及班级的发展。“以生为本”是新课程的核心理念，促进学生的内在发展是其基本旨趣，新课改浪潮下的班级管理制度建设也应和课改的步伐保持一致，如果连适合本班情况的具体管理制度都难以保证，那么班级成员个性的培养就更会化作奢谈。

（二）是少数定夺还是全员参与

班级管理制度制定的主体也是在班级建设过程中不可忽视的一个重大问题。在传统观念中，班主任往往在班级中享有至高无上的权力，因而也就具备了班级各项事宜的决策权，作为指令性规定的班级管理制度自然就由班主任来定夺，学生只需遵从。这种观念是有违教育规律的，学生不仅是班级管理中的客体，也是班级管理的主体，班级管理制度制定的最终目的并非为了实现对学生的良好控制从而使他们成为制度之下的“奴隶”和“顺民”，或是为了教师能够顺利完成教学任务而有意剥夺学生们的部分自由以换取“有序”的教学环境，制度应该是为人服务，应该是能够促进学生个体的发展以及良好品性形成的。制度是帮助教育目的达成的形式和途径，过分强调对于班级制度的遵守就容易陷入喧宾夺主的错误境地。

让每一个班级成员以同等的权力参与到班级管理制度的建设中来，是发扬班级民主和培养学生自主性的重要一步，也是将学生们引入班集体建设的首要一环。班级管理应是一种集体行为，班级的领导者需要尽可能地动员全员参与，如此才有助于教学目标的达成。在一般情况下，人们对于少数或是极个别人制定的规则难免会出现不认同的表现，这种情况对于自我个性进一步成长的高中生来说则更是如此，此外，长期被排斥在制度制定权限之外的学生心中还会滋长对于制度的漠视和反抗情绪，他们也将是班级中的主要“反动势力”。只有发动每一成员充分讨论，尤其是“引进”长期感受到班级管理权利被剥夺的学生，让他们集“立法”、“司法”、“执法”于一身，才能帮助每个个体摆脱“旁观者”身份，增强他们对于自我在班集体中价值的认识以及对于制度的认同感和维护感，进而也为今后制度的执行埋下了良好的伏笔。

（三）是面面俱到还是适当模糊

在班级建立之初，班级事务的运行尚未进入预期轨道，为能使班级尽快良好地运转，及时制定各项班级管理制度成为一个棘手的任务，在这一过程中，难免产生将各大小事务纳入制度体系的冲动，其中自然不乏为预防各种“可能”而预先制定防范性规则，这样一来，班级中的“万事万物”确实有章可循、有法可依了，班级火车这下看来就不会再轻易脱轨了，殊不知，班级管理制度却在不知不觉中沦为了一个事无巨细一一涵盖的庞然大物，不仅带来学生记忆上的困难，对学生的规范也容易超过应有的“度”，引来怨声载道，最终造成管理上的不便。

班级管理制度的制定是班级管理体系中的一道重要环节，在班级管理中要充分调动起学生们的主动性，在班级管理制度的制定中也是如此。斯宾塞在《教育学》中曾指出：“记住你管教的应该是养成一个能够自治的人，而不是一个要别人来管理的人。”无论是在班级管理制度制定还是实施过程中，将学生视为具有一定自我控制能力和班级管理能力的主体，比单纯的把他们看做班级中的被管理者更重要。事无巨细一一罗列不仅会使制度本身过度膨胀，也是对学生发展水平、自我管理能力的漠视，会削弱学生们的自信心，引发不满。对于学生年龄层次较高或是具备良好风气的班级，在管理制度制定之时，要首先考虑到学生们的自律自觉程度，有意“忽略”那些能为绝大多数班级成员共同遵守的事项，不过分限制学生们应有的自由。适当的采用模糊管理的方式，能够使班级管理的力量有效地集中于刀刃问题的解决，提高效率节省人力，又强化了师生之间的信任感。

（四）是千篇一律还是各有侧重

在建立班级管理制度的过程中，借鉴他班或是前人的做法不失为一个简捷、高效的策略，但仅仅是简单的挪用可能会造成制度在换了新环境后的“水土不服”。每个班都由各有特点的成员组成，他们的组合又将形成不同的班级特色，因而作为教育手段的班级制度也应带上不同的功效。

班级管理制度内容的确定首先要考虑到其适用对象的身心发展水平。小学阶段的学生由于自我认知程度较低和生活经验缺乏，自律性和社会性还处于较低的发展水平，对应于他们的管理制度会呈现出“拘小节”的特点；中学生对于自我有了进一步的认识并且自律性和社会性有所提高，因而在管理制度的制定过程中首先要相信学生们的内控能力，一些学生们在日常生活中能够兼顾的细节就无须不辞劳苦地在班级管理制度中重复，过分地强调不仅让人倍感累赘也低估了学生们的能力，会引发学生们的不满进而产生对制度的不屑和抵触；职校技校学生学习自主性、自觉性和自律性可能较同年龄段中学生差，依赖性强、缺乏自信又渴望自由、被尊重和被信任，同时，职校和技校学生由于面对较小的升学压力因而享有更多的闲暇时间，因而在班级管理制度建设过程中，要充分考虑到他们的这些特点，既重视发挥他们的主动性又适当对他们进行限制和改造，因而在班级管理制度的制定中也应将纳入更多对于课外生活的规定。不仅如此，即使同一类型同一层次的班级也会拥有不同特质，因班而异建立班级管理制度，是班级管理成功的一大制约因素。

（五）是追求稳定还是崇尚灵活

班级管理制度是在广泛征集意见的基础上制定的，它既要与当前的形式相符又需在此后的一段时间内都起到指导作用，朝令夕改会降低制度的严肃性并让遵循者有无所适从感，稳定的班级秩序之花只能盛开在稳定的班级制度之上。稳定是基于科学性基础之上的稳定，但这并不代表制度一经制定便不可更改，而是可以随着班级成员的进步从而向他们提出新的要求，促进他们的进一步发展。如一职业技术学校一位班主任为让学生培养起良好的守纪习惯采用了循序渐进的策略：先从学生的出勤抓起，相应制定了《考勤制度》，然后引导学生建立《课堂纪律检查评比办法》，待到良好班级舆论的确立，慢慢过渡到百分制对学生们进行全面的检查和教育，此外，该班主任还根据职业教育的特点，按照理论教学、实践教学等各阶段的要求有顺序有计划地制定相应的制度，通过这样的链条实现通过制度对学生进行教育向自我教育的转变。①

班级管理制度确定之后得以张贴公示却未能引起学生们的持续性关注，是制度实际功能未能尽其发挥的一项重要影响因素，随着班级运转情况的发展发动学生对于班级管理制度进行新一轮的探讨进而逐次增加或是变换条文，或不时变换制度的呈现方式，都能在一定程度上将学生们引入对于班级管理制度的持续性关注之中。

班级管理制度的制定应重引导而非约束，它需要有一定的制约作用，但又不得等同于

---

① 崔克：《如何搞好班集体建设》，溧阳职业高中。

具有社会意义的法律和法规，它更应体现出人文关怀，将促进学生发展作为己任，并能够顺应班集体前进的步伐而推动自身发展。

二、班级管理制度的制定

在新课改理念的指引下，学生在班级生活以及学习中的主体地位渐渐为人们所认识并认同，这一观念延续到班级管理制度的制定中，最起码的要求就是要在制度的制定过程中发扬民主作风，让学生们成为制度制定的主体，但这并非是要故意降低或是抹杀班主任在其中的作用——无论在班级管理的哪一环节，也无论学生的地位被上升到怎样的高度，班主任始终扮演着统领者的角色，班主任工作的艺术即存在于：既能统领全局又不越俎代庖，只有师生合力才能创设美好的班级。

在班级管理制度的制定上，班主任要首先在自己的心中形成腹案。制度一般建设在班级建立之初，在初接手一个班级之时，班主任需要每个班级成员的特质有一定程度的把握并在此基础上形成对于班级总体特质的评估，进而构成对于学生们行为表现的预期，达成对制度制定水平的预先定位。同时，作为统领，班主任还需对班级管理制度应涵盖的范围有一个较为明确的框架，框架能够引导清晰的思路，能够在较大程度上避免学生们在制度制定过程中发挥主体作用时可能产生的无所适从感，减少遗漏和烦赘。在班级管理制度制定之前或制定的过程之中，让每一位成员认识到制度的重要性可以增加学生们在制定过程中的审慎性以及严肃性。

学生在班级管理制度建设中主体作用的发挥，有赖于一定平台的搭建，学生发表自身意见的途径可简要的划分为书面和口头两种形式。作文本和周记本可以成为学生们表达自身建议的理想载体，班主任可以通过命题或半命题的形式让学生们对于班级管理制度的创设发表自己的想法，待到班级成员认识到自己在班级中的重要性和主人翁地位，他们就会在班主任没有要求的前提下主动参与班级管理制度的制定与改良。口头形式就是通过定期或不定期、正式或非正式的形式让学生们参与到制度的讨论之中，在此过程中，班主任应把握适当的时机为班级的小主人们提供协助和建议。无论是学生以何种形式向班主任发表自己关于班级管理制度的建议和期望，班主任都不得忽视，因为班主任的漠视将是对学生积极行为的无声打击，长此以往会降低学生参与班级事务的热情，况且，对于班级运行的一些微观层面，学生们总是比班主任更为知情，因为他们时刻活跃于班级事务的“第一现场”，亲身经历和较为准确的知情，使得他们在班级事务的看法和管理层面上最具发言权。学生们有价值的建议需要及时记录，经过汇总和提炼，它们就有可能转变为日后班级管理的宝贵资源。

班级管理制度制定的周期可长可短，有的制度一经制定就可能伴随到学生们离班的那一天，而有的制度将随着班级的运转而处于不断地改进改良之中。在日后制度的改进中，可适当听取班主任以外的任课教师的意见，这样更能针对一些课堂问题制定出专门性的纪律约束或是提高策略。

人们往往习惯于强调制度的威严和刚性，而忽视人性化管理在针对不同管理场景时所能取得的成效。班级首先是作为多个生命体集体成长的空间而存在的，教育是为了生长，为了生活，面对特殊的服务对象，班级管理制度作为促进人成长的手段之一，在保持自身威严的同时也不应缺乏“柔”的艺术，重鼓舞而非惩罚，重指引而非限制，这样集体的温暖才不会被冰冷的制度掩埋。此外，在制度制定基础之上构建起相应的评价体系，就不易使得制度的制定只是一时兴起而随后的执行只是流于形式，适时的评价将有效增强制度在运作中的马力，学生们也能够在平时的评价中获取反馈信息，通过了解自身的进步与不足，明确前进的方向。

三、班级管理制度的文本呈现

一般情况下，班级管理制度经过商讨定夺之后会通过文字呈现出来，或是张贴在教室的墙壁或是以守则的形式下发到每一名班级成员的手中。利用文字来传达制度内涵时要注意以下一些细节。

（一）内容简洁明确

制度条文的数量不宜过多但要尽可能地体现要义，这样既可避免繁重也有助于遵循者理解、记忆和执行。某班的管理制度若像一篇论文那样洋洋洒洒的几千几万字，首先就可能抑制学生们的阅读冲动，更难得有人乐意去记住其中全部内容，为利于学生记忆，可发动全体班级成员尝试将制度内容编成顺口溜；在文字表达上要力求简洁明确，含糊不清与模棱两可不仅会增加执行的困难，也会降低条文的效力，行文节奏可参照以下：教室卫生要求每天两扫，每周一次大扫除。地面清洁，要求无纸屑、果皮、污迹；课桌椅干净整齐，讲台干净整洁。黑板每节课后要擦拭干净，每天放学后要用水洗净；窗台、门、走廊上墙壁、扶手、地面干净无污迹。水房干净整洁，劳动工具摆放整齐。玻璃每星期擦一次。天花板墙壁每星期掸灰一次。①

（二）表述利于执行

班级管理制度是学生的基本要求，也是将教育教学目标化作具体落实步骤的一道重要环节，因而在表达上它应是有助于操作的。不同年龄层次学生的言语理解能力有所不同，过于抽象或是理论化的文字会造成低年级学生阅读和理解的困难，也会让高年级学生倍感疲倦，从而降低应有的执行力。条文与条文之间应相互依存而非互相矛盾或抵消，否则引发的混乱会造成履行者无所适从。如班主任在遭遇了课堂时间内的班级混乱场景后，提出学生上课不得讲话的要求，这一举动可能换来安静有序的课堂氛围，但同时也可能造成面对教师的提问与对话，学生们因规矩的存在而不敢发言的尴尬局面。在制度成文的过程中要力求简洁，同时也应贯彻具体问题具体分析的原则，对不同的问题提出有针对性的要求和解决办法。

（三）坚持正面措辞

根据性质划分，社会规范的基本类型有禁止型规范和倡导型规范，前者是以防范某些侵害他人利益从而达到维护绝大多数人的利益而提出的一些禁令，如不能随地吐痰、打架等，重在制约个体不合理的欲望与冲动，以抑制违规行为的发生；后者是指要求成员积极付诸实施的亲社会行为，如见义勇为、助人为乐，重于唤起个体的精神力量，激发某种强烈的行为动机。② 面对同一管理情境，通过不同的情感色彩传达制度规范通常会产生不同的效果，在此援引一例：1986 年 11 月美国海军首次来华访问，美军为军舰上的 394 名官

---

① 节选自《南京市金陵中学学校管理制度》。

② 林崇德主编：《教育心理学》，北京：人民教育出版社 2000 年版，第 473 页。

兵编写了一本《水兵导游指南》。小册子上并不以“违军纪者必严惩不贷”的口吻训人，不明令“禁止酗酒”，却从入乡随俗的角度指出，“不要饮酒过量，中国人鄙视醉汉”；为制止水兵的“越轨”行为，小册子又写道：“如果有姑娘对你很友好，或者好像对你有意思，其实不然，她很可能出于礼貌或者寻找机会学习英语。”小册子中的字句传达出对于士兵的尊重，虽没有“处罚”两字，却在实践中产生了前所未有的良好效果。①

以往的班级管理制度总是摆出一副上级对下级三令五申的姿态，由此所产生的效果往往只会是学生们表面的服从而非内心的认同。班级管理制度应是促进学生发展的工具而非限制学生的枷锁，正面的、鼓励性的话语有助于激发学生们内在的需求。要让学生们在执行的过程中更多地体会到自我成长和在班级团体生活中的快乐而非外力的过分束缚，首先要在班级制度中尽可能使用正面的言辞，用“该如何”取代“不该如何”。

第三节　班级管理制度的执行

社会是由个体构成的，个体之间的融合程度直接影响到社会的稳定。由于个体欲望与差异的存在，导致纠纷的产生，为使个体之间能够和睦相处并最大限度地满足个体需求，一定的约束和协调必不可少，规范因而产生。社会规范应是群体共同意志的体现，应是一种共同的价值体系，只有在群体认可的基础上，规范才能化作个体行为的准绳，引导行为。个体对于规范的认可与遵守过程，同时也是个体获得社会标准、完成社会适应的过程。② 在班级范围内，班级管理制度是规范的集中体现，个体对于制度的遵从，往往要经历以下几个阶段，它们与班集体的成长历程相互融合：

从群体发展的角度来看，班级起初是由分散个体聚集而成，这时的班级处于松散的群体阶段，班级制度对班级成员施加的影响属于外压，具有外在强制性，群体对这些规范的遵从也主要是通过“群体压”和从众心理实现，往往表现为“大多数人怎样我便怎样”；随着班级凝聚力的增强以及集体成员从班级发展实际出发，对班级制度进行不断的修正、调适，班级规范才越来越被群体成员认可与接受，对制度的遵从和与破坏制度的行为对抗，才得以渐渐内化为个体的行为习惯与倾向。

遵循班级成员对班级管理制度从认识到内化的一般规律，并在此基础上采取相应的辅助措施，能够有效地帮助班级每一个体顺利地实现这一过渡。

一、班级管理制度的执行步骤

班级管理制度从规划到订制出炉，不是一蹴而就的，班级管理制度的实施也需遵守循序渐进的原则，其基本环节如下。

（一）讲解与示范

在建构起一个新班级的初期，由于成员之间彼此陌生，班级特性显现得还不够充分，因此难以充分调动大多数成员的积极性，以及制定出符合本班实际的规章制度。最初的制

① 胡光玉、贾锡钧：《中小学班集体建设概论》，上海：上海科学普及出版社 1998 年版，第 89-92 页。

② 林崇德主编：《教育心理学》，北京：人民教育出版社 2000 年版，第 473 页。

度往往是部分班级成员或是班主任以往经验的产物，因而会带有一定的个人色彩，难以确保它们能够获得每位班级成员的理解与支持。理解是贯彻执行的基础，为了促使班级事务顺利走上预定的运行轨道，向每一位成员宣讲制度是十分重要的，对于低年级学生来说尤其如此。在制度讲解的过程中，不仅要让学生明确什么是值得去做的，什么是不被鼓励去做的，还要让他们知道“做”与“不做”的意义，通过意义的明示来加深每一位成员对于制度的理解。

“言传”与“身教”是一体的，制度只停留在口头宣讲容易陷于空洞，加上榜样的身体力行才能够有效地指引学生将抽象的文字落实为具体的行动。在示范如何遵循制度的环节中，首先要充分发挥班主任的作用。班主任是班集体的领军人，指引着班级前进的方向，但这并不意味着他/她有凌驾于制度之上的特权，更多的时候他/她需要把自己化为集体的一分子，与大众共同维护制度，这样制度的效力才能够保持。从心理学的角度来看，处于同一环境中的成员行为会受到同样社会情境的影响，因而会按照相似的方式去认识、理解和做事。① 作为同辈群体中的一员却同时具有特殊使命的班干部，其行为对于班级其他成员也会产生极大的参照作用，因而落实好班干部团体在班级制度遵循中的带头示范作用也是意义极大的。每一位班干部首先需要对自己的身份有一个清晰地定位——自己的特殊身份赋予了自己服务班级的责任，而非对班上“平民百姓”颐指气使的特权，班干部应凭借自身来源于“群众”又易于融入“群众”的天然优势，发动身边越来越多的人参与到制度的落实与维护中。

（二）反复传播以启迪自觉

通过讲解与示范，学生对于规章制度有了一个基本的理解，在此基础上对于制度进行反复的传播，不仅能够强化成员对于制度的记忆，还能为他们将制度化为行动创造一个良好的环境。孙洙有云：熟读唐诗三百首，不会作诗也会吟，反复的传播对于启迪学生自觉遵守制度也能产生类似的作用。在制度传播的过程中，需要注意到传播渠道与形式的多样化，渠道的单一与形式的重复容易引发学生的倦怠心理。我曾经在南京市一所中学进行过调研，期间深入初一S班进行扎根观察，该班的班主任是一位有丰富班级管理经验的女教师，她很善于将班级日常事务的处理与制度的维护结合起来。一次班会，她发动全班同学对于两名“犯事”学生的行为发表各自的观点，并让学生将自己的观点按照“该怎么做”与“不该做什么”的分类归纳在黑板上，接着让学生们对本学期其他显著的班级不良现象和进步行为进行回顾，最后让每一位学生根据自己的实际情况，把自己有待提升的方面写在周记本中作为本周周记内容。这一过程不仅充实了班级制度、加深了学生们对于制度的理解与记忆，同时，每一名成员也进一步明确了自己的努力方向。

除了班会上的适时强调以及墙壁上的张贴，板报、周记本上班主任针对个人的回复也可以成为宣传制度的有益渠道。

（三）严格执行与检查评定

让班集体在不脱离预期轨道的基础上顺畅运行，让每一位学生能够在遵守规则的基础上获得成长，是班级管理制度制定的出发点，制度的实效性最终还需体现在学生的行动中。班上的每一位学生不仅是管理的对象，也是实施管理的主体，对于制度的执行，不仅

① 吴立德：《班级社会学概论》，四川：四川大学出版社1996年版，第60页。

体现在个体对于制度的遵循上，同时也体现在个体对于制度的维护上。每位班级成员应力保制度一定的“刚性”，不得朝令夕改，也不能出于不恰当的“江湖义气”去“包庇”有错误行为的同学，作为班干部尤其不得“滥用私权”为自己或是关系亲密的同学谋取不正当的利益。强调制度的严肃性的同时要保证制度的公正性，这样才能实现制度的长效，这是每一名班主任需让每一名班级成员知道的道理。

班级管理制度中规定的内容由外部的规约变成全体成员的自觉行为，除了个体的内化，外界的督促与检查也是十分重要的，因为在品德与习惯的养成的过程中会不时出现反复，外部力量的介入能够有效地帮助自制能力较弱的学生接近预期目标，如对学生遵循与执行制度的情况进行时时监督与适时评价，只要方式方法得体，无论是对先进人物的表扬、嘉奖，还是对于有待提升的学生的指导、点播，都能为制度的进一步执行创造积极的效应。

二、班级管理制度的执行艺术

班级管理制度被视为班中之“法”，其“刚”性为多数人所强调，但由于班级组织的特殊性以及制度服务对象的特殊性，它与一般意义的“法”相比，需体现更多人文色彩，因为通过班级管理制度的约制去形成良好的团体秩序只是手段，其根本目的在于促进每个班级成员的发展。班级管理是一门科学，更是一门艺术，在强调制度的“刚性”以维护其严肃性的同时，也应通过人文关怀的发挥来深化制度的落实，以下几点的实现能够在无形之中增强制度的执行效果。

（一）重视学生在管理中的主体地位

新课改倡导“以人为本”的教育理念，要求突出对学生的人文关怀和促进学生的全面发展，强调师生关系的平等性，重视学生潜能的挖掘与发挥，这些不仅体现在教学民主层面，也体现在管理民主层面。调动全体成员参与班级管理制度的制定，是实现民主治班的第一步，只有将管理权真正下放到每一名学生的手中才能从根本上实现民主管理。民主管理是相对于绝对服从绝对权威管理而言的，它所关注的是在“民主、公平、公开”的原则下，唤醒人的主体意识、发挥人的主体能力，使之以更加积极的姿态参与到管理活动之中，实现多数人管理多数人。学生既是制度需要约束的对象，也是通过制度实现班级管理的主体，伴随着学生自我意识、自主意识的成长，权力的逐步下放会愈发彰显其积极效应。只强调义务与责任而不重视权力的赋予，会埋下管理的隐患，对于高年级学生来说，这也不许那也不行的消极管理模式本来就是对其能力的一种轻视，极易引起他们的对立反感情绪，从而导致管理难度的加大。在班级管理中，每一名班级成员都拥有同等的权力，因为班级是每一名班级成员展现自我的舞台，为大家所共有，而不是只属于少数人的。定期进行班委会的民主选举和实行干部轮换制度（如值日班长制度），明确分工，加强合作，一方面能够保证权力不过分集中在某些个人身上，让人人都参与到主动管理的过程中来，另一方面也可以避免权力过于分散可能引发的管理混乱。

（二）创设良好的人际关系氛围

丹尼尔·戈尔曼在《情感智商》一书中记述了这样一件事。梅尔本·麦克勃鲁姆机长对下属极其飞扬跋扈，动辄就以“炒鱿鱼”相威胁。如果麦克勃鲁姆坐在办公室或在工厂里，这倒也罢了，可他偏偏是个飞行员。1978 年的一天，麦克勃鲁姆驾驶的飞机正飞往俄勒冈州的波特兰城。快到达目的地时，他发现飞机起落架的齿轮出了故障。于是，他将飞机保持在一定的高度在机场上空盘旋，同时处理出问题的装置。就在麦克勃鲁姆全神贯注于调整起落架操纵杆时，飞机的油料却一点点地消耗殆尽。其他机组人员向来畏惧他，即使大祸来临，也都不敢提醒他，结果导致飞机坠毁，10人死亡。①

这则小案例提示我们：人是环境的产物，也是情感性动物，良好的人际关系能够营造出和谐的工作环境，进而形成群体向心力，提高工作效率和加强管理效果。在班级管理中，人际关系主要包括两个方面——师生间人际关系和学生间人际关系。良好师生关系的重要性如以上案例所暗示，俗语说“孤掌难鸣”，一名班主任再富有经验，没有学生的配合，也难以形成井然有序的班级秩序，“得人心者得天下”，顺应“民”心的班主任自然能够有效地统率整个班级。另外，当班级成员之间关系融洽时，每个成员的行为会成为彼此的参照并在很大程度上左右到对方的行为，因而个体行为会产生极大地相似性，良好的班级氛围加上成员对于制度的认可，是班级管理制度有效运行的重要条件。所以，不仅师生之间的关系需要协调好，学生之间的关系也需要协调好。

（三）适当“模糊”管理

在很多人的眼中，班主任都是一项辛苦的工作，因为和一般的任课老师相比，他们不单单需要教学，还需要参与班级的各项事务的管理。在班级管理过程中，班主任应努力避免发生以下情况——事必躬亲，管理过细。管理过细不仅会增加班主任无谓的负担，还可能引起学生的不满。不同学生的成长进度和发展重心有所不同，对于制度规定的内容的遵守和内化，因此也会产生步调上的差异，所以即便是整体运转有序的班级也总是免不了出现一些违反制度的“惯犯”。一般说来，起初常犯事或是常犯某件事并不是出于“惯犯”们的故意，班主任横加指责反倒会激起他们的怨气，从而引发他们犯错的故意。良好习惯的养成不是一朝一夕的事，在此阶段，以往的不良习惯会不时“抬头”，对于类似反复，每一位管理者需要有包容的心态和坚定的信心，有意忽略学生的失误，避免通过自己的刻板印象去评价处于努力和进步中的个体。

懂得“放手”，班级才能管活管好。对于一般性的学生能够胜任的事务，班主任完全可以让学生们自行处理，在相互信任中，班主任才能够从琐碎的细节中解脱出来，节省更多的精力用于统领大局，学生才能在自己动手动脑中收获自信中提升管理能力，形成独立人格。②

总之，班级制度是班级管理的“法”的依据，一个班集体建设离不开班级制度。那么班级制度的制定与实施则是关键。因此管理者在实践中一定要处理好班级制度所涉及的人与事之间的关系，认真执行，严格检查评定，以刚性来维持班级制度的严肃性，但也要讲究艺术处理。

问题与思考

一、基本概念

班级制度

① 王晓坚：《严格的规章制度　宽松的人际关系》，《教育艺术》2002年第11期，第24页。
② 张辉：《谈班级管理中的“粗”文化》，《教育与管理》，2003年第25期，第23页。

二、简答题

1. 班级制度制定应处理好哪几对关系？

2. 班级制度成文的细则有哪些？

3. 班级制度执行中应遵循哪些步骤？

三、案例分析

最近，某省高中一个班级的学生对一条“班规”的实施，产生了严重的分歧。今年新学期开始，班主任彭老师“会同部分学生干部”制订了一系列“班规”。其中一条是学生“投票选举”课堂纪律差的同学，每周一次。到3月中旬，选举已进行了2次。第二次票数最多的前3名同学的名字被公布在教室的墙上；第一名则被安排坐到了后排的特殊座位上。这种做法在班里引起了不小的风波，正反两方面的意见各执一词。持反对观点的同学认为：“上述做法严重伤害了学生的自尊心和人格，而且造成了同学之间的互相猜疑和不信任，大家的关系也变得微妙起来。当选者总是怀疑谁投了自己一票。”

一位女同学委屈地反映：“自己上课从未因讲话被老师点过名，却上了第二次名单，说明选举的公正性很难保证。”为此，她向彭老师提出质疑，结果被叫到办公室被训了一节课。当选的同学说，他们上课时受到个别任课老师言语间的冷嘲热讽，精神压力较大，甚至想到了转学。有些同学还投书当地媒体，一家报纸以《全班投票选“差生”“丢脸式”教育引发争议》为题作了报道，引起了不小的社会反响。当然，另有一些同学持截然不同的观点。一位同学说：“老师的做法确实有点儿伤害学生的自尊，可总体而言是利大于弊，对抓课堂纪律效果很好。”另一位同学表示：“老师这样做，是为了整个班级的荣誉和保证大家有一个良好的学习环境，并非单纯针对某个同学。”“我十分赞成和支持。”他觉得那些向媒体投书的同学，自己没有做到自立、自律，也没有控制自己行为的能力，还恶人先告状，毁坏了班级的声誉。彭老师和该中学一位姓唐的副校长在接受采访时都称所谓“丢脸式教育”的说法纯属杜撰。彭老师说：“扣这种帽子，我不能接受。”他解释，班上有的同学自控能力差，上课讲话特别多，任课老师和其他认真听课的同学意见都很大。

“上学期，我主要强调发挥团干部的作用，但效果不明显。因此，打算利用新学期开学，发动同学们自我管理。鉴于课堂纪律发现问题最多，而同学间当面又不好指出来，就让大家写纸条指认，并不要求每个人都必须写，怎么能说是‘选举’呢？”他强调：“第一次的名单并未上墙，第二次一位同学被调换座位，也是他家长的要求。”彭老师还说：“上学期期末考试的排名，没有公布，而是单独找成绩好或成绩差的同学分别予以鼓励，一起定目标。如果我是一个不尊重学生自尊、搞所谓‘丢脸式教育’的老师，会这样做吗？”采访中，有老师告诉记者：“新方法实行后，课堂纪律确有明显改善。”一位老师说：“现在当老师太难了。上课时学生讲话，你点不点名？如果被点了，算不算丢脸？如果多次打招呼不听，让他（她）在旁边站一下，这又算不算丢脸？管多了会受到指责；不管，作为一名教师良心上过不去。难道素质教育就完全排斥惩罚性措施？”

——摘自《教育艺术研究》，《“新式班规”引发教育争论》作者谢念

利用所学的知识，说说你的看法。

第七章　班级管理的文化系统

导读

我们知道，现代社会越来越强调文化的重要性，班级文化在班级管理中的重要性日益凸显，因此，班级文化管理也成为一种新型的班级管理模式。本章旨在介绍班级管理策略之一的班级文化管理，即利用文化这一新视角来透视如何有效地进行班级管理。

班级文化管理是新的班级管理理念，那么对班级文化管理的理论认识是必不可少的前提条件，同时也要注重理论和实践的结合。本章的第一部分侧重介绍班级文化管理的发展历程和相关理论知识，然后在此基础上阐述班级文化管理的实施，介绍班级的硬文化和软文化，并且着重论述班级文化管理的关键一环，即如何加强班级的文化建设。

第一节　班级文化管理概述

21 世纪不仅是知识经济、网络经济时代、3G 时代，也是文化经济时代，文化已逐渐成为推动生产力发展的一支强劲动力。文化是组织的灵魂，是组织最重要的无形资产，是推动组织持续发展、快速成长的强大精神力量。随着社会经济环境的变化，组织文化功能也在不断地延伸，一种新功能逐渐显现出来，并且越来越突出，这就是组织文化管理。班级作为一种社会组织，班级文化在班级管理中扮演着重要的角色。同时，班级文化管理在班级管理中也发挥着越来越重要的作用，班级文化管理成为班级管理的一个必不可少的部分。

一、班级文化管理的发展历程

管理的目的是为了实现班级更好地发展，出色的班级管理是最能有效促使教师、学生、学校的可持续和和谐发展。任何管理过程中都有其科学的阶段性和层次性，班级管理也是如此。班级管理经过了经验管理、制度管理，步入现在的文化管理阶段。

第一阶段：经验管理阶段。

这一阶段具有能人管理的意义，它的特征是能人治班、凭经验，个人威信管理班级，靠个人的能力、素质、经验、风格等在班级管理中发挥巨大的作用，这阶段的班级管理倚重的是管理者的能力水平和人格特征。在班级教学活动、班级管理活动中，我们总是会强调“老教师”或“老班主任”的作用，是有一定的道理所在的，因为老教师在长时间的教学工作和班级管理活动过程中积累大量的实践经验，能够应付班级管理中出现的种种问题。但是，在这个阶段中，班级管理者容易陷入大量的繁杂事务之中，力不从心，若班级管理者中途易人，班级常常会出现异常波动，学生承受较大的心理“挫折”，又将面临重新适应“新的班主任”的状况，然而新“班主任”与学生之间的磨合又要花费一段时间，无形中增加了班级管理的管理成本。

第二阶段：制度管理阶段。

这一阶段属于科学管理，它的特征是科学的规范性，制度化的管理。“以制度为行动指南”，计划、组织、领导、调控等各个方面都有科学、规范的制度程序与方法。班级各项工作，各个管理岗位，个体与集体的行为准则等均实现了规范化、科学化和制度化。班级各人、各事有章可循，有法可依，规章制度的合理构建，适时调整，严格执行是这个阶段管理的关键，然而，太多的规章制度有可能被人掌握不了，同时制度管理阶段强调班级管理规章制度的制定和实施，在一定程度上忽视了人的主体性，也对人的创造性与积极性存在一定程度的压抑。但是我们也应该看到，正是有了科学管理阶段，所以在班级科学规范的管理制度约束下，师生逐步养成一种良好的习惯与作风，一种主动地学习，自主地管理，默契地合作的氛围，这就为班级运用班级文化管理奠定了必不可缺的坚实基础。

第三阶段，“文化”管理阶段，属于现代管理阶段。

班级文化管理强调文化理念，注重班级管理中的硬文化和软文化，这样的管理模式能够不断地超越班级现有的规章制度，主要依靠班级文化来实现班级管理所希望实现的目标和效果。班级文化就是在师生共同交往、交流与融合中形成的价值观、社会舆论、群体意识、团队精神和行为规范的总和。班级文化营造了一个非常和谐的学习、生活氛围和共同奋斗的愿望，有着强大的凝聚力。在文化管理这个阶段里，班级不太关注基础管理（因为一切基础管理制度和规范都已内化为所有师生的日常习惯，已把制度化的“物”的尺度变为师生自主自觉的“心灵”尺度)，而是重在实施高层次的战略规划与战略管理。班级只有进入这个阶段，我们的管理者们才会真正享受到管理的乐趣，因为在这个阶段，每个人都自觉主动做好每一件事，真正实现同心同德、齐心协力、同步谐振。进而使班级成为有思想、有灵魂的有机生命体，教师、学生、班级均持续进步地和谐发展。

在传统的班级管理中，大多数班主任采用的是经验管理和制度管理，或是二者兼具，经验管理和制度管理多强调技术层面，只要多加注意和掌控就可以渐臻佳境。而对班级实行“文化”管理，这是一种较现代的管理方式，讲究的是无法量化和不可复制的分寸感。从经验管理到制度管理，再到文化管理，这是班级管理变革的必然历程，从能人管理阶段到科学管理阶段，再到现代管理阶段是班级管理的逐步深化。① 各个班级管理阶段的发展并不是相互割裂而独立的，相反，它们是兼顾彼此地前进的。

班级文化管理是高层次的班级管理艺术。如同我们学校教师的教学艺术一样，班级文化管理也是一门“艺术”，做好班级文化管理是需要“大学问”、“大智慧”的，班级文化管理可以成为每一位班主任理想中的班级管理模式。实施班级文化管理，需要更新管理理念，要从经验型管理向学习型、智慧型管理转轨，与时俱进。班级文化管理，要以人为本，关注学生，增强师生间的平等交流互动，从而能够营造一个非常和谐的学习、生活氛围。现在许多班集体提倡的口号是“加强班级的文化管理，建设文化型班集体”。

班级管理是一种教育，利用人类丰富优秀的文化来代替空洞的说教是班级文化管理的实质，班级文化管理以尊重人、发展人为宗旨，以提高学生的素质为核心，全面体现了现代教育的特征。班级文化管理是真正实现班级“追求个人与班级共同发展”目标的最佳

---

① 石首教育在线 www. ssedu. org.

选择。

二、班级文化管理的相关概念

在班级文化管理这一偏正短语概念中，我们可以提取出四个相关概念，即：文化、班级文化、管理和班级文化管理。班级文化管理离不开文化、班级文化以及管理。对以上四个概念的解读能够有助于我们全面透彻地理解班级文化管理的真正意义所在。

（一）文化

文化是人类特有的现象。文化作为社会的一个重要组成部分，它与教育的关系一直是教育社会学的一个重大研究课题。文化是目前人们使用频率较高而又颇有争议的一个概念。据不完全统计，到目前为止，人们已给文化界定了一百六十多个定义。什么是文化呢？由于文化内涵的复杂性势必造成其定义的多样性。不同的学科，不同的学术流派，对它作出了不同的解说。根据马克思的文化哲学理论，我们认为，文化是人类社会特有的现象，是人类在社会实践过程中所创造的物质财富和精神财富的总和。人类活动作用于自然界，便产生了物质文化；人类活动作用于社会，便产生了制度文化；人类活动作用于人本身，便产生了精神文化；也有一些学者称文化是一个复合的整体，其中包括知识、信仰、艺术、道德、法律、风俗以及人作为社会成员而获得的其他任何能力和习惯；在社会学中，文化是一个复杂的综合体，一般将一定的社会群体或社会组织成员所共有的信念、价值观、态度及行为方式的复合体称为文化。笔者认为，班级文化管理中谈论的文化倾向于社会学这一学科对文化的阐释。有人的地方就有文化，文化的差异就是人的差异，优秀的文化——班级文化的源头，是班级文化管理的必然选择和必经之路。

笔者认为，班级文化管理中谈论的文化倾向于社会学这一学科对文化的阐释。有人的地方就有文化，文化的差异就是人的差异，优秀的文化是班级文化的源头，具有良好文化底蕴和文化氛围的班级能够更好地向前发展，塑造良好的班级文化是班级文化管理的必然选择和必经之路。

（二）班级文化

我们都知道：民族有民族的文化，企业有企业的文化，学校有学校的文化，当然，作为学校基本组成单位的班级也有属于自己的文化，即班级文化。班级是学习的重要阵地，是学校的基本单位，班级文化是学校文化的基点，班级文化更是一个班级的灵魂。班级文化是每个班级都应具有的班级管理的软要素，班级文化作为一种特有的教育力量渗透于一切班级活动之中，对学生心理素质的培养具有引导、平衡、充实和提高的作用。那么究竟什么是班级文化？不同的学者其研究的视角也不尽相同，所界定的班级文化的内涵也不同。郝京华认为："所谓班级文化，是班级成员所占有的文化的总体"；史华楠等学者则认为："所谓班级文化，是班级成员通过多种活动而形成的集体心理氛围、班级组织和交往行为，以及通过班级所体现出来的群体价值取向、意志品质和思维方式、思维能力等"；① 华东师范大学的吴春艳对班级文化的界定是："班级文化是社会文化的亚文化，是在社会主流文化、学校教育文化、教师文化的影响下，由班集体全体成员自己创造出来的独特的班级生活方式。"笔者认为，班级文化是指在班级管理理念的指导下，教师群体

---

① 吴春燕：《班级文化建设研究综述》，《考试周刊》，2009年第19期，第229页。

和学生群体彼此之间以及学生群体内部之间共同创造的一切物质的、制度的和精神的环境，并且能够促进师生共同进步和成长。班级文化的内容主要包括班级物质文化、班级制度文化和班级精神文化。

班级文化无时不在，无处不在，因此班主任和教师要积极发掘班级文化的功能，并提炼与发展因此班主任要努力发掘班级文化功能、提炼这些功能、发展这些功能。班级文化的广泛的教育功能并不都是自然地发生作用的，它要通过一定的管理手段才能产生教育的效应，才能真正成为有教育意义的存在。因此班主任要充分利用各种班级文化的不同功能，并逐步使学生受到深层次的影响。使班级文化能够广泛地、多方面地、潜移默化地发生作用。① 班级文化是一种精神，一种氛围，一种熏陶。班级文化就是一种老师与学生共同建构、共同维护的环境，是促进教师积极开展工作，学生向前发展的推动力所在。

班级文化依托的是学校文化这一文化载体，而作为学校文化与班级文化之背景的社会文化是一个复杂的文化综合体，其中包括社会生活方式、社会意识形态、社会思潮、舆论、流行的时尚、新的科学技术的传播等多种因素、多种变量都对班级文化具有影响并与之发生交互作用。正是在宏观社会文化背景下，班级根据一定的教育目的，以正式课程和潜在课程、交往和人际关系、制度以及环境等载体，对社会文化进行选择、加工、吸收和再创造，形成一种由教师文化和学生文化、个体文化和群体文化组合而成的独特的班级文化模式。②

班级文化是一个丰富多彩、复杂多变的文化世界，一方面，班级文化源源不断地摄取宏观社会的文化信息，另一方面，班级社会的教师、学生又在自身的教育、教学活动和集体生活中创造着各自特有的文化。③ 因此，我们在实施班级文化管理的过程中，既要发挥班级文化对学习者的教育塑造意义，更要用心研究如何挖掘学生文化中的创造性以及教育性意义。一般来讲，班级文化是物质文化、制度文化和精神文化的综合体现。班级文化是班级的核心竞争力，是班级不断发展的源泉所在，也是班级走向新的平台的重要支柱。

学生在生命的成长过程中必须面对两个世界，一个是“知识世界”，一个是“生活世界”。“知识世界”引导学生获得知识、开启智慧、拓展心智视野；“生活世界”启迪、培养学生的生活感受力。增进、丰富个人的体验。④ 笔者认为，班级文化管理要在关心学生的知识世界的同时，能够更多地倾向于学生的生活世界。苏霍姆林斯基说过：“用环境、用学生自己创造的周围情景、用丰富的集体精神生活的一切东西进行教育，这是教育过程中最微妙的领域之一。”用真实的生活来充实个体成长的生活空间，让班级成为每个人精神成长的家园，让班级文化成为学生精神家园中的“花香”、“书香”、“歌声”和“活动”。这就是班级文化在班级文化管理中的真正意义所在。

（三）管理

管理学中对管理的定义是指管理者为有效地达到组织目标，对组织资源和组织活动有意识、有组织、不断地进行的协调活动。管理中的这种“协调他人活动”“设法运用各种

---

① 白铭欣：《班级管理论》，天津：天津教育出版社 2008 年版，第 291 页。
② 鲁洁：《教育社会学》，北京：人民教育出版社 2001 年版，第 403 页。
③ 鲁洁：《教育社会学》，北京：人民教育出版社 2001 年版，第 405 页。
④ 刘铁芳：《守望教育》，华东师范大学出版社 2005 年版，第 128 页。

资源”也是班级文化管理要探讨的主要内容。管理学家丹尼尔·霍恩认为“管理是文化的产儿”。一方面就管理理论和管理思想来说，人们对管理的认识和深化是根据历史上各种不同的文化道德准则的变化而发展的，管理知识体系和管理体制的完善也是根据文化的变化而演进的；管理思想的发展既是文化的一个过程，也是文化环境的产物。另一方面，就实践中的管理模式而言，在一定的文化环境的影响下，管理者配置和利用资源的方式也随文化的缓慢变化而变化。所以，文化深深影响甚至在某种程度上决定着管理理论和实践模式。

既然管理是从特定的文化脱胎出来而又在一定的文化中去实践，那么，我们也可以说班级管理也是在班级文化中发展起来并且得以实践的。管理中的“协调他人活动”、“设法运用的各种资源”也是班级文化管理中的重要内容。现代社会十分提倡管理理念，班级文化管理作为一种新型的班级管理实践有着无穷的潜力，这就需要班级管理者们的不断实践。

（四）班级文化管理

“班级文化管理”就是把班级管理的软要素——班级文化作为班级管理的中心环节的一种现代班级管理方式。班级文化管理的对象是班级中的各种文化管理资源，其中包括我们所知道的物质文化资源、制度文化资源以及精神文化资源。首先，班级文化管理是有一定的目标的；其次，班级文化管理是教师群体和班主任带领学生，从学生的心理和行为入手，培养班级的共同价值观和全班师生的共同情感、形成班级自身的文化；再次，班级文化管理是对班级中的各种文化资源进行整合，协调和运用，以实现班级教育教学目标的组织活动过程；最后，班级文化管理从班级及年级、学校的整体的存在和发展角度，研究和吸收各种优秀的文化和管理方法，通过班级文化的培育、管理文化模式的推进，激发学生的内在行为和积极性。

文化管理充分发挥了文化覆盖人的心理、生理、人的现状与历史的作用，把以人为本的管理思想全面地显现出来，这与现代教育的本质一脉相承。文化管理不但是不排斥信息、知识、科技等现代复合性生产力要素的作用，更是要充分运用文化约束和文化开发的力量，激扬学生意志、塑造学生灵魂，凝聚学生合力。

班级文化管理不是每个班级都有的，只有那些把班级文化建设放在班级管理的中心位置的班级，才能形成班级文化，进而进行管理。如果学生能在教室窗台上、墙上或者教室的每个角落看见自己喜欢的东西，如果学生能在班级中找到自己的“位置”并且得到同学和老师的关注和关爱，如果学生能够在班级中找到信心，那么他们就会对这个“班级”产生归属感，而这恰恰是班级文化管理所希望达到的效果。

班级文化管理与班级文化有着密切联系。班级文化管理是以班级文化的认知作为基础与指导的现代班级管理方式，可以说它是建立在班级文化理论基础之上的一种最新的班级管理方式。班级文化管理以班级既定的价值观为核心，以班级文化的塑造为首要任务，贯穿于班级的规章制度、道德规范、行为风貌等方方面面。文化管理不仅在于外显文化的塑造，如教室的布置、学生的衣着，而且更注重班级内在文化的建设，包括以学生的精神世界为依托的各种文化现象，如班级舆论、班级人际管理。

另外，教师和学生是班级文化管理中的两大主体，教师与学生在参与班级文化建设的过程中也在发挥着班级管理主体的作用，在塑造班级文化的过程中，教师和学生成为一种合力，这又体现着师生开展共同管理班级的理念。

综合来看，实现和谐的班级文化管理离不开文化、班级文化和管理的完善结合。班级文化管理，即在人本化管理理念的引领下，以班级文化为依托，由师生群体共同参与，以文化管理为有效手段来实现班级有效管理的一种班级管理模式，班级文化管理是为了实现班级健康、有效运行这一终极目标。

三、班级文化管理的功能

文化有一种无形的影响力，总是潜在地影响着我们。作为一种现代管理实践的班级文化管理在班级管理中究竟发挥着怎样的作用呢？总体来看，班级文化管理的主要功能有：教育功能、凝聚功能、制约功能、激励功能、导向功能、协调功能、文化传承功能。下面将对以上功能作具体阐述。

（一）教育功能

班级文化是一个多元文化的交汇处和结合部，它蕴含着富有时代气息而又生动的社会因素，具有不可低估的教育潜力。① 班级文化管理是利用人类留下来的经典社会文化和师生在文化管理过程中自创文化来达到班级管理优化的目的，相对于其他类型的管理，它的优势就是它具有强大的教育功能。

学校的主要职责是培养教育每一个学生，班级成为履行这种职责的基本单位和场所，班级文化强大和深刻的意义成为班级利用的良好教育资源，这也是班级文化的生命力所在。教育功能是班级文化管理的首要功能，也是区别于其他组织文化的最主要特征。班级文化所形成的“社会——心理动力场”，对学生心理素质的培养具有引导、平衡、充实和提高的作用。班级文化是以班风、学风、价值观念、人际关系和班级舆论等方式表现出来的观念文化以及与之相应的行为文化和物质文化，对每个学生都起着潜移默化的教育作用。班级文化的这种教育功能不同于课堂教育，它虽是无形的，但又是无所不在的，存在于教室的每个角落，围绕在每个学生的身边，就像“润物细无声”的春雨，滋润着学生的心田，陶冶着学生的情操，塑造着学生的灵魂。

另外，我们可以通过班级文化管理来创建学习型班集体，为学生营造良好的学习环境，例如，倡导“热爱学习、积极向上、团结互助”这样一种班级文化的班集体就能够以这样一个目标来创造一种积极地学习氛围，进而带动学生的学习热情。并且，我们要需要重视班级舆论的建设，从而切实发挥班级文化管理的教育功能。

（二）凝聚功能

班级文化是一种“形散而神不散”的动态文化。笔者认为，从一定意义上看，班级文化是静态文化和动态文化的统一体，班级文化在发展中不断地实现从最初的静态文化为主转移到以动态文化为主。也许班级文化的外在内容和形式日益发生着变化，但是每个班级的班级文化内在和精神气质是始终如一的。

班级文化的凝聚功能主要表现于它能把班级成员的个人利益与班集体的命运和前途紧紧地联系在一起，使个人与班级“同甘共苦”。班级文化是班级成员共同创造的群体文化，寄托着他们共同的理想和追求，体现着他们共同的心理意识、价值观念和文化习性。

---

① 鲁洁：《教育社会学》，北京：人民教育出版社2001年版，第405页。

这种共同的心理意识、价值观念和文化习性会激发成员对班级目标、准则的认同感和作为班级一员的使命感、自豪感和归属感，从而形成强烈的向心力、凝聚力和群体意识。这种向心力、凝聚力和群体意识又会促使学生在日常学习和生活中时刻清醒地意识到"这是我的班级，我是这个班级的学生"而且很多学生能够爱上这个班级。实践表明，在班集体中，班级文化建设水平愈高，这种向心力、凝聚力和群体意识愈容易得到体现。班级文化有明确的教育方向，能够促进学生健康和谐发展，提高学生整体文化修养。

日本学者片冈德雄将班级这种学习集体分为两种类型，分别是所属群体和参照群体。所谓所属群体，就是学生是所在集体中的一员；而参照群体是学生非常想成为其中的一员，是他所向往的集体。所以班级文化管理要充分挖掘凝聚功能，通过班级文化的建设来体现班级的一种凝聚力和归属感，使学生心目中的参照集体得以实现，这样的话，参照集体的力量反过来又能够增强班级的凝聚力。

（三）制约功能

班级文化管理是借助集体的力量去制约每个学生的。班级文化所形成的规范体系，制约着班级中每个学生的言行，这种规范一旦形成，就会成为一种强大的强制力量，使班级成员都能自觉地约束自己，让自己的言语和行为符合班级规范。

班级文化对班级成员的这种制约功能主要通过以下三条途径来实现：首先是氛围制约，即一个班级已经形成了良好的风气，如果有个别学生的行为和班级的文化规范不符，就会有人提醒他，告诉他应该怎么做，这种善意的提醒就是所谓的一种融入日常生活中的监督；其次是制度制约，即通过制度文化来制约学生的一些行为，一般采用有奖有罚的措施；最后是观念制约，即通过班级文化传达正确观念来及时制止在班级成员中出现不良观念的现象，或者是能够直接制约和纠正学生的偏差行为。

（四）激励功能

学生是需要激励的，如何给学生以智能的、情感的以及行为的激励是班级文化管理中的关键一环。班级文化管理的激励功能主要表现为，班级文化能为每个班级成员提供文化享受和文化创造的空间，提供文化活动的背景以及必要的活动设施、模式与规范，从而有效地激发和调动每个成员参与班级活动的积极性、主动性。

班级文化管理中的物质文化管理，如墙报，教室墙壁装饰、教室的文化广角等；制度文化管理，如班规，班级奖罚条例等；精神文化管理，如班级标语、和谐的人际关系等，这些班级文化环境往往能够增进班级管理的激励作用，通过一系列班级文化环境的创设，从而更好地促进学生的主动性和创造性的发挥，从而促进每一名学生的发展。

（五）导向功能

文化是一种价值取向，规定着组织与个体所追求的目标，文化对组织和个人具有一定的导向功能，我们知道社会文化对社会的发展有引领的作用，我们也知道，一个有着学习文化氛围的班级就能带动整个班级学生学习的热情。对一个班级来说，班级文化规定着这个班级追求和前进的目标。优秀的班级文化规定着班级具有重要的追求和远大的目标，引导班集体健康发展。

对班主任和教师群体而言，通过积极地班级文化管理，一方面直接引导学生的性格、心理和行为的成长；另一方面通过价值观来引导学生，通过开展一系列有益活动，使学生潜移默化地接受班级的价值观，把学生的思想，观念和行为引导到班级所确定的目标上来，为实现班级目标而共同奋斗。这样一来，班级文化管理是班主任和教师群体管理班级的有力助手；对学生而言，在优秀班级文化的管理下，在接受优秀班级文化的熏陶下，学生自身也能够明确自身的发展目标，我们或许可以说班级文化管理的作用就像学生学习和生活的过程中的一盏明灯。

（六）协调功能

班级文化管理在协调班级内外部关系中发挥着极其重要的作用。班级文化管理协调班级与社会的关系，使班级教育与社会的要求一致；班级文化管理协调班级与家庭的关系，促使家庭协助教育发展；同时班级文化管理协调班级与学校的关系，从而使班级文化成为学校文化的创新点；班级文化管理协调班级与学生的关系，促使学生更好地融入班集体。

学习教育的目的是为社会输送合格人才，这就注定我们的教育不能闭门造车，要洞察社会的发展趋势，这样才能够培养合格的人才和接班人。班级文化的开放性，使其具有对世界最先进的、最前沿的文化的兼容和整合功能，实施班级文化管理。通过班级文化建设，尽可能地调整我们的教育思想和行为，以符合我们的教育方针"全面发展"的要求，尽可能地满足社会和时代发展对我们的要求，使班级文化发挥协调学校、班级教育与社会发展要求的作用。

（七）文化传承功能

教育的过程就是传播文化的过程，教育的基本功能之一就是通过对社会文化进行选择、加工、吸收和再创造的过程来传递我们民族长期积累下来的知识经验，而作为教育的基本组织单位——班级，其教育目的、课程、教学组织、规范等都要受到社会中占统治地位的文化价值所渗透和制约。班级制度作为一种社会制度，从本质上来说就是为了维持一定社会中占统治地位的价值而创设的一种文化形态。从这个意义上说，班级文化反映着特定时代的社会文化；另一方面，从文化是教育塑造人的媒体和中介来说，班级文化则是对社会文化的选择、提炼和再创造。班级文化管理正是运用了文化来进行班级的管理，在班级文化管理的过程中，班级文化的选择、提炼和再创造就恰恰体现了文化传承的功能。

相对其他非文化管理的班级，传承优秀文化成为班级文化管理不自觉的一项功能。班级文化管理以文化为依托，对古今中外的优秀文化起到了实质上的传承作用，施行文化管理的班级在管理中以优秀文化为媒介，达到提升学生文化知识修养和提高学生素质的作用，从而发挥凝聚班级的影响力，实现班级共同目标的目的。①

第二节　班级文化管理的实施

班级文化管理的实施是要建立在明确班级文化管理的内容的基础之上的，班级文化的内容是班级文化管理实施的对象，没有班级文化内容，管理的实施也就无从谈起。针对不同的班级文化内容。我们可以制订不同的实施策略，这样才能实现班级的合理管理这一长效目标。

---

① 张远华：《班级文化管理》，2006，湖北宣恩一中，http：//www. xeyz. cn/info_ Show. asp？ArticleID=606.

一、班级文化管理的内容

建设班级文化是班级文化管理的实质性内容。班级文化的内容主要包括班级物质文化、班级制度文化和班级精神文化三个方面。那么，我们希望能从这三个方面出发，使班级形成一定的文化特色，让学生在潜移默化中感受教育的力量。

（一）班级物质文化管理

班级物质文化教室内的环境布置及师生仪表等，是班级文化的基础及其水平的外显标志。那么，搞好班级物质文化建设便成为班级管理的一个重要环节。下面我们将从教室内环境布置和师生仪表这两个方面进行深入的探究。

首先，创造育人、化人、宜人的教室环境。

教室是学生学习、生活、交际的主要场所，是老师授业、育人的阵地，是师生情感交流的空间。整洁、明丽、温馨的教室环境可以激发学生性情、陶冶他们的情操，从而达到启迪教育的目的。这里主要从教室里的墙报设计及标语、布局及卫生情况等几个方面一一进行说明和分析。

> 孩子在他周围经常看到的一切，对于精神面貌的形成具有重大的意义。这里的任何东西都不应当是随便安排的。孩子周围的环境应当对他们有所诱导，有所启示。我们竭力使孩子所看到的每幅画，读到的每句话，都能启发他去联系自己和同学。
>
> 资料来源：［苏］苏霍姆林斯基：《怕夫雷什中学》，北京：教育科学出版社 1983 年版，第 135 页。

著名的教育家苏霍姆林斯基在上面所强调的正是物理环境不容忽视的教育性，那么如何做才能更好地达成这种愿望？

1. 悬挂精美鲜活的图片标语，设计温馨简约的墙报

教室是学生大部分时间的活动场所，学习、交流、成长都在其中。对于教育者来说，教室空间便成了有力的教育资源。四周墙壁上悬挂着的标语首当其冲，这也许只是学生偶尔某一次抬头所能捕捉到的信息，而正是这种“偶尔”的捕捉，是学生得以自我认识，自我教育。那么，标语主题的选择和设计就“不应当随便安排”了。在选择标语的时候，首先要遵循教育性原则。一般可以选择名人语录，例如：生活没有理想的人是可悲的——H. C. 屠格涅夫，从这条名言当中我们可以使学生认识到理想的意义，以便促进学生反省自己，认识自己，激发其继续奋斗的劲头。其次，标语的选择应该适应于美育，让美育时时刻刻都渗透到学生的日常生活当中，加强学生对于美的意识和认识。比如，我们可以选择悬挂《蒙娜丽莎》等世界名作等。再者，条幅内容必须简约。墙壁的空间是有限的，那么在有限的空间里实现最有效的教育，必须选择语言凝练简约但易懂的名言，这样不至于太枯燥。最后，还要注意我们选择的标语需要贴近生活，学生都应该有所了解，如果悬挂的只是大量国外的并且是远古的东西，对于学生可能太过生疏，这样势必会降低其教育性。

教室里还有一个更具魅力的空间可以给学生带来乐趣和知识并为学生提供了自我展现的舞台，这便是墙报。墙报是一个班级展示给他者最直接的面孔，也是源自学生内心深处

的声音。很多时候，我们可能会忽视了班级墙报的设计和制作，其实这是教育资源的严重损失。学生大部分的时间是在教室里度过的，而对于学生来说除了课堂上的发言和主题班会上的交流，很少有展示自己的时间和空间，那么墙报正好可以弥补这一缺憾。

墙报的设计和制作应该是学生自己整理和完成，老师如果参与会更好，但是教师的参与绝对不应该是以“指挥者”的身份加入，教师在这个过程中也只是一个和他们一样天真、充满好奇和希望的学生。

墙报的设计形式可以根据情况而定，或者以主题举办系列墙板、或者是学生分组分期举办、也可以是大家就每一热点问题而专门设计墙报，形式多样，不拘一格。但是，墙报的主题必须是明确的和鲜活的，在这个方面班主任就要发挥其积极的引导作用了，以建议的方式给学生正确的提示和指导，不宜过多地干涉学生如何进一步制作。学生在这个过程中完全实现自主创作，大家集思广益，积极发挥个人的主动性，激发其潜在的创造力，更重要的是，在这个过程中，学生之间进行合作和交流，互相学习，共同进步，使学生学会合作，静悄悄地实现着班级凝聚力的提升。

墙报的设计一样需要遵循简而充盈原则，清晰醒目。很多时候我们为了追求“多”往往在客观上忽视了墙报内容的“精”，导致墙报的繁杂，而且，全版的字迹难免失去了墙报的美育效果。

墙报内容的选择可以从学生日常生活当中发生的种种实例当中提取，也可以从各种媒体反映的焦点问题里筛选。学生自主选择，从中学生可以对自己常态化的生活予以反思和认识，或取长补短，或发扬光大；班主任及其他科任教师可以通过对学生自己选择的“新闻事件”来关注学生的兴趣点和心路历程，教师如果能很成功地把握这一点的话，对其在教学和管理上大有裨益。

【案例 7-1】

个性独特、展示自我的角落——墙报的魅力

这是发生在N市某中L班的一个真实故事。该中学是一所普通高中，综合实力在N市大概处于中下水平，L班则是该校中所谓“差、乱班”，也就是说，年级里其他班级“管不了”的学生统统由这个班来容纳。大家可以想见，这样的班级一定是学校的“刺头兵”，当然是没什么值得大家学习的可能。然而，谁曾料想，L班竟然成了学校赫赫有名的特色班级，何以如此？其中有一招，就是特色、个性的班级墙报吸引了人们的眼球，团结了班级人员，展现了每个学生的特长。

该班师生为了班级的进步和发展，齐心协力。

五四青年节又到了，学校组织各班级进行班级墙报大赛。L班开始悄悄策划，所有学生都行动起来了，大家群策群力，各自拿出好主意，几乎每个人都参与其中，不亦乐乎。最后，同学们决定，要想在这么有限的黑板上争取最好的宣传效果，凸显墙报主题，只能通过“美术”来完成这个力作。大家力荐班里在美术方面有特长的同学来做墙报的主力；然后确定这次的主题是“五四青年节”，那么，一定要凸显青年人自己的个性和年轻人特有的蓬勃朝气，经过仔细推敲，墙报题目定为“青年们，站起来”。

接下来的工作便是具体设计，几位“小美术家”们茶余饭后都在竭力构思，放学后还在一起商量，有的时候难免会有意见不合，但是，总能在关键的时候找到合适的解决方案。最终大家计划选定12个青年人作为这个墙报的“主体”内容，以直观的“画面”来表达最鲜活的主题。同学们这才开始动手“画”，其他的同学们，有的做“小画家”的助理，有的制作墙报的其他小板块，有的在吃饭时给大家负责“粮食运输”，每个人都在“奔波”，不无繁忙之象，但是同学们的劲头十足，干得可谓热火朝天。谁说他们是“差乱班”了？

经过多日的“辛苦劳作”，L班的墙报大作成功出炉，赢得学校各评委组的一致好评和夸赞。这次的墙报设计新颖独特、主题鲜活，无论是墙报的内容还是形式都足以吸引老师和学生的眼球，成为这次评选的焦点。

最终评选结果出人意料——“青年人，站起来”竟然在学校墙报大赛中荣获特等奖，这么好的结果确实是大家始料未及的。同学们别提多高兴了，班主任老师作为“幕后总指挥”更是高兴地无以言表。

通过这次墙报大赛，L班再也不是学校眼中的“差乱班”了，大家对其可谓是刮目相看。L班的同学也从此自信起来了，团结起来了，成为了学校的“明星班”，并积极探索进步的其他方法，班级在不断摸索中进步着。

资料来源：南京师范大学班主任研究中心主办“随园夜话”．班主任沙龙．班级文化的营造．沙龙纪要，2009（9）．

2. 建设好有班级特色的“图书角”

书籍是人类的精神食量，对于正在长知识的中小学生来说，更是如此。那么，我们知道在有限的课堂教学中，学生只能接受有限的科学知识。班级的“图书角”便可以很好地满足学生兴趣。

班主任可以通过各种可行有效的方式方法来收集丰富的图书、报纸、杂志等，然后由制定的同学进行管理和监督，学生可以自由地阅读到自己感兴趣的图书资料。然后可以定期地举行各种读书心得交流活动，促进学生的知识交流，充分调动学生的积极性，使图书角充分发挥其应该有的文化资源作用。

3. 设计有条不紊的布局，呈现整洁明丽的教室

整洁、明丽、温馨的教室环境可以激发学生性情、陶冶情操，从而达到启迪教育的目的。教室可以毫不夸张地被认为是学生的第二个“家”，学生在这里学习、课间休息、举行各种主题活动等，所以在校的一切活动都离不开教室这个小小的空间。那么，保持教室的整洁、温馨便成为一种必然的诉求。

班主任老师要在日常生活教育当中应当注意学生的卫生教育，培养他们讲究卫生的良好习惯。认真安排学生做好打扫、清洁工作，勤于洒扫地板，定期擦玻璃和窗户。教室可以适当利用打扫的过程来对学生进行适度的劳动教育和美德教育，培养学生热爱劳动、勤于劳动的品德；学生清洁工作也是一个协作的过程，可以进一步培养学生的团队合作意识。

整洁、明丽的环境有利于学生的身心健康成长，温馨则可以是学生有更强烈的“家”的感受，也就是班级归属感。在这个方面，需要注意给教室增添一些“柔和”的味道，

比如在教室的窗台上养几盆淡雅的花，可以把窗帘的颜色设计成柔和、清爽的色调，这样使学生更舒适地享受学习生活。

那么，教室的布局也要合理、美观。学生座次要依据他们的体检情况予以适当安排，兼顾学生的视力、听力、身高等客观条件。学生桌椅摆放必须保持整齐，卫生工具须井然有序；过道要畅通，便于学生能与老师有足够的空间进行交流和互动。

清新有序的室内布局不仅利于学生的学习和成长，对于老师也是一种感染。只有在一个干净的、有条不紊的、明丽的教室里，教室才能保持其高度的兴奋，展现其无尽的才华，只有老师热情洋溢，才能更好地带动学生学习的积极性，激发学生的创造力。

注重教室物理空间的布置和应用，使其达到教化学生的目的，更好地实现教育的生活化，是我们一线班主任的职责所在。

4. 展现得体、鲜活、青春的师生仪表

心灵美是我们对教师和学生的最基本的道德要求，但是，我们不能因此而忽视了外表美，教师和学生的仪表在一定程度上代表了本班级的形象。

教师首先必须以身作则，课上、课间都应该穿着整洁，从发型到服装，直至鞋袜，每一个细节都需要注意到；学生也要保持利索、青春的仪表，每天安排学生进行检查大家的卫生情况，并教育同学之间相互监督。

对班级物质文化资源的开发和利用需要班主任带领同学们积极探索，深入挖掘。

（二）班级制度文化管理

“没有规矩，不成方圆”，因此班级文化建设应该根据校纪校规，根据本班的实际情况制定一系列利于班级体健康发展的制度。合理有效地管理班级制度文化可以促进班级良好局面的形成，提高班级的综合素质。

一个完整健康的班集体除了一般性的“守则”与“行为规范”外，还需要有相应的奖励先进、表扬后进等制度，有鼓励全班学生竞争的制度、班干部的工作制度等。

首先，从班级制度的制定来看，应该是教师和学生全员参与制定班级制度。班级制度的存在是为了更好地服务于学生的发展，而不是一味地约束和限制学生的行动。那么，学生是班级体鲜活的主人，应该是最具发言权的制度制定者和修订者。学生集体商议，确定最适合班级发展的各项规章制度，教室予以指正，充分展现学生的主人翁身份，这样，有利于加强学生对班级及班级制度的认同感，在制度实施过程中会更积极地遵守“规则”，班级管理的顺利进行便有了有力的保障。

其次，班级制度的内容可以是丰富的，形式也是多样的，但是切忌过分庞杂冗繁。班干部制度应该是班级的骨干制度，班级可以通过民主选举和推荐的方式建立其责任心强的班委会，各干部之间职责明确、互相监督，共同促进集体的成长；明细卫生轮流制度，保证教室整洁有序；考勤制度也是班级管理过程当中不可或缺的有力途径，有效的考勤制度可以全面督促学生完成分内职责；课堂纪律制度也必须提上日程，无论是自习课还是课堂上，必须保证学生能自觉保持安静，不扰乱课堂秩序；同时，评优制度、批评制度以及学习上的互助制度都可以为班级实现学生自主管理搭建理想的平台。

最后，必须落实好班级规章制度的执行情况。有很多班级“只打雷不下雨”，班级管理往往无法顺利进行下去，求其根本原因则是没有认真执行班级制度。一个制度制定出来之后，其正确性还要经过时间的检验，规章制度在执行过程当中被认同后就要强化落实情况。通过定期检查评比，营造出鼓励学生自觉执行规章制度的氛围，既可以强化制度的落实，又能使学生形成良好的习惯。例如，对于学校检查的各项常规，我们可以先自行检查，大力表扬和鼓励先进，积极改造落后思想，惩戒不当行为。经过一段时间的强化落实，促成学生良好行为习惯的形成。

（三）班级精神文化管理

班级精神文化是班级文化的核心，主要通过班级舆论、人际关系、班名、班歌、班级口号（班训）、班风等来呈现。它影响、制约、规范着每个学生的行为，能对学生产生潜移默化的教育作用。我们应重视班级精神文化在班级管理中的作用，以良好的班级精神文化来教育学生。

1. 班级舆论与班级精神文化管理

班级舆论是班级精神文化的核心，指班级中多数人赞同的观念、态度和意见，能影响、制约每个学生的心理，规范每个学生的行为。马卡连柯指出："集体舆论的监督，能够锻炼学生的性格，培养学生的意志，能够培养学生好的个人行为习惯，能够培养学生对集体的自豪感和责任感。"在班级精神文化建设中，班主任应注重培育积极的班级舆论，用正确的价值观念引导学生。培养积极的班级舆论，关键的是让学生形成正确的价值判断。班主任要经常通过晨会、班会、主题队会等形式，对学生进行行为习惯养成教育，提高学生的思想道德水平，树立正确的是非观、荣辱观和美丑观，为建立正确的班级舆论打下坚实的思想认识基础。要经常组织学生学习国家的法律法规、学校的规章制度和青少年道德修养等，逐步培养学生正确的世界观、人生观和价值观。榜样具有很强的说服力、号召力，引导学生向先进人物学习是形成积极班级舆论的有效途径。榜样可以是来自班级以外的先进人物，也可以是本班中的优秀分子。班主任要实事求是地树立班级中先进学生典型，引导学生向先进看齐。对取得优异成绩、表现突出的学生授予各种荣誉，如"学习标兵"、"进步最快奖"、"运动健将"、"小能手"、"最佳行为模范"等，在班级中形成一种崇尚先进的良好风气。

2. 人际关系与班级精神文明建设

师生关系是班级生活中重要的人际关系，只有建立良好和谐的师生关系，才能取得最佳的教育效果。要创造和谐的师生关系，关键在于教师。教师要做到公平对待每一个学生。不管是聪明或听话的，还是愚笨或调皮的，都要一视同仁，不能厚此薄彼。教师对学生要怀有真诚的感情，尊重学生，关心、体贴学生，学生才会自觉愉快地接受教师的教诲。教师要具有较高的师德修养、良好的外表形象、精湛的教学艺术。如今的学生大多是独生子女，个性较强，以自我为中心的倾向严重，这些因素不利于形成良好的人际关系。学生间的人际关系，既影响着学生的健康成长，也影响优秀班级的形成。班主任要有目的地加以引导，强调学生之间交往遵循守纪、理解、团结、互助的基本原则，促进和谐同学关系的形成。多组织学生参加集体活动，如学校运动会、拔河比赛、广播操比赛、歌咏比赛等，培养学生学会共事、学会合作的能力。总之，班级精神文化是渗透在师生心灵中的一种精神动力，是班级健康发展的强大动力，是影响学生成长的重要因素。在当前新课改背景下，文化已经被定义为学生的生存方式和生命活动的过程与结果。因此，班主任要精心建设，努力营造良好的班级精神文化，促进学生的健康成长。

3. 班名、班歌、班训与班级精神文化管理班名、班歌、班训（班级口号）能以听觉的形式传达班级文化，是班级精神文化的外显形式。我国班级的名称通常是依据年级和班级的序号来命名的，如一年级一班、五年级三班、初三（2）班等，这样的班级名称只是一个数字代码，没有个性和特色。班主任应和学生一起给自己的班级起一个既能体现班级特色和时代精神，又通俗易懂、具有激励意义的班名。如高年级的班级可用“扬帆班”、“雄鹰班”、“启慧班”、“晨曦班”、“金钥匙班”等，低年级的班级可用“精灵班”、“智慧乐园班”、“蓓蕾班”等。班歌是班级精神风貌和班级特色文化的标志，它的思想内容代表着班集体的精神，会给班级每一位成员以力量、勇气、责任感、荣誉感和自豪感的体验。这种体验会激励每一位成员为拥有好的班级而更加努力。班歌的创作要根据班级的具体情况而定，有条件的班级可以由班主任或学生作词作曲，旋律应该是活泼、奋进、欢快的，歌词应能集中表达班级成员整体的精神风貌、理想和追求，并得到班级成员的一致认可。没有条件的可以选择学生耳熟能详的、特别喜欢唱的歌曲为蓝本，让学生来编歌词；也可以直接选用现成的能反映班级成员心声的、积极向上的歌曲作为班歌，如《爱拼才会赢》、《真心英雄》、《让世界充满爱》等。班训是班级精神的集中体现，一条好的班训具有间接而内隐的教育影响作用，是激励全班学生勤奋学习、积极进取的精神动力。班主任在确定班训时要从班级的实际出发，充分发挥民主，让班干部和同学一起参与班训的确定，必要时可以召开一次专题班会来讨论。这样确定的班训得到全班同学的认可，从而成为共同奋斗的目标。一般来说，班训不拘形式，以简洁、有特色为好。一个好的班训有利于培养学生的学习能力，使他们学会学习、善于学习；有利于培养学生的责任心；有利于培养他们适应社会、适应环境的能力；有利于培养学生的创新精神和实践能力。例如，有的班主任确立以下班训：“人人负责，事事负责”；“细节决定成败，过程决定结果”；“学会学习，学会做人”；“自尊、自爱、自信、自强”等。

4. 班风与班级精神文化管理

班风是一个班的灵魂，健康向上的班风是班级精神文化管理的重中之重。而所谓班风则是一个班级的集体风气，“集体风气就是指包括了集体凝聚性、意气、集体结构、指导性在内的，作为集体整体的一种气氛。”①

一个班级良好的风气不是一朝一夕便可以形成的，它是在长期的集体探索过程中酝酿而成的氛围。形成好的班风首先需要一个科学、合理的班级目标。只有确定了健康向上的班级目标，全体师生才能够朝着共同的目标奋进、努力，如果班级目标定得过高过远，不切合实际，容易集体成员产生挫败的情绪体验，不利于班集体的健康成长；但是，如果目标过于肤浅，总是轻而易举就能达成，久而久之，学生的积极性会受到一定的影响，而且容易产生自负等不良情绪。所以班级目标的制订一定要合情合理。

塑造良好的班风，班主任必须率先起到垂范作用。作为班级体活动幕后的指挥家，首先班主任要把自身真正融入集体当中，把自己作为班级的一分子。班主任的言行必须起到风范作用，能够以高尚的人格感染学生，以淡定的心态影响学生，以丰富的学识引导学生，以博大的胸怀爱护学生，这样才能真正呵护纯真、孕育成长、开启心灵、放飞梦想。

其次，应该展开丰富多彩的班级活动，彰显班级文化特色。班集体活动，对增强班级

① ［日］片冈德雄著．贺晓星译：《班级社会学》，北京：北京教育出版社 1993 年版，第 56 页。

活力、班级凝聚力，提升班级文化品位有相当大的益处。精心组织一次集体活动，一定要调动班内学生全员参与，分工合作；有负责组织的，有正式参与的，还有服务，啦啦队的。在活动中让同学们熟悉起来，关系更融洽了，目标更一致了，如果活动取得了成功，那么每位学生都会有很强烈的成就感。当然，在各项活动的组织中，一定要突出重点，设计班级个性目标的活动，一定要精心准备，勇夺第一，在活动中彰显个性，如文明礼仪优胜班，在每次参加学校的集体活动时，本班学生必须做到有秩序，做文明观众，做文明参赛者，退场时不留任何垃圾，不论活动成绩如何，一定要拿到的是道德风尚奖。

优良班风像熔炉一样，对全班学生起着熏陶、感染的作用，是一种巨大的教育力量。班主任一定要努力营造健康向上的优良班风，为班集体的健康成长奠定雄厚的精神基础。

二、加强班级文化建设

班级文化建设是一种精致的德育模式，有奋斗目标、有思想熏陶、有制度保障和物质条件。良好的班级文化建设能建立良好的班级人际关系，师师之间、师生之间，生生之间在密切的交流与合作中结下了深厚的友谊；能培养健康的班集体舆论。目前的班级文化建设进行得如火如荼，但是其中仍然存在着各种各样的问题，我们必须在实践中摸索前行，不断完善班级文化建设的理论，并很好地落实到一线班级组织活动当中。

（一）班级文化建设的现状分析

最近几年来，班级文化建设风起云涌，如火如荼，许多学校掀起了班级文化建设的热潮，甚至于有的学校把班级文化建设作为争取“特色”成就的重心。在班级文化建设中积累了一定的经验，取得了很大的成绩。但是，由于认识上的偏差，很多班级在文化建设中只注重班级文化建设的形式而忽视了班级文化建设的内涵，使得班级文化建设仍存在着许多值得人们认真思考的问题。

1. 大多数班级还处于自发的班级文化管理阶段

除极少数的班级已经进入自觉推行班级文化管理的阶段外，大多数班级对认真推行企业文化管理，还不太在意或心有余而力不足。现有的贯穿于班级管理理念，许多是长期实践中自发地无意识积累形成的，带有浓厚的经验色彩，零碎而不稳定。有的班级虽然提出了文字性的管理理念、使命等，但往往带有一般性、模仿性，缺乏个性和适应性，很难实行或者根本就没打算实行。而真正实行的则是班主任长期自发形成的价值理念，他们的推行大大降低了班级的管理水平。

2. 注重班级文化的形式，忽视班级文化的内涵

有的班级善于模仿优秀班级的形式，热衷于搞文艺活动、喊口号、统一标志，认为这样就是塑造班级文化。固然这些都是塑造班级文化的一般做法，但是，多数班级忽略了在这些形式下面的内涵和基础，因此就给人一种误导，似乎班级文化就是班级开展的文化活动或标志设计。只注重了班级文化建设的形式，而忽视了班级文化建设的内涵。所谓班级文化应该是将班级发展过程中的基本价值观灌输给全体学生，通过教育、整合而形成的一套独特的价值体系，如果只是表层的形式而未表现出内在价值与理念，学生对班级管理的认识模糊肤浅，就会出现班主任对班级文化热，而学生相对冷漠，这样的班级文化是没有意义的，所以不能形成文化推动力。

3. 不少班级文化具有鲜明的唯意志色彩

这种情况，是与班主任的个人成长经历联系在一起的。许多班级的运行与班主任独到的成功绝招有关。比如他们的人际关系能力比较强，或对机会比较敏感等使他们在班级管理中显现出一定的特色。由于班主任对个人能力的过分自信，逐渐形成对学生的不放心的习惯，导致许多班主任总是事无巨细事必躬亲。虽然任命了许多班干部，但他们有职无权，班主任常常越俎代庖，使学生凡事不敢作决定，等待班主任自己决定。这种状况使班级笼罩在唯意志文化的浓厚氛围中。在这种文化氛围中，班主任就是班级的绝对意志，几乎没有人能对他的决定产生影响。这种唯意志的文化一旦根深蒂固，班级整体经营管理水平和创新能力，便会不断下降。以至于如果班主任不在，班级便群龙无首，立即处于半瘫痪、甚至瘫痪状态。

4. 班级文化具有浓厚的功利性

大多数班级卖力地搞班级文化建设，并不是出于发展学生、提升学生，而仅仅在于班级能在学校里获得某个醒目的、独特的形象和位置，却不惜一切精力、物力，难免有哗众取宠之嫌。班级存在的目的就是荣誉最大化，这种唯功利性的价值观对学生健康价值观的养成造成非常不利的影响。

另外一种情况则是，许多班级以成绩为至高无上的发展目标，忽视学生的全面发展，把学校号召的“班级文化建设”作为一股无关乎己的耳旁风，继续“埋头”抓成绩，使整个班级如死灰一般沉寂而毫无活力，如果设计班级文化建设，也不过是应付学校的统一检查而敷衍了事。

(二) 班级文化建设的实践探索——创建“人本化”的班级文化

班级文化建设需要在不断的实践探索过程中得以完善和发展。班级是学生生活和学习的基本单位，对学生的学习、成长起着不可估量的作用。班集体的建设直接影响学生个性的发展，良好的班级文化将直接影响到学生身心健康发展。班级是学生成长的空间而不应该仅仅视作学生管理的基本单位。班级建设必须以人为本，着眼于学生内在个性的发展要求，关注每一个活生生的学生个体。

早在20世纪40年代，美国教育家罗杰斯就提出“重情感反理智，重创造反灌输，重自我反强制”的人本主义教育思想。国际21世纪教育委员会在《教育——财富蕴藏在其中》的报告中把人放在了发展的中心地位，强调“人既是发展的第一主角，又是发展的终极目标”，“应该使每个人都能发展、发挥和加强自己的创造潜力，也应该有助于挖掘出蕴藏在我们每个人身上的财富。”

所谓“人本化”就是要在班级管理活动当中确立学生的主体地位，尊重学生的人格、个性特点，让学校的一切活动都为满足学生的成长和发展而设计和组织，着力培养他们的自信心、全面而和谐的素质、鲜明的个性，尤其注重培养学生的创造力。人本化班级管理追求的正是把学生放在发展的中心地位，以学生为本，以学生的发展为本，以学生的发展为本，他要求班级管理者始终把学生作为活生生的人看待，遵循学生的身心、个性发展的内在规律，尊重学生的人格，满足学生的合理需求，关注学生的生活、情感世界，是班级管理走向人格化、人性化，以实现学生的自我教育、自我管理，促进学生的自主发展的教育目标。

首先，民主、平等、和谐的人际关系是人本化管理理念的关键所在。

这要求在学生与学生的关系之间提倡平等和互相尊重的同学关系。同学之间需要基本的尊重、真诚和理解。营造一个和谐、温馨的班级家园。师生之间更互相尊重、互相理解，教师必须给予学生以尊重和理解，教师应始终把“真诚”、“信任”放在第一位，表现在学生面前的是真诚，出现在学生后面的是信任，包括自己的一举一动，一言一行，从不给学生以矫揉造作的感觉，成为学生的知心朋友。

真诚、接受和理解，彼此之间不存在一个固定的流程。当学生犯了错误，最好是从接受或理解开始，真诚可以放在稍后的时候；当学生有了进步，最好从真诚而且是真诚的欣赏开始；当班级士气处于低迷的时候，最好以理解的方式来导入，然后向接受、真诚方向加以引导。

其次，班级发展目标必须以学生的发展为终极。

学生是班级体的主人翁，班级的存在目的是为学生的发展提供一个适宜的空间环境。那么班级制度文化是班级全体成员共同认可并自觉遵循的行为准则。以人为本要体现在制度的制定与完善以及制度的实施与保障中。规章制度制定得是否科学、合理，是否是从学生成长出发是班级文化建设的关键。以人为本要求班级制度应该是来自社会与校方的规范要求与学生成长实际、认知水平、接受程度的结合。只有学生愿意接受且愿意服从的制度才会发挥良好的管理效益。应当强化班级规章制度在规划、决策过程中的民主参与，通过引导学生制定班规，使学生的意志与愿望通过合理渠道得到满足，由于学生有为自己的目标负责的倾向，所以它容易使学生对自己的行为产生自我约束。

最后，学生主动参与班级管理。

活动是人本化班级管理最重要、最有效的载体。通过班级活动一方面能不断地将纪律、规范内化为学生的个人品德行为；另一方面学生在活动中体验自我教育、自我评价，培养了自我调控、自主管理的能力，促进了学生自我改进、自我完善、自主发展。心理学家对活动心理学理论的研究表明，活动在学生个体主体性发展中起着决定性作用，环境和教育的影响只有通过学生身心的活动才起作用，在同样的环境和教育条件下，每个学生发展的特点和成就，主要取决于他自身的态度，决定于他学习、劳动和科研活动中所付出的精力。所以，学生个体的主观能动性是其身心发展的动力，而学生的主观能动性是通过学生的活动表现出来的。因此，学校的一切有效的教育管理，必须重视开展以学生的需要和兴趣为基础的活动。只有在精心组织的班级活动中，才能真正体现出对学生主体地位的尊重，从而唤醒学生的主体意识，在活动过程中，学生通过对活动客体、活动手段、方式的选择，活动目的、步骤、计划的确定，活动诸环节之间的调节，活动过程的控制等方面的主体参与，其自主性、能动性、创造性得到了不断增强。可以这样说，离开了班级活动，班级管理就会苍白无力，犹如套在学生身上无形的“枷锁”，学生就会千方百计挣脱“枷锁”，学生的发展就不可能变成现实，那样，以人为本的管理思想必将是一句空话。

21 世纪的教育是创新教育，要求尊重学生的个性，不禁锢学生的思想，让所有的受教育者都生活在和谐、民主的蓝天下，快乐生活、学习、成长，让人人都能成才。在班级管理中坚持“以学生发展为本”，研究、探索并构建人本化班级管理，是深化教育教学改革的现实需要，也是面向未来的班级管理的必然选择。

问题与思考

一、基本概念

1. 班级文化
2. 班级文化管理
3. 班级文化建设

二、班会活动设计

一年一度的“五一”劳动节又将如期而至，学校将要求每个班级举办一次“劳动最光荣”的主题班会，假如你是该校初一年级的班主任，你将如何设计此次班会活动？

第三编

现代班级管理的实践探索

第八章　班级管理的实践探索

导读

本章主要分为两个部分，第一部分探讨的是班级管理模式的定义、特征和要素，主要从理性的高度来认识班级管理模式，摆脱经验认识，班级管理模式不是简单地提供一套做法，而是思想和过程的结合体；第二部分是介绍现有的一些班级管理模式，主要是人本主义和科学主义思想下的混合型管理模式，有传统的科层制模式也有新潮的文化引领模式，它们各有侧重各有优劣，可供读者借鉴与讨论。

第一节　班级管理模式概述

班级管理的每一个子系统都至关重要，关系、目标、制度和文化缺一不可，对它们的管理攸关全局。但是，班级管理的实施与运作是一个系统的过程，各要素之间不可能截然分开，只有它们之间达到了和谐统一，班级管理才能达到预期的目标。因此在对班级管理的各个子系统进行了充分的论述之后，我们有必要将所有的子系统整合到一起，对班级管理作一个系统的、全局的围观。对班级管理的操作主要包括横向的内容之管理与纵向的过程之管理两个方面，我们相信在实践的过程中，它一定是有规律可循，有经验可依的，对已有班级管理经验的梳理能够加速教师的专业成长，也为学生的成长带来福音。本章便是在这个假设之上力图将班级管理的理念与实践结合在一起，对其进行模式上的探讨。

一、班级管理模式的定义

（一）模式的界定

在介绍现有的班级管理模式之前，我认为先对模式本身有一个清楚的认识至关重要。所谓模式，是指前人积累的经验的抽象和升华。简单地说，就是解决某一类问题的方法论。当把解决某类问题的方法总结归纳到理论高度时，那就是模式①。另外一个关于模式的定义是：模式是事物存在的一种框架和运行程序，它反映了事物的基本结构以及这种结构运行的路线。② 南师大齐学红教授则认为“模式”可通俗地理解为：建立在主要构成要素之间的不同组合方式基础上，进而形成的相对稳定的操作系统③。模式有不同的领

---

① http：//zhidao. baidu. com/question/16338131. html.

② 时伟、王贵海：《试论班级管理模式》，《阜阳师范学院学报（社科版）》2000 年第 6 期，第 50 页。

③ 齐学红：《制度设计与自我呈现：学校德育模式的社会学视角》，《教育科学研究》2010 年第 3 期，第 1-10 页。

域，建筑领域有建筑模式，软件设计领域也有设计模式，当一个领域逐渐成熟时，自然会出现很多模式。因为模式是一种指导，在一个良好的指导下，人们可以迅速完成任务，可以做出一个优良的设计方案，达到事半功倍的效果，而且会得到解决问题的最佳办法①。由以上不同的定义我们可以看出，模式最核心的内容就是为解决问题提供方法论的指导。

模式提供的是一套具体可操作的解决问题的程序和方法，因此每门学科和各个行业几乎都有对模式的需求。班级管理也不例外。在班级管理的具体实践中，一代又一代的教育工作者将其解决问题的经验积累起来，从不断变换着面孔出现的问题及其解决方案背后找出了其共同的本质和规律，由此形成一个又一个的模式。而年轻的教育工作者们在缺乏经验的情况下，势必需要借助于前人的经验和模式以使自己在最短的时间内成长起来。因此，对班级管理模式的介绍显得尤为必要。

（二）班级管理模式

国内关于班级管理模式概念本身的探讨非常少，通常是对于某一具体的班级管理模式进行梳理和介绍。在查阅文献的同时，笔者发现国内有众多关于教育模式、教学模式和德育模式的概念介绍，却唯独漏掉了班级管理模式。在各种班级管理模式如雨后春笋般涌现并开始走向专业化的发展道路之时，这样的遗漏的确是不应该的，因此我认为对班级管理模式的定义和构成要素进行论述是有必要的。

笔者对班级管理模式所下的定义主要借鉴了时伟、王贵海对于班级管理模式概念的界定以及李如密老师对教学模式的定义分析还有齐学红老师对德育模式的概念分析。时、王两位认为班级管理模式是指在一定价值观念的指导下，管理主体和管理客体之间有关班级组织设计及其活动中表现出来的稳定而典型的框架和程序②。李如密老师认为所谓教学模式，是指在一定教育思想指导下，建立在丰富的教学经验基础上的，为完成特定的教学目标和内容而围绕某一主题形成的比较稳定且简明的教学结构理论框架及其具体可操作的实验活动方式③。在认可这个定义的基础上，阎承利老师认为教学模式的基本构成要素包括指导思想、理论基础、功能目标、实现条件、活动程序、效果评价等六个方面④。齐学红老师将德育模式作了广义和狭义两种理解的区分。广义的理解，就是系统化的德育理论。其代表性观点认为："所谓德育模式，就是为解决一定的德育问题而形成的内含一定德育理论的结构性方法论体系。"德育模式有三个基本要素构成：模式所要解决的主要问题；模式的主要理念；模式实施的基本规范。狭义的理解是指具体的操作系统⑤。以上定义，都认可了模式的框架和操作程序及其指导观念，故本文中的班级管理模式取其广义，而不仅限于具体的操作环节。之所以借鉴这些定义，是因为笔者认为班级管理模式与教学模式、德育模式的原理有相同之处，有时甚至是浑然一体的，如实践中的班级管理模式也需要一定思想的指导，需要有明确的目标和问题意识、更需要一套稳定的操作系统。而且在

---

① 刘志远主编：《班级管理》，超星电子书，第185页。

② 时伟、王贵海：《试论班级管理模式》，《阜阳师范学院学报（社科版）》2000年第2期，第34页。

③ http://www.pep.com.cn/xgjy/jyyj/jykx/llqy/llts/200407/t20040717_106564.htm.

④ 阎承利：《教学模式的定义分析》，《教育研究》2001年第4期，第45页。

⑤ 齐学红：《制度设计与自我呈现：学校德育模式的社会学视角》，《教育科学研究》2010年第3期，第1-10页。

人文价值取向的影响下，班级管理已经越来越与德育融为一体，可以说某些班级管理的措施实际就是德育措施。

故班级管理模式，是指班级管理主体在一定的管理思想和教育思想的指导下，为完成特定的班级管理目标和内容而围绕某一主题形成的结构性框架和方法论体系。简单一点说就是班级管理主体在一定的理论指导之下，运用一定的方法和手段，通过一定的途径，实施一定的管理内容，从而形成某种班级管理模式。

二、班级管理模式的基本特征

从以上对班级管理模式的定义我们可得出如下结论。

（一）班级管理模式是指向班级管理结构的

实践意义上的班级管理结构包括纵横两个方面：纵向结构是指班级管理过程中的各阶段、环节、步骤之间的相互联系，表现为一定的程序；横向结构则是指构成班级管理活动的各要素，即管理内容、管理目标、管理手段、管理方法等因素的相互关系，表现为影响管理目标达成的各要素在一定时空结构内或某一环节中的组合方式。班级管理模式是对班级管理结构的一种反映和再现，从班级管理模式可以看出各种要素的组合状况。

（二）从静态和动态两方面揭示了班级管理模式的中介性

从静态看，班级管理模式是班级管理结构稳定而简明的理论框架，是立体网络的、多侧面分层次的，很直观地向人们显示了班级管理活动诸因素的组合状态，为人们从理论上认识把握班级管理模式有重要作用。从动态看，班级管理模式是具体可操作的实践活动方式，是依序运动的、因果相联的，很明确地规范了班级管理过程的展开序列，为人们从实践上操作运用班级管理模式提供了具体指导。

（三）特定的班级管理目标和内容对班级管理模式有制约作用

班级管理模式总是和班级管理目标、班级管理内容相联系的，后者制约了前者的性质、功能、特点和范围。班级管理模式本身不是目的和内容，而只能是实现特定的班级管理目标和内容的工具和手段，不过班级管理模式与班级管理目标和内容之间常有微妙的相应关系。

（四）班级管理模式接受班级管理思想的指导并具有班级管理经验的基础

班级管理思想的指导，可以保障班级管理模式的科学性和先进性；班级管理经验的基础，可以保证班级管理模式的可行性和优效性。没有理论的指导，实践容易盲目而低效，缺乏实践做基础，理论也无用武之地，班级管理模式一定是某些教师在特定的思想指导下，总结自己的实践经验而所形成的。

（五）班级管理模式的构成要素应包括管理理念、管理目标、实现条件、管理过程四个方面

其中管理理念是基础，它决定着管理模式是否科学、是否高效；管理目标则是管理模式的先决条件，因为一切管理模式都是基于一定的目标而创生的；实现条件和管理过程也是管理模式中不可或缺的组成部分，缺少任何一个，管理模式都将是不完整的。

三、班级管理模式的构成要素

如上所言，任何班级管理模式都包含着四个基本要素，管理理念、管理目标、实现条

件、管理过程。班级管理模式并不是一成不变的，它总是在时间序列中不断创新和发展，但不论新旧而言，其基本的要素构成却是始终如一的。清楚地认识要素有助于更迅速地把握各个班级管理模式的实质并取其精华为己所用，或甚构建自身独具特色的班级管理模式。

（一）管理理念

任何实践活动都离不开思想的指导，思想正确则实践必定高效，而一旦思想出现偏差，实践也必定会走上弯路。实践中的班级管理模式常常是在管理主体一定的管理理念下构建起来的，现实中主要存在两大管理理念，即科学主义和人本主义。科学主义强调结构、强调效率，一旦过度则容易遁入管理主义倾向，易从手段变为目的，背离教育的本质，忽视人本身的发展，是一种“无人的结构”；人本主义则是在“社会人”的发现下，重新回归到人的本质和教育的本质，是对科学主义的批判和超越，但是人本主义又并不局限于纯人性的强调，它仍然承认科学主义某些观点的正确性，它是一种既关注组织，也关注个人的科学精神与人文精神的结合体，是当今社会占主流的教育管理理念。不可否认，为了追赶潮流很多老师都打出了人本主义的旗号，然而真实地指导着他们行动的理念却不一定如之所言，我们不能忽略这样一个事实：很多班级管理模式打着人本主义的旗号，实际上贯彻的却是管理主义的做法，而有的班级管理模式却将人本主义错误地解读为“自然主义”，一切让学生自己决定，自己操作，有时甚至可以说是放任自流，老师完全退出了班级管理的舞台，致使班级管理完全没有发挥出为育人服务的目标功能来，究其原因，可能也是因为管理理念没有得到根本的转变，对人本主义的理解不够透彻明了。

总结起来，几乎所有相对比较成功和先进的班级管理模式都是以人本主义这几个方面的内容为指导思想的：①对班级管理活动的认识。班级管理活动的实质是为保证班级育人活动顺利进行而开展的，包括建立班级组织机构、选拔班干部、落实人员分工及明确相应的职责、制定班级各项规章制度、协调班级人际关系、形成班级良好的育人环境等。这些活动的展开，对班级育人工作有着极为重要的影响，既为班级教育创造良好的活动环境，也为班级教育目标的实现提供有力的保证。②管理育人观。在班级的管理实践中，管理和教育从不分家，管理最终是为教育服务的，而教育也渗透在管理的过程当中。管理育人观要求班级管理者充分认识班级管理在优化班级教育中的作用，摒弃教育与管理分离，为管理而管理的错误做法，把班级教育和班级管理有机结合起来，使管理活动成为育人活动的有机组成部分，寓教育于管理中，使管理过程成为学生自我教育的过程、发展的过程，从而发挥班级教育管理的整体功能。[①] ③关于发展的观念。在全面提倡素质教育的背景下，学生的发展当然是指德智体美各方面的全面发展。在当代这样一个高速发展、竞争激烈、交往频繁的时代，人们必须具有扎实的基础知识和合理的知识结构，并且能不断更新自己的知识，丰富自己的知识体系，使自己跟上时代的步伐；必须善于调整自己，乐于改变自己，适应社会的发展；必须学会正确地对待成功与失败，承受成功与失败带来的各种变化；必须学会求同存异，学会尊重和理解他人，与他人友好协作。基于这样的认识，在班级教育和班级管理实践中应相应地培养学生的学习能力、适应能力、心理承受能力、交往能力、宽容能力及环保能力，提高学生的整体素质，全面育人，把学生培养成为全面发展

① 林冬桂等编著：《班级教育管理学》，广东：广东高等教育出版社1999年版，第51页。

的合格人才①。④学生主体观。时值当代，人们已经开始摆脱传统的学生观，开始认识到学生在班级活动中的主体地位。不管是教育活动还是管理活动，都应尊重学生的独立人格，重视学生参与班级教育与管理活动的主动性和积极性，创造条件使学生由被动受教，被动受管向自主教育，自主管理转化。培养学生的自我意识，使学生真正成为班级的主人，在班级教育管理活动中充分展示自己的才能，促进个性和潜质的和谐发展。关于学生的班级管理主体地位前面已有论述，这里不再赘言。⑤系统整体观。正如本章开篇所言，班级管理是一个系统的过程，它需要整合班级管理中的一切要素，它还要求改变班级管理者在班级工作中“单打一”孤军奋战的局面。一方面，优化班级内部的结构，发挥班级的整体功能，利用集体的力量来教育和影响班级的学生，促进班级整体的发展。另一方面，调动一切积极因素，协调学校、社会、家庭等各方面的关系，加强互相沟通和协调，形成班级管理的合力系统，营造有利于学生成长的良好环境，促使班级管理活动有序运行②。

尽管具体模式的侧重点和落实的情况会有所不同，但它们为学生的全面发展提供策略上的帮助，为班级的育人目标服务，让育人目标得以迅速、高效地达成却是毫无二致的。具体的案例本章第二节将有详细论述。

（二）管理目标

尽管所有班级管理模式都是为育人目标服务的，但每个模式所要达成的具体目标却是有区别的，如有的模式侧重于培养学生的集体意识，强调教师与学生、学生与学生的相互影响和人际交往，着眼于人的社会性品格的培养，而有的模式则着眼于个人潜力和人格发展，强调个性的张扬；有的模式强调文化的聚合作用，有的模式则强调结构的制约作用；有的模式侧重于学生情感上的升华，有的模式则强调行动能力的提高。目标是应然的理想状态，功能是实然的现状呈现，一个模式的成立既应该有独特的目标，自身也应该有能力来实现这个目标，如果总是不能实现自己的目标，大概这个模式也就不存在了。具体的管理目标还是要放在具体的管理模式中来探讨才会有意义，故这里不再赘述。

（三）实现条件

模式的构建和运行需要一定的支撑条件，主要包括物质条件和非物质条件两个方面。首先是班级的物质条件，包括班级的人数及人员构成情况、学校的硬件设施、班级学生的家庭经济背景等，以班级人数为例，如果班级人数过多，则多采取科层式组织结构模式，形成以班主任及任课老师、班委干部和普通学生为结构的三级制管理模式，其显著的优势就是效率高，能顾及班级的整体发展，但这样的模式对个性的发展也许会有所忽略，因为老师没有精力、也没有时间照顾到每个学生身上。如果班级人数过多却采取情感教育模式，那么很有可能会出现无法顾及全局的情况，不仅会有学生游离在情感之外，而且班级的整体运作也会有混乱之虞。第二点，非物质条件。确立班级管理模式的第一步应该是对班级的背景分析，在这个分析中必定包括对学生知识水平和智力水平以及道德水平的考查，学生在入学之前就已经形成了比较稳定的心理特质，要根据学生的发展水平选择适合他们的管理模式。而班主任及任课教师本身的性格特点、人格特质也会对班级管理方式产

---

① 林冬桂等编著：《班级教育管理学》，广东：广东高等教育出版社 1999 年版，第 48 页。

② 林冬桂等编著：《班级教育管理学》，广东：广东高等教育出版社 1999 年版，第 51 页。

生影响。学校理解或支持与否也是模式能否成立的一个重要条件。

（四）管理过程

华东师范大学张济正教授对管理过程有很精辟的论述。他说，任何管理活动的实施都是有周期性的。就某一具体方面而言，可能经历一个周期的管理过程之后，实现了某个具体目标，不需要再有后续管理周期。但是，从总体上说，以育人为宗旨的目的性绝不是一个管理周期的活动所能实现的，育人是长过程的活动，管理育人的活动自然也是长过程的。在有序的长过程中，按周期分段，一段一段地完成阶段目标和任务，最终实现育人总目标。这种分段推进，段段相连，成为班级管理过程的活动主线。

每一个管理周期内，管理过程的活动又是有序的，在这种程序中，可分为哪些阶段和环节呢？基本上有四个阶段或环节，即：计划—实行—检查—总结。① 它们以目标为中心，构成下列图式。

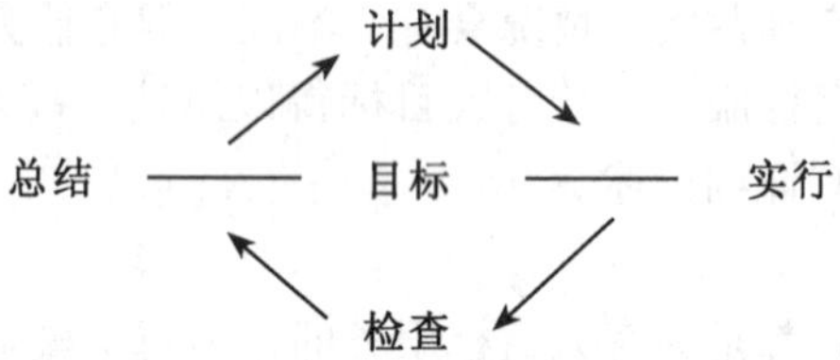

图 8-1　管理过程的四个阶段

计划是对班级未来工作进行规划和安排，是班级管理活动的起点。计划的制订，反映了班级的现状与目标的差距，以及怎样抓住主要矛盾，谋求达到预期目标的策略。实行是班级管理者按照计划的安排，指挥全班学生分工合作、各司其职、各尽其才，积极主动完成所承担的任务，达成班级管理目标的过程，是整个运作程序的中心环节。检查是以计划为依据，通过一定的途径和方法，对实行过程进行检查、评价，发现问题及时调控，保证管理活动围绕计划在确定的轨道上运行。总结是指对一项相对独立的活动或某段相对完整时间的班级管理活动进行总的分析评价，肯定成绩，吸取教训，处理遗留问题，寻找规律，确定继续前进的方向。

上图所表示的是管理程序的一般模式和各环节间的一般关系。其中，由计划始，到总结终，是一个周期。由总结进入计划，是第二周期的开端。总的说来，班级管理活动是按上述程序进行的，不容破坏和颠倒。但是，有效的实际管理工作过程要复杂得多，受到班级内外各种因素的影响，不完全都是按一种模式程序进行。

在实际的运作过程中，每一个环节中又涉及具体的操作内容，其中包括背景的分析、目标的确立、内容的确定、方法的比较和形式的选择。这些内容都是在具体的实施过程中不断调整和完善的。操作过程可以说是班级管理模式的核心所在，因为任何一个模式其主要的存在理由就是为实践提供方法论的指导。

以上是对班级管理模式的理论探讨，意在使读者对班级管理模式有一个理性的认识，以便对第二节操作层面上的管理模式作深入地理解。

① 张济正：《学校管理学导论》，上海：华东师范大学出版社 1990 年版，第 194 页。

第二节　班级管理模式示例

如前所言，班级管理模式是随着不同的教育理念和管理理念的出现而呈现出不同样态的。我们不追溯太远，只论及当代从科学主义到人本主义转向的这一过程。我国目前正在大力倡导素质教育，“以人为本”可说是其核心理念，班级管理作为教育的题中之义自然也要将人本主义贯彻到底。近年来众多一线老师已经在这个思想的指导下探索出了大量独具特色的班级管理模式，如最为人们所熟知的成功教育、情感教育、赏识教育、挫折教育和生命教育等。但是我们也必须看到：这样一些先进的管理模式是已经经过了理论的文饰和修补的，已经被人为地过滤掉了一些不合理之处。它们总是以一种近乎完美的形式，如成功经验的形式呈现出来，其特有的问题情境和存在样态往往不复存在。正如素质教育面临诸多困境一样，班级管理模式也不可能一帆风顺地从管理主义直接过渡到人本主义，真实的学校场域中客观存在着多种多样的班级管理模式，可能有纯管理主义的，也可能有真正人本主义的，但更多的恐怕还是两者糅合在一起的一种混合管理模式。不同的班级管理模式往往特别强调班级管理中的某一方面，因此不同模式之间还存在互相学习、取长补短的关系。本章旨在为读者呈现一些客观存在并具有典型性的“理想型”班级管理模式，它们并不一定是“完美”和“先进”的，只是各教师因地制宜将各种教育管理因素和理念重新组合和概括的结果而已，其中精华与糟粕恐怕还需要读者自己去加工和筛选。

一、人本主义下的科层制管理模式

科层制模式可说是班级管理模式中最常见的，因为它操作起来最为简便、最易见效。科层制简单说来其实就是强调组织结构，强调结构中个人的地位、角色和权力。映射到班级管理上来，就是将班级组织划分成若干层次和部门，并赋予其中的学生以相应的地位、角色和权力。在我国最常见的组织结构是班长/大队长或团支部书记——学习委员、生活委员等/宣传委员、组织委员等——课代表或学习小组组长——普通学生，这样一个等级式的结构形态，这个结构实际上将班级成员划分成了两个相对稳定的阶层：“干部阶层”与“群众阶层”，这两者之间存在明显的地位区分，并且干部阶层内部还存在着等级差异，即所谓的“官大官小”，这在学生同辈群体中形成了明显的权威—服从观念。在过去，这样的结构内部是不轻易流动的，担任干部的永远只是极少数能力强或成绩好的学生，普通学生很少有出头锻炼自己的机会，故班级中往往出现一种“马太效应”，即强者愈强、弱者愈弱的局面。另外，科层制还特别强调规章制度和量化评价。这一点在班级管理中也得到了充分运用，如中小学生行为规范、校规、班规等，对学生的评价就依据于对这一系列准则的量化评价。这一举措在产生之时有其合理性和先进性，但到了后来就逐渐在执行过程中走向了偏差，即越来越向管理主义靠近，“人”这一管理的最终目标隐匿不见了。人本主义思潮兴起之后，科层制这些弱点遭致了众多非议。但由于班级结构始终有其无可取代的实用性和优越性，完全回归人本取消结构一说还不太现实，故有心之人便在原有的科层制基础上进行了创新和改造，成为各种各样的“人本”管理模式，具体名称有“自主型班级管理模式”、“创新型班级管理模式”、“多层次班级管理模式”、“四元化班级管理模式”、“以人为本班级管理模式”等。尽管没有一个模式自称“科层制”，但我们仍可在各种各样的名号之下观察到其本质。而这种科层制又不完全等同于过去那种刚性的、僵化的科层制管理模式，于是，我们将这一系列穿上新衣的科层制管理冠以“人本主义下的科层制管理模式”之名。

（一）理论基础

1. 以人为本

学生在管理诸多因素中处于主体地位，其他所有因素都是为学生发展这一根本目的而存在、运转和发挥作用的。管理目标的确定、管理过程的实施、管理方法手段的使用、管理绩效的评价等都必须以学生为核心进行运作。

2. 学生的自我管理是班级管理过程的最重要方面

应该把学生从痛苦乏味的被管理转换为积极主动参与的自我管理。从班主任对学生的单向管理，转换为师生共同参与、民主平等的交互性管理，班级各项事务绝大部分由学生及学生干部来完成。

3. 班委干部实行流动制

可以让所有学生都有机会锻炼自身能力，学生有了共同的干部经历会对干部的管理工作产生同情和理解，会自动维持班级秩序。

4. 明确的规章制度和评分细则

有助于培养学生对社会行为规则的认识和对纪律的认识，学生在这个过程中能锻炼自我管理能力。

（二）具体操作

1. 班委干部流动制

实行班委干部流动制一方面是为避免某些同学因为长期担任干部养成“官派作风”，另一方面也是为了防止没有机会当干部的学生缺乏自信，对班级管理事务漠不关心，这样做既可以提高全体学生的整体素质又能提高班级管理的效能。

（1）操作程序

张晓红老师提出了实行班委干部流动制的具体操作细节。

①开学之初就向学生讲明干部任用的原则和目的，即实行竞选轮换制以培养全体学生的组织管理才能。当干部既是为班级服务、实现集体目标又是培养和锻炼自己、实现个人发展目标。要使学生做好思想准备，没有当干部时注意向干部学习，配合好干部的工作，引导大家去关心他们，支持他们，理解他们，为他们的工作创造一个良好的外部条件；当了干部之后要尽心尽力，努力锻炼自己，展现自己的才能，做好工作。②干部任用和培养。刚开始，选择组织领导能力较强的学生担任常规班干部，并指导他们做好工作，为其他学生做干部当好榜样。以后，经过广泛动员、个人自荐、民主选举等程序，在竞选的基础上选用几个有经验的干部带领几个新手从事班级管理工作，对新手进行培养和锻炼。如此循环往复，使全体学生都有锻炼和受到培养的机会。③班主任要加强指导和管理。在班干部选定之后，班主任应对他们进行适当的指导和培训。通过讨论协商，对他们进行明确的分工，理清协作关系，让他们了解各自的权限和职责，掌握各项工作的基本操作方法。新手上任，必定有许多不尽如人意的地方。班主任还要在一段时期内对他们的具体工作进行跟踪指导在实践中培养他们的工作能力。但是，对班干部放手使用并不等于放任不管，班主任要负起督导作用，加强管理，班干部应当在各方面比一般学生更要严格要求自己，强化服务意识与协作精神。①

---

① 张晓红：《创新型班级管理模式的构建》，《教学与管理》2006年第8期，第48页。

（2）班级组织结构的设置——班委会和团支部

以上的操作程序还需要一个前提，那就是班级组织结构的设置。即具体设置一些什么样的干部职位，其相应的职权和职责又是什么。最常见的设置法莫过于传统的三级制结构。班委会设常务班长 1 名，负责班级所有事务，开展工作时向班主任负责，另设学习委员、纪律委员、体育委员、劳卫委员、安全保卫委员、文艺委员、生活委员、宣传委员（由团支部宣传委员兼任）等职。这些班干部主要负责班级的日常学习、量化检评、文体卫生、公物管理、班费支出、评优树先、对外宣传等工作，并协助、督促、指导各相关负责班务的值周班干部开展工作，他们开展工作时向常务班长负责。常务班委的考核每月进行一次，由常务班委考核小组评价划等，通常是优、良、中、差四个等级。这一类干部的担任周期相对较长，但最短半学期最长两学期还是要通过民主选举进行换届以给其他同学提供机会。另外加设值周班长、值日班长和每日卫生小组组长，前者由班委干部轮任，后两者通常按学号或座次轮换。值周班长主要负责一周的学习、体育、卫生和纪律情况的总结，值日班长则负责记录每日班级情况并向值周班长汇报，另外还负责擦黑板及为老师当小助手等事宜，每日卫生小组组长则负责检查每天的清洁状况，监督负责卫生的同学将工作做到位，他也直接向值周班长负责，而值周班长则向常务班长负责。

这是日常班级管理中最为常见的干部设置情况。这样的设置虽然让学生都有了担任干部的机会，但换届总会带来很多的麻烦，比如有的学生能力很强，非常适合某一职位，那么硬把另一个不太适合的人换上来，就可能对两个同学都产生不好的影响。而且具体的事务仅由一个干部负责，可能也会导致别的同学“事不关己、高高挂起”。班级最基础的人际组织——小组，其职能的最大发挥也可能只是轮流值日搞好卫生而已，最后班内事务不是忙坏了班主任，就是忙坏了班干部。

【案例 8-1】

王立华、李红双老师在“班干部—小组长—普通学生”这个传统的设置方法上进行了创新。根据“易于操作、实效性强、突出学生”的原则和有关的管理理论，总结出了一种班级管理的结构形式——学生全员、全程、全域的自主管理，提出“纵横建制，职能并举”的想法。

纵横建制座次排列图示：

	一组	□	□	□	□	□	□	□	■
	二组	□	□	□	□	□	□	□	■
（横向）	三组	□	□	□	□	□	□	□	■
	四组	□	□	□	□	□	□	□	■
	五组	□	□	□	□	□	□	□	■
	六组	■	■	■	■	■	■	■	■
		体育组	学习组	宣传组	班委组	团队组	劳卫组	文艺组	其他组

（纵向）

图注：1. “□”为编制组织员，“■”为编制组组长。

2. 纵、横方向的选定根据班级教室容量、学生数量的具体实际而定。

纵横建制充分利用现行教室内座次一般横竖成行的特点，赋予小组管理的新内涵，避免上述弊端。它既横向（也可以纵向）保留传统的值日组，又纵向（也可以横向）根据每位同学的兴趣、爱好、特长列出“班委组”、“学习组”、“体育组”、“宣传组”、“劳卫组”、“团队组”、“文艺组”、“其他组”等八个专职管理组。这样，每轮到卫生值日或值周的一组八位同学，也就是一届人员齐备的“值日班委”或“值周班委”，每位同学都有机会“执政”一周参与班级管理与服务工作，从而为实现“让学生步步有进展，处处有成功”，创设了极佳的人文管理环境。纵横建制组成后，全班形成了一个组织网络，任何一个学生都处于经纬纵横的交点上，他要双向负责——轮到值日，既要参与管理又要搞好服务。

另外，王、李两位老师在班级各个组之间民主选举出合适的人选组成常务班委会，此常务班委会和上述传统的班委会是一样的，但此处的值周班长制却不同于上述的值周班长制。值周班长制是指经民主推选，每6位同学一组自由结合，组成一届班委，负责本周班级的所有事务，其中1位同学总负责，任值周班长，其余5位同学分工负责班级的学习、体育、卫生、纪律等班级日常事务。周一晨会发表施政演讲，然后开始管理班级；周六第四节课搞两届值周班委的交接仪式，周末写出详细工作总结；周一课间操评估上一周班委的管理开展情况，划分优、良、中、差四个等级；值周班长负责一周的班级管理工作，一天当中大大小小的班级事务都由值周班长负责，并做好值周记录，写出心得体会。值周班长，也是当周的班主任助理，这不是摆设，而是“实权人物”。在值周班长考核小组的监督下，值周班长享有班主任应享有的班级管理权力，班主任不在，值周班长可代其参加学校召集的有关班级管理的会议(常务班长也可)，值周班长（特别是常务班长）作为学生代表，进入班级管理的最高决策层，为班级管理出谋划策，便于使决策更符合学生的身心发展规律，也能确保班级管理策略的正确性和科学性。常务班委会和值周班委会两套管理体制的同时运转，负责班级事务有主有次，各有分工，各司其职，又互相配合，互相竞争，不但让每位同学都有机会施展自己的才能，张扬自己的个性，学生得以各显神通地开展工作，而且使班级管理得以创造性地进行。两套管理体制的最终评估标准又不完全一样，也促使常务班委在管理班级过程中和值周班委展开竞争，干好各自负责的工作。

班级组织结构中除班委会外还有一个非常重要的组织机构，那就是团支部（小学一般是少先队组织）。团支部（未建团支部的班级可建立少先队组织）是班级组织的核心之一，作为学校共青团的最基层组织，是由在校学生中的先进分子组成的群众组织，有其无比的先进性，是培养和造就优秀学生的大学校。班级管理中应充分发挥团队青少年组织的先进作用，做好学生们的思想工作，带动全体同学参与班级管理。团干部是班级中的一支核心力量，对班级有着巨大的号召力和凝聚力，一个班级的管理工作能否顺利开展，在相当程度上取决于团支部，取决于团干部的作用和能力的强弱。事实上，就现状来分析，各学校各班的团支部，其职能作用只是发挥了发展团员、收取团费、简单的上传下达校团委的一些要求等“小作用”，其先进性、楷模作用并没有发挥出来。王立华、李红双老师提出团支部要实现“团队带头、组织引导”的作用，主要通过三种途径来进行：一、设立“团员之家”园地（也就是教室后面的壁报）。用来宣传有关政策规定、先进理论、及时表扬优秀同学，由全体同学以手抄报（有周报和日报之分）的形式轮流来办，做好舆论导向。二、设立“班主任信箱”。同学有什么困惑或建议的问题，可以向“班主任信箱”反映，团支部组织同学予以解答，也可以让班主任解答，或面谈，或回信，以增进师生、生生的交流沟通。三、成立由团员组成的志愿者服务队。每到节假日需走向社会搞社会服务时充当主力军，平时则搞好日常志愿活动。比如，每一节课前为老师准备一杯水，学生患病时由服务队负责送医院治疗，等等。

另外，王立华、李红双老师还对班委干部的责任范围作了明确的划分，提出“专项承包，责任具体”的原则。专项承包是指除常务班委管理班级和值周班委管理班级外，又分公物（黑板、投影仪、鱼缸等）、行为（化妆、说脏话、不良发式等）、思想（谁最近情绪不高、谁和谁闹矛盾等）三方面，让每位同学承包其中的一项来参与管理班级。画出公物承包管理图，形成行为承包管理规定，每人一份，明确负责人承包哪一处、哪一项，规定每位承包者的职责范围，并逐渐建立起一套规章制度，如：《日常行为专项检查承包分工》、《公共物品承包者及职责范围》、《规范坐姿的有关规定》、《专项承包者工作开展情况反馈操作规程》等，并完善检查监督体系，实现“班级的事，事事有人干；班级的人，人人有事干”。角色分明的专项承包管理，使班集体的每一位成员都成了管理者，同时又都是检查监督者，每位学生在管理、监督别人的同时，也受到别人的管理、监督。确保每位同学都有机会充分展示自己，也让学生自己身上的不足显露出来，积极上进的学生便会想办法完善自己，从而让学生发自内心地以主体的身份创新发展，重新塑造一个崭新的自我。

资料来源：王立华、李红双：《谈自主型班级管理结构形式的构建》，《教育探索》2002 年第 2 期，第 53 页。

2. 管理的依据和执行

俗话说：“没有规矩，不成方圆。”良好班级的形成离不开班级制度的建立。班级制度是班级工作开展的准绳，是学生行动的指南。有了班级制度，学生才能不至于迷失前进的方向。学生自主管理当然也要有据可依，有章可循。这就涉及班规的制定。既然是自主管理，班规当然不能是老师说了算，而应该是在班主任及任课老师指导下学生自主制定的班规办法。班级制度的建立由学生民主讨论制定，由学生自己讨论制定出来的制度一般比较切合学生实际，实施起来会比较顺利。又由于每一个学生都参与了制定班级制度的讨论，所以，当他们违纪受到处罚时，也就比较容易接受。

上述案例中，王立华老师他们主要用等级评分制对班干部进行管理，下面笔者将要介绍的是陈乃铺老师用百分制对全班学生进行的管理。百分制奖惩措施是对班集体进行管理的最常规和直接对全体学生的行为起塑造和矫正作用的成文措施，它的所有内容都体现了具体操作性。具体是由值日班长负责当天的纪律、出勤、文明礼仪以及班级班容的整理，并与值周班长一起处理好当日的即时事件。值日班长需做好每天的工作记录，并交给值周班长备案，一星期累计一次，根据百分制进行奖惩。这样做避免了个别值日班长的不公正，又能较准确地反映班级全体学生的学习、纪律、文明状况，同时每星期的奖惩能及时地对全体学生的行为起奖励、消退、惩戒作用。从而逐步培养学生的思想道德品质和良好的习惯。但是，百分制的内容又并没有细化到规定所有行为，而只是从对学生容易做到但没有认真做的行为进行约束和倡导。它里面最重要的约束部分是学生的作业、纪律问题，最重要的倡导的行为是任何基础上的进步和做好事等。对学生不存在学习基础、个性差异上的不公正。它以奖励、消退和适当的惩罚为技术手段，调动学生的积极性，避免了对他们尊严的直接损害，有利于心理的健康发展。因此，在理论上它不会引起学生的抵触。①

除了由班委来进行监督和管理，自主管理模式还有一个很重要的内容就是每一个学生进行自我分析和自我管理。

王立华、李红双老师关于学生"自我分析，追求卓越"的具体做法是：学生取得进步时、犯错或失误时、自己对自身或外界的某一问题、现象感到不解或困惑需要帮助时，要写自我分析书。逢周六、月末、学期末和学年末也要写自我分析书。学生取得进步时，要在分析书中写明进步的体现，如获奖记录或语言表述的进步体现、坚持这样做的收获、进步原因和存在的不足，并制订今后的努力方向。学生犯错或失误时，要写明犯什么错、犯错原因、长期这样做的影响、改正措施，并制订今后的努力措施。自己对自身的和外界的某一问题或现象感到不解或困惑需要帮助时，要分析出自己当时的心理状况，及需要同学和班主任做点什么。每周六、月末、学期末和学年末学生要写阶段性自我总结，从思想、学习和特长发展等方面及时分析，既要看到自己的成长进步，也要分析出现在的不足，并明确今后的努力方向、实施措施，以不断完善自己。每学期每人发一册《自我分析录》，每周六填写。自我分析书起草时以500字为基准，根据实际可长可短。分析书写好后，交班主任签署意见后填到相应的表格里自己存档，以便日后借鉴应用。通过学生阶段性、及时性的自我分析，"让每个人的头脑刮起风暴"，发现自己的心灵所需，认识自我，看到自己的不足与长处，扬长避短，不断创新发展，以完善自己。苏霍姆林斯基说过，能够促进自我教育的教育才是真正的教育。自我分析，让学生在主体性发展的舞台上，能跑的跑，能跳的跳，能飞的就飞，在自己的发展极限内达到卓越。②

（三）简要评价

前面已经说过每个模式主要侧重于某一方面，有的注重目标引导，有的注重文化建设，有的注重情感教育，而这里介绍的这个模式虽不如它们听起来新潮、动听，但它一定是应用范围最广，最受老师青睐的一个模式。因为在当今的教育大背景下，学习成绩仍然是最重要的，而利用稳定的班级组织结构抓好纪律促进学习无疑是一个非常经济有效的方式。谢维和教授从根本上否认班级是一个组织的提法，因为只要是组织就会有分工，就会有地位上的差别，就会有规章制度，而这又是约束人性的，组织总是不可避免地带有管理主义倾向。这一点完全有道理，我们从上述案例中也能窥见一二，干部轮换制听起来很民主，但频繁的更换实际上可能导致人浮于事，流于形式，有些胆子小的学生可能也根本就不适合当干部也不敢下手去管。另外学生的认知水平有限，遇事可能更多地以规则和条例为主，不懂变通，如此按规矩办事总会付出一些情感的代价。但我国目前的情况还无法达到全部的小班化教学，而班级人数一多想要完全抛弃组织一说也实在困难，故此模式能在

① 陈乃铺：《班级多层次管理模式的探讨》，《教育在线》2008年第4期，第33页。

② 王立华、李红双：《谈自主型班级管理结构形式的构建》，《教育探索》2002年第2期，第54页。

传统的僵化形式上创新至此，也难说不是一大进步。

二、传统管理模式下的文化管理模式

注重学校素质与学校管理，是20世纪90年代教育发展的特点。20世纪60—70年代，世界各地的教育规模发展速度很快，教育结构上也逐渐完善，人们的注意力也就渐渐地转移到学校的素质方面。另一方面，很多地方教育更关注于教育的产出，又碰上工商管理专注素质保证，于是人们把教育的素质与学校管理联系在一起，形成了20世纪90年代教育上所谓的“管理主义”浪潮。①

纵观西方管理思潮的发展历程，一直不外乎是人与事之不停的交替。在20世纪90年代，过于注重“事”，也就是认为规章制度是人们积极工作的保证。表现在教育领域，就是对于管理的侧重，教育质量的提高，主要是依靠各种发展计划、指标体系、评估测量等。在这种思想的影响下，人们在这样细化的规章制度中已经忘了教育的本来含义，“人”这一关键的要素也会被淹没在各式各类的规章制度中。尤其是在这样一个崇尚自由与个性的年代，这样的一种刻板、过于细化管理方式已不再适应新时代背景下学生的状态，老一辈的管理经验在如今的孩子身上无法达到预期的效果。尤其是在这样一个崇尚自我、注重主体性的教育理念的背景下，反思以往的管理倾向，教育者们发现以往的管理已不再是教育的手段，却成为唯一的目的，教育管理为了更好的教育这样一样的一种理念并没有体现，反而是为了管理而管理。在具体的教育管理中，很多老师都会抱怨说，只要是班上的安静，也就是他们口中的纪律好，就是最好的“教育效果”。可是就是在这样一个时刻处在压抑状态下的学生，没有自由可言，高强度的控制环境下，他们总会找到机会去破坏这种“安静”，而老师又在时时刻刻地提防着学生的捣乱，斗智斗勇的情况经常出现，教师丝毫没有自己职业的成就感以及生活的幸福感可言，而学生自然也没有了学习的乐趣。

但是我们在遇到很多的优秀班主任的时候，你不会从他们的口中听到，“厌倦”、“没意思”这样的词语去形容他的学生们，在他们眼神中闪烁的是为师的自豪与喜悦。

（一）理论基础

1. 以人为本

提倡人本主义的教育者，他们的学生观是完全不同于其他的教育流派的。他们首先是将学生当做是生活中的人。老师的特殊性就在于跟人打交道，学生不是班级记事簿上的一行字和一个号码，而是一个活生生的人。深入学生的环境，体会学生的情感，更容易跟学生沟通，这在班级管理中是首要的原则，也是形成良好的班级文化氛围的首要条件。

2. 重视学生的主体作用

班级民主管理的推行。班级管理的首要目的就是为学生的发展服务，因此说应该把人性放在第一位。学生不是被改造与控制的对象，他应该是整个班级管理的主人，是其内在的动力。班级的民主管理就是让学生自我管理，培养学生独立思考和执行的能力。

3. 营造良好的班级文化氛围，提升班级凝聚力

---

① M. Fullan and A. Hargreaves 著．黄锦樟、叶建源译：《学校与改革——人本主义的倾向》，稻田出版有限公司2009年版，第3页。

凝聚力对于班级学生的自主管理其实是创设了一个良好的外在条件，很难想象凝聚力极强的班级，一个将班级荣誉看的十分重要的班级，学生自我管理水平会很差。

（二）具体操作

无论是哪一种班级管理模式，最根本的是为了使正常的教学活动能顺利地进行，只是为了增强管理的实效，部分的教育工作者在实践中则在原有的管理模式的基础上，将人本主义的理念渗入管理之中。以人为本的班级管理就是在班级管理中以学生为出发点和中心，围绕着激发和调动学生的主动性、积极性和创造性展开的，以实现学生全面发展目标的一系列管理活动。

在实际的班级管理中，根据班级情况的不同和班主任老师的风格，也是不一样的，下面就来看一下实际工作中，班主任实际有效的做法。

1. 打造班级名片，营造积极健康的班级文化

【案例 8-2】

陈老师一直从事班主任工作，他一直都很重视班级活动在营造班级文化中的作用，系列化的班级活动将他的班级逐渐地从一个老师们谈此班色变的差班发展成了一个老师们争相夸赞的优秀班集体。陈老师主要就是运用班级活动的作用提升班级的凝聚力。对于组织班级活动的目的理解，陈老师解释说，班主任通过班级活动的设计与组织，达到引导、培养、锻炼、提升学生的效果，通过丰富多彩的活动把班级打造成一个团结强大、幸福和谐、积极向上、训练有素的团队。

他认为一次成功的班级活动，班主任在班级活动中起着主导作用，班主任可以扮演以下角色：①策划者：活动的成功策划来自于班主任和学生集体的智慧；②指导者：班主任对活动全程关注、指导，把握活动的进程和方向，保证活动高质量完成；③参与者：班主任全程参与活动可以增进师生感情、改善师生关系，保证活动顺利完成，是班主任责任心和敬业精神的体现；④总结者：班主任应当比学生站得高、看得远，寓教育于活动中，提炼活动的德育内涵，提升教育的层次，提高教育的实效性。学生在其中是主体作用。通过活动对学生心灵的震撼，使活动的影响由外向内转化，这样教育的作用就从说服、教育转化为自觉行动。在陈老师的班级管理中，班主任还是发挥着积极地指导作用，在班主任这样一个强大的磁场的作用下，班级活动组织的成功经验对于提升各方面都相对落后的班级学生的自信心是很有帮助的。班级学习成绩相对较差的班级，在学校的地位相对来说是排后的，以至于对于学生的其他方面的活动，学生都会缺乏自信。他们会觉得自己不是好学生，在其他方面也同样是差生，这样标签化的生存对于学生心理健康的发展是不利的。陈老师在提升班级的自信方面主要是通过打造班级名片的方式，他采取的是人弃我取、人无我有的这样迂回的解救班级措施。比如说：在学校的一些大的活动上，利用班级的特殊优势，在这方面做到最好，给人眼前一亮的感觉。"运动会上，当别的班级都在按以往的模式拉彩旗拉彩花，走一字队形，横一竖一，英文一。后来轮到我带这个班的时候，我和同学们商量，我决定不再做平面的六角星，而是做一个立体的魔方，长宽高一米八的巨型魔方。我跟同学们说要么不做，要做就做大的。"让优秀成为一种习惯是陈老师一直灌输给学生的理念。就是在一次又一次的大型活动比赛中，逐步地从一个成功走向另一

个成功，渐渐地成为一种习惯。而且班级的活动要系列化，班主任前期的准备是很重要的，每一次的班级活动的设计要达到什么样的目的，班主任一定有自己提前的预想。除了学校常规的一些活动，还有班级墙报的比赛，学校组织的义卖活动，这些都能够成为打造班级名片的一系列的活动方式。

怎样使得班级形成强大的凝聚力？班主任还要别出心裁地组织一些活动，比如说在一次拓展训练的时候，班主任积极地利用毕业墙这一契机，让学生清楚地明白班集体中的每个人都是很重要的部分。面对毕业墙，学生说："……那面墙，让我们真实地感受到，什么是团结协作，什么是奉献，什么是勇敢。那么高的墙，就那样，一个一个，都过去了。那么高的'坎'都可以过去，以后还有什么能难倒我们呢？在集体这个圆里，每个人都是那么重要。看着那些在下面垫底的男生们紧抿着嘴，脸涨得通红，还在坚持，坚持着为一个个同学提供阶梯，让我心中泛起了一层一层的敬服；看着每一位攀爬的同学，手磨出了口子，胳膊蹭出了血痕，依然努力跃上墙头，让我的心中一点一点弥漫着感动；看着同学们终于被拉上去并安全落地，更是让我忍不住拼命鼓掌欢呼。每一个环节的每一位同学，都那么重要，因为我们是一个集体，我们谁都不可或缺……"

资料来源：2009 年 11 月 26 日，南京市 6 中陈宇老师在南京田家炳中学作《班级设计与组织》专题报告，笔者旁听并作整理。

2. 班级队伍的自主化建设

在探索学生自主管理的方面，班级自主化建设就是好的例子。他们的具体操作是这样的：

【案例 8-3】

班级自主化建设的过程

第一，班干部自主组建班级管理团队。首先是在班干部的选拔上，考虑学生的自我推荐，班级学生的评比，学生自身的综合素质，确定班级的班长，然后将管理的权限放手给班长，班长可以利用自己手中的权利，组建一支自己的管理团队。当然组员要通过班级学生的一致通过才行。这并不是说班主任放手不管了，班级也会设立总监督长，这一职位的设立就是为了监督班干团队的管理。对于不称职或者是违纪的班干部提出弹劾，责令其限期改正或者是说明缘由。严重者经班委会，报由教育小组讨论，由班长撤换。监督委员会服从班委的管理，但是班委也要受到他们的监督。第二，在班级的常规管理方面，提倡学生自我管理。首先是在班规的制定上，让学生拟定班规，然后由班长整理，经过班委会的研讨，达成班级的班规。其次在班规的实施过程中，严格考核。在纪律、卫生等其他的日常班级活动中专门由学生负责监督检查，细化评分细则，使学生渐渐地形成良好的习惯，以达到自我管理的目的。每位同学的基础分都是 100 分，根据实际情况有加有减，每周或者是每月对学生的考评情况进行评比。第三，对于班级活动制定、实施也依靠班级成员自主制定。在学期初班委召开班委会，初步拟定班级活动计划，由全班学生通过，自主选择决定班级活动。活动的组织也依靠学生的自行组织。这样既能锻炼学生的能力，也能培养学生的自主意识。

资料来源：陈建州：《南京仙林外校班改读本》，《新体制下班级自主化建设的实践与思考》，2008 年。

（三）简要评价

这两种管理方式其实都是利用班级活动，形成良好的班级文化，以此为基础来管理班级。陈宇老师的做法，对于一些班级相对较差的管理上或者说新接班的班主任老师来说是很帮助的。他的这样一套做法能很快地在班级管理中形成自己的风格。陈宇老师设计班级活动的指导思想是站在学生的角度去思考；用学生的兴趣去填补自己兴趣的空白；把学生的困难当成自己的困难；把自己的需要转化成学生的需要；让简单有趣的活动代替枯燥无味的说教。基于此来说，陈老师从学生的需要出发来设计班级系列的活动，以此来建设班级文化。当然班级文化的建设在班级管理中也很普遍，翻阅各种教育刊物，大家都在谈班级文化建设，可是一线的很多班主任老师并未真正地认识到班级文化的本质和特质，因此在具体实施的过程中就会流于形式。

但是陈老师抓住了一个很重要的方面，那就是将班级活动系列化。班级文化的假设绝非是一朝一夕的事情，班级文化更是一种价值观或者是班主任老师教育观的体现，对班级目标的实现起到了保驾护航的作用，因此说陈老师利用系列化的班级活动来营造班级文化，是值得肯定和效仿的。

但是在具体的实践中，我们也应该注意这样的问题：依据西方经典的组织文化理论，创建和改造组织文化的努力，可以分为实质行为和符号行为。其中，实质行为是指该行为是为取得班级优势和特色。如学习、考试、文体竞赛等；而符号行为指的是对班级取得的这种优势和特色进行的表达和传播。这两种行为是相辅相成的，实质行为是符号行为的前提和基础，符号行为又能促进实质行为的发展。① 班级文化是一种组织文化，如果只是单纯地借助符号行为来实施班级文化管理，而没有体现班级文化核心要素的实质行为，班级文化是没有底蕴的，这样的文化是空洞的，对于学生的管理也同样是没有作用的。因此，理想的班级文化的建设其实也就是实质行为和符号行为共同发挥作用，通俗地讲就是要处理好“做”与“说”的关系。由此，可以演变出班级文化建设的两种基本操作模式：先创造扎实的班级优势和特色然后提炼班级精神，既“先做后说”，是归纳模式；先提出班级精神然后依此创造班级优势和特色，即“先说后做”，是演绎模式。②

对于班级队伍的自主化建设这样的一种管理方式，仅限于一直跟班的班主任老师或者是班主任在熟悉掌握班内的每个学生的具体情况的时候，才能使用的班级管理形式。这种管理方式不仅能够提升班级的凝聚力，还能够促进学生的自我发展，提高自我效能的满足感等。班级的自主化建设使得每个学生都能感受到自己的价值，特别是能够改变后进生的

① 浅谈班级文化建设的两种基本操作模式——兼评《教学与管理》刊载的两个典型案例，《教学与管理》2007 年第 16 期。

② 浅谈班级文化建设的两种基本操作模式——兼评《教学与管理》刊载的两个典型案例，《教学与管理》2007 年第 16 期。

普遍存在自卑心理的这样一种状态，这是很好的途径。但是这样的管理方式，对于那些新班主任是不适用的，在没有对学生有很熟悉的了解的时候，完全交由学生自主管理班级，会使得班主任在班级管理中处于很被动的状态。再者是在具体的实施过程中，班主任要给予学生充分的信任。学生自主管理毕竟会出现各种错误，这时候需要的不仅仅是老师的指导，更多的也需要班主任的信任。如果不是建立在班主任老师的信任的基础上，学生自主管理最终只会流于形式。

第三节　现代中小学班级管理模式的实践创新

在中小学班级管理实践中，广大一线班主任积极实践，大胆创新，对在已有的班级授课制基础上形成的延续至今的班主任一人负责制进行了大胆突破，在实践中形成了几种较为成熟的新的班级管理模式。

一、班级目标管理模式

（一）班级目标管理的含义

所谓班级目标管理，是指学生在教育教学活动中实行自我控制并完成教育教学目标的管理方法。在班级实行目标管理，能有效地保证班级管理工作的质量，有利于培养学生自主管理和自我控制的能力，有利于加强班级的凝聚力。同时，便于班主任在管理工作中随时检查和验证管理结果是否达到了目标要求，从而不断地调整管理手段。

班级目标管理是指班级必须把自己的教育管理目的转化成班级管理目标，要求班级全体学生依据班级管理目标的质量标准，为各自确立活动发展目标，并通过有机的自我调控实现各自的活动发展目标，来保证班级管理目标彻底实现的教育管理模式。其实质就是班级的每个学生在班级教育管理活动中，随机进行自我调控，矢志不移地实现个人目标，以促进班级管理目标的完全实现。它的核心是强调全班每个学生实现个人目标的成果和绩效，重视对成效的价值判断和客观评估。其特点是以班级管理目标作为全班每个学生活动发展的指南，且以每个学生实现各自活动发展目标的程度来评价学生对促进班级发展“贡献”的大小。

目标管理简称 MBO，它是以泰罗的科学管理学说和梅奥的人际关系学说为基础，由美国著名管理学家德鲁克（Peter F. Druker）在 1954 年发表的《管理实践》一书中首次提出的，认为目标管理是把目标作为管理手段，通过目标进行管理，以自我控制为主，注重工作成果的管理方法和制度。根据德鲁克对目标管理的认识，可以认为目标管理的基本思想主要表现在两个方面：其一，通过设置目标，运用目标实施管理，并以这些目标完成的现状鉴定个人和集体工作；其二，它的精神实质是一种管理上的激励技术。①

目标管理具有以下特点：

（1）前瞻性，这是由目标难度所决定的，目标难度就是指制订的目标要具有挑战性，必须经过努力才能完成；

（2）民主性，组织更多的成员参与到目标的制定和目标管理的实践中来，充分发挥

① 赵新华：《试论目标管理在高职院校班级管理中的运用》，《职教论坛》第 47 期。

人的主观能动性；系统性：目标管理运用系统工程的原理和 PDCA 循环的方法进行。它是由制订目标、分解目标、检查修订、考核评价这四个循环环节进行的管理，其管理水平和质量在周期循环中提高；

(3) 整体性，目标管理是有组织的行为，是进行整体管理的一种技术，它是在单位各级组织共同了解、合作以及协调的情况下才得以实现的目标管理；

(4) 激励性，目标管理是过程型的激励理论，是通过目标的设置，成员的努力取得一定绩效，并实现成员的满足感。成员满足感的达成将有效激发人的内在潜力，从而实现管理目标。

从本质来看，目标管理把人的因素放在第一位，重视如何发挥人的主动性与创造性。这与学校教育的特殊性是相契合的。

从班级目标的确立过程来看，目标管理强调目的和任务必须转化为目标，目标的实现者同时也是目标的制订者。在这种理念下，学生将通过对班级目标制订的“参与”，提升主体意识，唤醒自身的责任感和主动性；这一过程，也为班主任与学生提供了相互交流与沟通的机会，改善师生关系，培养师生合作意识。同时也促进班主任提升自己的规划意识与能力，更注重方向引领，创造出一种个人欲望与班级目标相统一，最大限度地激励士气的班级环境。从班级目标的实施过程来看，目标管理强调应充分信任员工，实行权力下放，以“自我控制”的管理代替“压制性”的管理，使员工独立自主地完成各自的任务。在这种理念下，学生将得到发挥主体意识、培育自我教育、自我管理的空间，班主任也将会尽可能地多运用智慧与策略，尽可能少地利用“强权”，使对班级学生的每一项要求都成为学生内心的自觉，从而提升自身的策略意识与效益意识。①

(二) 班级目标管理模式的设计理念

1. “以学生为本”，尊重学生人格

从“以学生为本”的思想出发，班主任要树立先进的教育思想，给自己的角色重新定位，充当学生的导师，而不是“保姆”、“警察”或是“裁判”。首先，要关心、爱护学生，尊重学生的个性发展，尊重学生的思考，尊重学生的创造性思维。要多一些引导，少一些压制；多一些宽容，少一些训斥；多一些理解，少一些责备。让学生感觉到自己被理解、被尊重。班主任要改变以往管、卡、压的管理办法，禁绝强制的纪律和苛严的规训。要知道，宽松、宽容、宽厚更有利于学生个性的发展。其次，要学会与学生交流。交流是相互理解的前提。班主任要注重针对学生存在的心理问题，针对学生的失败、交往、自卑、焦虑等种种困惑，通过交流，或鼓励、或鞭策，让学生走出情绪的低谷，在郁闷、彷徨时豁然开朗，在自卑、退却时得到温暖和力量。再次，要学会赏识学生。美国一位心理学家说：“人类中最殷切的需求是渴望被肯定。”教师要尊重学生的个性差异，以鼓励为主；赏识学生，赞扬学生的闪光点。这也会促使学生自觉改正缺点。

2. 增强自身人格魅力

班主任能否“管住”学生，关键不在于是否制定实施了规章制度，真让学生心服口服，根本上是靠班主任的人格魅力。在一次“你最喜欢的班主任”的调查活动中，一位学生这样描述他所喜欢的班主任：“他有一种人格魅力，他的可贵在于他能很公平的对待

① 谭文绮：《目标管理理论视野下的班级建设与管理》，《教学与管理》2009 年第 35 期。

每一位同学。他显得年轻，最根本的不在于他的外表，而在于他有一颗充满希望、善良的心，在你需要倾诉的时候，他是忠实的听众；在你需要信心的时候，他给你鼓励；在你懈怠的时候，他会约束你，但从不在别人面前羞辱你。”“亲其师，信其道”，“其身正，不令而行”。班主任靠人格魅力树立了威信，学生就会不自觉地想服从，起到“润物细无声”的教育效果，这比任何理性的制度都有用。

3. “自我教育”是实现目标管理的重要途径

在学校管理中，已经形成了学校、家庭、社会、自我的网络化教育模式，在这几个教育因素中，自我教育具有更强的教育功能和深远意义。“人具有了自我教育的能力，就有了自我调整的能力，使思想荧光屏的图像趋于清晰、真切。”（魏书生）由于学生自我意识的觉醒和增强，他们觉得自己已经能管好自己了，就往往对各种制度，特别是对量化操作分越来越反感并产生抵触情绪。在这种情况下，班主任如果不注意引导，还是仅仅用目标的制度加以约束，就很难取得良好的教育效果。自我教育，可从三方面加以引导：

（1）让学生懂得自律，是实现自我教育的关键；

（2）让学生学会自尊，是实现自我教育的动力；

（3）让学生学会自治，是实现自我教育的途径；

自我教育，要求班主任工作要“有所为有所不为”。要充分信任学生，给学生增加自由发展的空间，这更能增强中学生的荣誉感、责任心。从而使教育管理轻松、和谐，使班级由有序到“无序”，由集约到“松散”，真正实现“管”是为了“不管”。

（三）班级目标管理模式的实现条件

（1）弄清班级目标管理的实质、核心、特点及其理论依据。

（2）知晓班级目标管理的优越性和局限性，并清楚怎样发挥其优越性，如何克服其局限性。

（3）在设置具体而切实可行的目标时，要吸收学生参与，杜绝“闭门造车”。

（4）教育管理权力逐层分解，实行“责、权、利”的有机统一，千万不能手握“大权”，实行“高压统治”。

（5）要求学生自我调控，自主管理。同时，要注意培养学生的责任感、成就感、自信心等。

（6）教给学生自我评估、相互评估的方法策略，要求学生评估时必须客观公正。

（7）对评估结果及时进行奖罚，否则，就是有责有权而无“利”。

（8）防止把评估的结果仅停留在书面上，必须进行面对面的定性分析，相互商讨，求得对目标在实施中所取得的成绩和存在的问题师生双方的共识。

（四）班级目标管理模式的原则

1. 方向性原则

目标犹如航标，指引着航船沿着正确的方向到达彼岸。全班师生共同努力的方向，是全班统一认识和行动的纲领，目标和学校教育目标在班集体建设中的正确反映。

2. 激励性原则

班级目标使国家培养人才明确具体，生动感人，催人奋进。同时班主任要根据班集体建设的新发展不断地予以充实，展现出其新的前景，以吸引班级的所有成员，激发他们的责任心、荣誉感，鼓舞大家为达到预定目标奋斗。

3. 中心性原则

班级目标是全班师生为之努力的方向，也是班级工作的出发点和归宿。因此，班级的一切工作都要以它为中心，使大家感到目标不是空的，而是与日常的学习、工作、活动密切联系。同时，还要经常用它来检查督促班级的各项工作，使之真正成为推动班级管理建设不断前进的巨大动力。

4. 渐进性原则

近期目标是依据中期、长期目标而设计的，中期、长期目标又是通过近期目标的不断达成而逐渐实现的。实现奋斗目标不能操之过急，要注意它的渐进性，即一个近期目标实现之后，经过认真总结，及时根据中期、长期目标提出新的近期目标，使之成为一个前后衔接、循序渐进、不断提高、不断深化的过程。

5. 可行性原则

确立班级目标必须符合学生的生理心理发展特点、思想觉悟、生活经验及班集体发展水平等实际情况。班级目标只有适合学生的需要、兴趣和愿望，才会有广泛的群众基础，才会有实现的可能性。

（五）班级目标管理模式的实施过程

班级目标管理可分为三步来进行：目标的确立、目标的实施、目标成果的评价。①

1. 班级目标的确立根据目标管理理论的要求

这一阶段，班主任的着力点不在于个人“制订”班级目标，而是把班级成员的注意力导向班级的共同目标，从而实现目标在班级中的普遍认知，使学生在对班级目标熟知的基础上实现深刻的理解，从而实现班级“目标”的分解，并进一步转化为个人的目标和个人的责任。由此可见，确立目标是班级目标管理中非常重要而又不易解决的问题。在对一些优秀班级目标的确定方法的研究中，发现他们的很多理念与做法与目标管理是不谋而合的，总的来说，可以分为两种：归纳模式和演绎模式。

（1）归纳模式分析

①基本内涵

归纳模式一般运用于班集体建设之初，班主任与学生处于“盲婚哑嫁”状态下确立班级整体目标。其程序可以概括为：突破→沟通→提炼。突破是指班主任在一个新的班集体建设之初，根据学校的教育方针，结合自己的教育理念，找准切入点，形成班级整体目标的初步的预设。这一环节，班主任不仅要善于独立思考，更需要明确：此时预设的目标不是决定，而仅仅是方向。沟通是指班主任通过设置一系列的活动，在自己的教育意图与学生的愿望之间找到一个自然和谐的结合点，最终与学生达成共识：目标不是命令，而是自己的承诺。提炼是指师生以集体舆论的方式表达班级目标并将其具体化。

②案例分析

李镇西在《与青春同行》一书中关于其“未来班”班级建设的介绍，可视为较为典型的归纳模式。在接手新班之前，李老师对“班集体”有自己较深入的思考，他认为“班集体不仅仅是教学单位，也不单纯是德育组织，而是集教育、教学和个性发展于一身的有机统一体”。因此，他立志“让我所带的班富有勃勃的生机和强烈的凝聚力，让每一

① 谭文绮：《目标管理理论视野下的班级建设与管理》，《教学与管理》2009 年第 37 期。

个孩子都能因为在我的班上而感到成长的快乐”，这就是李老师所找准的班级建设的切入点，是为突破阶段。为了把自己的意图“变”为学生的愿望，李老师设置了一系列的活动实现与学生的多方位、多层面的沟通：以一封热情洋溢的欢迎信作为见面礼送给每位新生，以信的形式巧妙地表达了自己对新集体的期望：“让人们因我的存在而感到幸福……”并在新生报名时通过一些班务让学生体会为班级服务的光荣，在行动中感受班主任的意图——让学生了解班主任的教育意图，这是达成共识的第一步；开学第一天便在学生中进行“我心目中的班集体”、“我理想的班主任”等调查问卷，使班主任得以在较短的时间内了解学生，同时也使学生潜意识中较模糊的对班集体的美好憧憬外显化，让学生了解自己；第一周举行“班主任模拟记者招待会”、“我的自画像——同学自我介绍”等主题班会，在形式多样的活动中进一步加强师生之间、学生之间的相互了解……这一系列从思想到行动的层层铺垫，始终是在班主任教育意图的引领下进行，却不露雕痕，是为沟通阶段。当班主任对班级目标的预设内化为学生的需求时，对目标的提炼便水到渠成了，学生们通过反复讨论，明确提出了班级的奋斗目标：成为既洋溢着集体主义温暖又充满进取创新精神的富有鲜明个性的班集体，并为该目标的实现制订了一系列的相关措施，师生最终期望值的高度一致。

（2）演绎模式

①基本内涵

演绎模式适用于班主任在深入了解班级特点或有充分学生基础的情况下确立班级目标，其程序可概括为：提出→认同→确定。在对班级特点及优势有充分认识的前提下，为创建特色班集体，班主任可直接向学生提出班级的预定目标，视为提出阶段。该阶段带有较浓的教师定向色彩，因此，班主任要在认同阶段做好充分的学生内化工作，在此基础上师生达成共识并由学生确定最终的表达方式。

②案例分析

刘平老师在其《遵循“法制”本性，优化班级管理》一文中关于依法治班（以下简称“法制班”）的介绍，可视为演绎模式的案例。刘老师根据自己对现行中学管理弊端的反思以及该班学生权利意识与法制意识大大增强的现实情况，向学生提出了“依法治班”的班级理念（目标）。在认同阶段，刘老师花上一个月甚至更长的时间让班级全体同学讨论并制订班级“法规”，让学生在“立法”过程中领略“法治”精神，体会在“法”的约束中的民主、自由、平等、公平、人权、理性、文明、秩序和效益。在这个过程中，学生不仅明晓了班级“法规”条文的精神，还认同了班级和个人的努力方向以及自己依“法”应当遵守的“契约”责任。最后师生以班规的形式确定班级目标。

不难看出，这两种目标确立模式比起传统的目标单向制订方法来，似乎更耗时耗力，但其功效却是后者无法比拟的。

2. 班级目标的实施

目标实施是班级目标管理的中心和中继环节，它主要是通过建立良好的班级组织和制度，把班级整体目标分解为若干项子目标，定责授权，使学生明确各自在实现班级目标中应该做什么，应达到什么要求，以不同的方式方法和途径来达到共同目标。以“未来班”为例，其班级结构可谓“臃肿”。有轮流“执政”的班委制度：通过竞选产生的班委一般成员半学期更换一次，班长一学年更换一次，不得连任，同时设立班委，梯队随时顶替；有由班主任指定的宜于竞赛的学习小组、自发组织的兴趣社团；有“繁杂”的班级环境，共同享有的班集体财物、全班同学轮流独立主编的《未来日报》、记录班史的班级日记……正是这臃肿的组织结构，为班级每个成员提供了大量的创造机会，每个学生的精力都倾注在完成班级各项子项目上，一个富有个性、充满创意、共同协作的集体便在这种组织结构中呈现出来。而“法制班”的结构虽然与“未来班”迥异，但其建立的原则却是相同的：每个学生都能在班级结构中找到自己的位置，每位“立法者”都应依“法”行事，每位“立法者”都能找到实现自身监督权利的平台，这将极有力地促进“依法治班”整体目标的实现。在班级目标实施中，组织可以有各种创新形式，但要注意的是其与企业管理组织的区别：企业必须追求经济效益，其组织结构是职位取向，即贤者在位，能者在职；而教育着眼的是每个学生的发展，其教育性决定了班级管理组织应采取“目标取向”，即班主任应该因实现目标的需要而增减职位与人数，而不必拘泥于学校的统一规定。这是将企业管理理论引进班级管理中必须明确的。在目标的实施阶段，班主任还应关注目标的检查控制。班级管理中的控制是指为保证实际工作与目要求相一致，师生采取的管理活动。其中，班主任的略意识将是目标管理实施成败的关键。其基本过程为：公开讨论，分解目标→进行视觉管理→检查实际效果。

3. 目标成果评价

对目标成果的评价是班级目标管理的最后一个阶段，也是下一个目标管理周期的开始。这一阶段必须按照每个学生的目标任务完成情况和实际成果大小来进行，它包括考评、诊断和激励三项工作。考评与诊断一般是结合目标实施阶段的“检查控制”的过程进行。班级目标管理实质上是一种过程管理，这种管理不再是传统的上级对下级的管理，而是师生在沟通与反馈信息中不断加强的一种化被动为主动的管理：师生在活动的过程中通过视觉管理能及时获知执行结果，因而能非常清楚和自觉地对自己的工作进行调整，从而实现自我控制。在此基础上，班集体和学生个人针对存在的问题提出改进方案，民主讨论协商，使之切实可行，并纳入下一个班级目标管理周期运行。

激励是这一阶段的重点，是激发学生全身心地投入下一个目标管理周期的重要手段。构建班级管理激励系统，有两个基本前提：首先，要了解学生的需求，全面、明晰地掌握学生需求的关键点；其次，针对不同的学生，设计与之相适应的激励方式。班级目标管理的激励应始终把教育性放在首位，坚持以精神奖励为主，精神和物质奖励相结合，注重过程性的目标激励，结合参与激励、荣誉激励、情感激励等多种激励手段，激发全体学生的积极性。

（六）班级目标管理模式的作用

1. 班级目标管理有利于班级良好风气的形成

班级目标管理强调成果，注重目标实现，是一种成果管理。一方面要把班级总体目标的实现与学生个人的目标实现和成果评定紧密联系起来；另一方面也把评定的成果与每个学生的操行分评定、奖学金评定、三好生、优秀学生干部、优秀团员等各种评优结合起来。从而使全体学生明确了共同目标，增强了集体观念，同时，又清楚自我的个人目标。班级管理目标是靠全体学生共同协作、互相配合完成的，在管理过程中，通过班干部及全体学生的调节与自我调节各种问题和矛盾，可以融洽师生之间、学生之间的人际关系。并且，目标管理重视目标成果，成果越大，说明对班级贡献越大，得到师生的赞誉和肯定也越大，可以起到争先进、促后进的作用，能够帮助在班级管理中形成比学赶超的良好氛围。

2. 班级目标管理有利于班级规范化管理

班级实行目标管理要以实现学生成才为宗旨，确定某一时期的班级管理目标，并以此为重点，采用目标层层展开的方法，通过发动全体学生制订个人目标，在班级内部建立起一个相互联系、相互影响的目标体系，使班级管理工作具有鲜明的系统性、完整性、科学性和预先性。再有目标管理是一个完整的科学的管理活动体系，它不同于传统的管理方式，过去我们的班级管理通常是任务型或危机型的，即问题→解决问题→新问题→……，这种方式是放任式的和自由式的，班主任只是扮演救火员的角色。而目标管理方式是：目标→实现目标→新目标→……这种管理使班主任实现了从家长式、事后把关、事必躬亲、重表现的管理，向民主式、分权式、按级管理的转变。通过目标体系把全体学生有机地组织起来，使学生产生团结精神和全局观点，有利于发挥学生参与班级管理的积极性，实现全方位管理。

3. 班级目标管理有利于调动学生的积极性

心理学家认为，调动人的积极性，除了应用经济方面激励之外，更为重要的有责任、权力、成就、创造等方面的激励，因为人的需要是多方面、多层次的。马斯洛认为“尚未得到满足的需要能强烈地左右人的行为”，需要是行为的原因，它对于人的行为具有巨大的推动作用。就学生来说大多数是有进取心和抱负的，目标管理可以利用其进取心理，满足其正当需要，能够集中班级全体学生的力量，促使班级每位学生各司其职、各负其责，使他们紧紧围绕班级管理目标，充分发挥聪明才智，在具体的班级管理实践中，培养和锻炼他们的创新工作能力和管理水平。

4. 班级目标管理有利于帮助班级学生成长成才

目标管理是根据班级和每个学生的特点，设立了班级总体目标，以及学生个人的具体目标，也就是班级目标和学生个人目标。每个学生在班级目标管理思想的指导下，通过自我管理、自我控制，实现了自我的预期目标，那样，也就达到了学校的培养、教育学生的目的——帮助学生成才。①

（七）班级目标管理模式示例

1990—1996 年，我连续 6 年担任一个班的班主任。该班始终是学校的优秀班集体，1995 年还被评为市级优秀班集体和红旗中队。回顾这个班集体的成长史，或许有益于广大同行。该班入学时 50 人，96% 的学生为独生子女，生源呈自然势。我的工作思路是：根据学生的年龄特征将班集体的发展过程分为三个阶段，并制订相应的阶段发展目标。一、二年级为班集体的形成阶段。学生要完全适应学校生活节奏，认同学校的日常行为规范，并产生向心力，围绕在班主任周围。具体做法是与学生多接触、多谈心、多调查、多开展有目的的系列活动（养成教育、爱国教育、劳动教育等）。三、四、五年级为班集体的成长阶段，班级要成为全校遵章守纪的模范，班级文化建设上形成特色，力争成为市级优秀班集体。班级奋斗口号是：班荣我荣。具体措施是通过民主选举，产生一批班干部，给予他们多种机会，建设一支模范高效的班级干部队伍，实行班级全员承包制，加强班队

① 赵新华：《试论目标管理在高职院校班级管理中的运用》，《职教论坛》第 48 期。

阵地建设。通过“常规大比拼”、“五星大赛”、“争争才会赢”、“谁的苹果先红”、“比一比，赛一赛”等活动来激发学生为集体争先创优意识，开辟“集体荣誉栏”、“一用争先栏”、“光荣榜”来增强学生集体荣誉感和自豪感。让班级中的“文明之星”、“作业之星”、“路队之星”、“用餐之星”与班集体的成长一起闪耀，从而调动全体学生的积极性、创造性，发挥他们的个性特长。六年级为班集体的成熟阶段，要加快班级的民主建设，使班级成为学习、生活、活动的乐园，为学校留下一个班集体建设的成功范例。具体做法是开创班级各方面的竞争机制，实行班队干部轮换制，由学生具体负责班队管理。

这条工作思路在6年的时间中大多得到了实现，班集体总的发展正如预料的那般进行。①

二、小班化班级管理模式②

（一）小班化教育的含义

2001年中国教育学会教育实验研究会给“小班化教育”的定义是：以促进青少年学生既全面又个性的发展为目的，在缩减班级学生规模的基础上，通过对包括教学内容、教学方法、教学组织形式、教学实施过程、教学策略和教学模式等方面的改革而形成的一种班级教学活动形式。小班化教育包括以下几个方面的含义：第一，要尊重学生的个体差异，根据每个学生的不同特点，因材施教，为其提供符合其个性特点的“适性”教育。第二，全面和谐的个性化教育。尊重每个学生的差异固然重要，但绝不一味地顺从学生，应当以“全面和谐发展”为第一要义，使学生个性品质中的诸层面“均衡发展”，防止片面化。第三，注重学生社会性素质的培养。所谓社会性素质是指人在社会活动中获得的群性倾向，它是个人指向他人或群体的行为方式，如关心、合作、参与、利他（群）、仁爱、交往、理解等。

小班化教育在“发挥小班优势，关注每个孩子发展”的总体目标下，加大小班化的教育含量，克服应试教育背景下单纯注重学生考试成绩，评价标准单一，漠视学生身心全面和谐发展的弊端，全面提升小班化的教育品质，实现学生个体与班级集体、小班教师和小班学生共同发展，使小班教育真正成为优质教育的代名词。

（二）以班级文化建设为载体的小班化班级管理模式③

1. 模式的实践理念

班级是学生在学校接受教育教学的主要活动场所，是学校完成教学任务的基本单元。班级文化具有独特的教育力量，优质的班级文化对学生的学习与生活具有重要意义。一方面，小班的发展需要加强班级文化建设，即通过营造积极温馨、富有人文关怀的班级文化环境，可以激发学生学习的兴趣，培养学生健康的人格，提高学生的综合素质，为学生个体的发展奠定良好的基础。另一方面，小班提供了比大班更好的建设、提升班级文化的土

① 黄正平：《班集体问题诊断与建设方略》，教育科学出版社2007年版，第28页。

② 选自齐学红教授主持的南京市教育科学规划“十一五”重点课题“南京市小班化教育的实践范式和方略研究”结题报告。

③ 选自齐学红教授主持的南京市教育科学规划“十一五”重点课题“南京市小班化教育的实践范式和方略研究”结题报告之一“南京市小班化教育的实践模式探讨”（崔筱波，邓佳）。

壤。因此，在小班教育教学实践中，班级文化建设总是处于实施小班教育过程中的基础地位，发挥着重要作用。

2. 模式的构成要素

南京市将小班化班级文化建设内容确定为小班班级设施和环境、小班班级管理及氛围、小班班级制度与运行三个方面，即：环境、管理、制度三个层面，从而保证小班班级文化建设能够落到实处。

走进小班，几乎所有班级的设施和环境强烈地透出小班独特的育人气息。如：班级学生单人单桌，班级多媒体电教设备齐全，教室配备统一橱柜或展示橱，教室里有学生作品展示区，学生培植的花草等植物，黑板报主题鲜明，更新及时，小班书橱内有适合学生阅读的书籍等。其次，小班的管理也颇具特色，如有学生自己设计的班徽、班训等，班级活动多，每个学生拥有自己的成长记录，学生拥有较强的自我管理能力，师生关系更融洽。再者，小班制定了班级公约、班级日志等制度，大多实行班级岗位轮换制。让每个学生都能在班级中找到自己的位置，增强了对班级的归属感和责任意识。

3. 模式的设计

以小班班级文化建设为基础实施小班化教育实践模式的设计内容包括：实践中，各个学校、教育工作者以班级文化建设为基础，利用精致的班级教育环境、精细化和人文化的班级管理推进小班化教育，促进学生的个性化发展，并在这种发展模式中形成各自的办学特色。通过特色班级的建设，丰富学校文化的内涵。

4. 模式的实施案例——翠屏山小学

南京市翠屏山小学注重班级文化建设，特别是低年级实行小班化教学，以小班班级文化建设为基础实施小班化教育，成效显著。尤其是该校小班独具匠心的班级环境布置、各具特色的班级名称设计、班刊的创设等值得我们借鉴。

该校根据时代发展的要求，结合小班化特点，在班级文化建设中做到了把班级还给孩子，发挥每个学生参与管理的主动性，培养了学生的自主意识与创新精神。他们的具体做法是：

（1）营造温馨和谐、活跃向上的班级文化氛围

班级是学生学习生活的主要空间，班级的环境布置影响着学生的生活与学习质量，于无声中发挥着育人的作用。在开展小班化教育实践初始，该校在一年级设立了6个班，每班有24~26人，投入了大量经费，设计布置了小班的优美环境，装修了小班教室，增设了现代化教育设备，各班配置了电脑、录音机、大屏幕等多种电化教学设备。教室四周环境布置力求温馨，班级后面设有柜橱，有图书角、植物角、艺术角（书画展区）、玩具角、书包柜、集星册等，力争让每一堵墙说话。以此造成一种意境，让学生一踏入教室，就受到潜移默化的教育影响。教室两面墙上设有适合自己班级特色的评比栏及学生作品展示区，如“亮丽的风景线”。学生的座位排列，教师可根据教学需要随时组合成各种形式。班级内设教师办公桌，班主任在上班至放学时间内和学生在一起学习、活动，学生作业随交随批，做到对每一个学生都能面批面改。教师与学生建立了平等和谐的师生关系，达到了师生心灵的沟通与了解。

总之，学校把班级的物质载体——教室定位为“成功的学园、开心的乐园和温馨的家园。”该校小班各具特色的班级布置如下：

①班级四星栏目（学习之星、礼仪之星、守纪之星、环保之星），张贴着孩子可爱天真的照片，每个孩子犹如一颗颗闪亮的星星，在百花齐放之中张扬着各自的个性。

②“小寿星”栏目体现了班主任用心、用情地爱着每一个孩子。举班同庆一个孩子的生日，让学生感受到的是幸福。班级墙壁上张贴着的小寿星的照片和学生制作的生日卡片，以及他们的生日情景蕴含着丰富的育人内涵。

③极具象征性的板报布置，既有外在的形象美，又显示着班主任精心育人的强烈意识。如，板报中以蔚蓝色的大海做背景，一条条小鱼不断向高处游去。这样的布置呈现着孩子的童心童趣，洋溢着快乐活泼，积极进取的意识。

④温馨悦目的书香园地中，孩子自带的图书排列整齐有序。孩子亲手制作的工艺品，画廊装饰的书包柜，既展示了学生的美术水平，又培植了他们轻放轻取的良好习惯。

⑤生物角里摆放着孩子们自带的植物，使得教室中绿意盎然。每个花盆上张贴着写有学生姓名的小标签。生物角发挥着美化环境与渗透环保意识、责任意识的作用。

（2）创设自主管理，个性发展的班级管理氛围

①改革班级管理，建立学生自主的班队

小班自主管理的理念首先表现在，每个小班班级通过成员的共同讨论，确立了响亮而富有特色的班级名称、班规、班风、班级目标等，如：小蚂蚁班（象征团结友善），仁善班（象征着仁义善美）。并在各班教室门口统一设置了班主任和班级基本情况介绍。结合每周少先队开展的“争优创先”活动，在班级教室门上专门设置了“达标棋牌”。同时在学校网站专门开辟特色班级论坛主页。

其次，设置了个性化多样化的责任岗位。根据每班的实际情况，由学生提议增设了多种岗位。如：图书小博士、小小营养师、花仙子、光荣小保安等岗位。力求使每个学生都有自己的岗位，并立足岗位，争优创先，当好班级的“小主人”。

实行管理角色轮换，可以自己推荐上任，也可以班级同学推荐。使更多学生有了参与班级管理的机会，得到多方面的锻炼。

②丰富班级文化活动，促进学生个性发展

学校举办各种班级活动，为学生提供展示才华的舞台，营造富有成长气息的班级文化氛围。通过多种形式的班级活动，如“我是小小故事王”、新广播操比赛等，促进学生表达能力、想象力、创造力的发挥，促进其个性发展，构建健康人格。

（3）发挥班级文化的教育功能

教室里呈现出的文化只是班级文化的一部分。在该校班级文化不仅依托教室这一物质载体，班主任们还进行了开拓创新。有的班级还开辟了班刊《金色童年》，依托班刊及时向学生、家长、社会公布学校、班级近期开展的主要活动事项。班刊中有“班主任寄语”、“班级信息平台”、“班级之星”“学生优秀习作”、“亲子互动平台”（家长撰写的亲子日记）等栏目。班主任、家长、学生多种主体参与班刊的撰写。低年级还专门组织编写了小班家长的《亲子日记》汇编，其影响已超越了班级教室和学校围墙。总之，各种创新的班级文化载体将促进班级文化的生长与传播。

（4）多元评价主体的并存与互动

小班教育中，学生人数的减少很大程度上提升了师生之间的互动频率和质量，学生能够更多地参与到班级事务中来，而教师也更有可能发挥学生在班级事务中的主体性作用。

因而，在小班学生的评价中，多元化的评价主体结构正逐步构建，学生自己和学生家长也参与到学生评价中来，并在其中占据着重要的地位。学校、老师、学生和家长作为四股重要的教育力量都在学生的评价中发挥着作用。学生不再是评价的客体，他们有机会对自我进行反思，并逐渐占据主体地位。评价过程对学生来说就不仅是被评的过程，而更重要的是学习和自我教育能力不断提升的过程。另外，家长也从学生评价的边缘成为其不可缺少的一个主体，他们也能在学生评价中发出自己的声音。把家长纳入学生评价的主体中来，从评价环节上连接了学校和家庭的教育力量，充分发挥了家长的教育力量，有利于家校教育合力的形成。因此，在小班教育中，学校、教师、学生、家长共同构成了学生评价的多元主体结构模型。当然，评价主体的多元并不在于各方力量能够对学生做出评价，而在于各评价主体及其评价结果之间的实质互动，因为这样才能最大程度上发挥评价的功能。

三、班级教育小组集体负责制——南京外国语学校仙林分校的班级管理体制改革

班主任负责制在我国基础教育中存在了 61 年，整个过程中，我国经历了改革开放，经济体制进行了很大的改革，社会也经历了很大的发展和变化之后，现今的班级管理体制，到目前为止基本没有变过。南京外国语学校仙林分校校长钱铁峰提出：班主任负责制的利在于有人全权负责，班级有主心骨，班级所有的活动都有人在管，但是目前班主任负责制这样的制度，有许多比较大的弊端难以克服。综合历年的观察和实践，从 2006 年开始，南京外国语学校仙林分校正式改变单纯的班主任负责制为班级教育小组集体负责制。

（一）班级管理体制改革的含义

1. 班级管理体制

班级管理体制是指学校在一定的教育思想观照下，为实现既定的教育目标而建立起来的班级教育过程中进行组织管理的各项制度的总和，它涉及班级管理组织系统的设置、隶属关系、职责范围和运行机制等方面，其外延包括以班级管理领导体制、班级管理运作体制和班级管理评价体制为核心的一系列班级管理制度。班级管理体制属于学校教育关系范畴。①

2. 班改

班改是“班级管理体制改革”的简称。班改的核心在于改革传统的以班主任个人负责制为基础的班级管理体制，确立以“班级教育小组”集体领导的班级管理体制。新的体制强调依靠民主制度，依靠科学方法提高班级生活质量和教育质量，坚持集体决策、集体行动、集体负责。形成“全员参与，师生互动”的多维度班级管理模式，从而真正实现师师合作、师生合作、班家合作，实现德育内部、德育与学科教育、各学科之间的优化整合，使班级教育真正为学生主动发展、全面发展、个性发展、终身发展提供最好的帮助和支持。②

① 《班改的 40 个问答》，《实践与研究（班改专辑）》，南京外国语学校仙林分校，第 3、4 期合刊，第 138-145 页。

② 《班改的 40 个问答》，《实践与研究（班改专辑）》，南京外国语学校仙林分校，第 3、4 期合刊，第 138-145 页。

3. 班级教育小组

班级教育小组是班级管理体制改革过程中诞生的一个新的班级教育组织形式，它由班级科任老师代表、学生干部代表、学生家长代表组成，是班级教育的领导核心。班级教育小组设组长一名，由班主任兼任，成员分为核心成员和重要成员，核心成员由3~4名老师组成，主要学科老师不少于2人，生活老师1人，重要成员若干，由班干部代表和学生家长代表组成。①

(二) 班级教学小组制的运行模式

南外仙林分校班级教育小组的运作模式，可以归纳为以下几个方面：

(1) 组成人员，分为两个层面：一是核心成员，包括班主任、三位任课老师，他们一般每天都要碰面，朝夕相处；二是一般成员，包括生活老师、家长代表、学生代表，由于身份角色的限制不可能每天都碰面。各成员的职能不同，如“日碰头”主要是核心成员；“周例会”大多数情况下也是核心成员，有时是全体成员；“月诊断”则是核心成员与一般成员共同参与完成。

(2) 办公形式：以班级教育小组成员集中办公的形式进行，便于及时动态地对学生各方面情况进行了解。

(3) 议事方式：一是日碰头，每次5~10分钟左右，对每天情况简单汇总。二是周例会，对一周情况进行小结，并对下一周工作进行安排，有时也就某一个具体活动进行讨论安排。三是月诊断，开学、期中、期末各一次，要求事先作好充分的准备，逐一分析学生的具体情况，如智力因素和非智力因素，以及各因素所包含的众多元素，然后得出结论应当重点抓哪些环节，着重解决哪些问题等，并分别落实到相关老师的身上。这就是所谓的诊断和分包，改变了过去由班主任一个人管理的情况，变成“大家管”。

(4) 行动方式：四项分工，分别是重大活动分工、主题班会分工、值日班主任分工、牵手学生分工。

(5) 值日班主任、值周班主任：学校出现了大量的值日班主任、值周班主任，每位教师都能有班主任的角色体验。

(6) 评价制度和分配制度：不仅评价教师的教学工作，而且评价教师在班教小组中的工作，与分配制度挂钩。对任课老师既看教学工作，也看班级工作，30%~40%的权重看老师在班级教育小组工作的情况、实际的效果，教学工作占50%左右。采取的是捆绑式的考核，即考核小组整体，20%是优秀，70%是良好，10%是合格，每个班级教育小组有四名左右核心成员，他们的评定等级是一样的。

(7) 两个转换，即班主任角色转换和班级教育小组成员角色转换。班主任在过去只管学生，现在除了管学生还要领导一个教师团队；班级教育小组成员过去只管教学，现在除了教学之外的其他班级事务都得去管，成为了“副班主任”的角色。

(8) 培训和研讨：对班主任和一般成员都要进行相关培训，同时要对班改过程中出现的一些问题、困惑进行研讨和交流。这些都逐步成为了学校常态的工作。

(9) 行政推动：班级教学小组改革必须要有学校、教导处、年级这三层的行政推动，

---

① 《班改的40个问答》，《实践与研究（班改专辑）》，南京外国语学校仙林分校，第3、4期合刊，第138-145页。

单单只靠老师自觉地去执行是不够的。要加强行政推动的力度，同时注意寻找和发现典型，帮助那些做得好的班级总结经验，在面上加以推广。每一位教导主任都要深入一个班级，深入了解一个班级的具体操作情况。

(10) 班级教育小组的实质：集体决策、集体行动、集体负责。

(11) 班级教育小组的功能：全员育人、全科整合、全面诊断指导。①

(三) 班级教育小组的实施过程

1. 案例实录——班级教育小组周例会

时间：2008 年 10 月 7 日（星期二）下午第四节课

地点：高三年级 C413 办公室

参与人员：高三（6）班教育小组核心成员魏老师、徐老师、胡老师、李全章以及年级分管主任郝老师针对本班级近期工作，结合刚刚结束的月考情况举行了周例会。

魏老师（教育小组组长）：本次周例会的主要任务有三点：第一点，分析本班学生进入高三以来的整体状况；第二点，明确各位任课老师牵手同学名单，落实牵手的基本任务；第三点，围绕近期工作的重点，进行讨论交流。

下面我先说说班级的一些基本情况。作为励志班，所有学生都有很明确的学习目标，每个学生对自己的要求比较高，家长的希望也很高。进入高三以来，经过两次较大的考试（摸底、月考），有一部分学生情绪有较大波动。对此，我在考试结束后就和部分同学进行了交流，谈了老师的想法和看法。在我所谈的学生中，有几位基础不太好的学生经过两次打击后，不能正确看待，思想压力很大，我们要进行正面疏导。比如，章程、周雨等同学。这些同学有的是学习基础相对薄弱，几个学科都有困难的学生，也有语数英都很好但 2B 存在问题的学生。对于这些学生，我们在接下来的几天里要分头联系，一一交流，关键在于解决学生心理上的问题，让他们树立信心，科学、有效地学习，力争在老师一对一的帮扶下尽快适应高三的学习节奏与氛围，考出让自己满意的成绩。除此之外，我班还有一小部分尖子生如韩星和薛峰等，请各科老师多加关注，对他们重在引导，及时点拨。

高三（6）班学生总体上自觉性高，学生的学习风气很浓。但是，他们有一个明显的缺点，就是耐心不够，不能持久。为此，我们应加强管理力度，让每个学生都能合理地安排好时间，有效地学习。我们通过每位老师和相应的学生建立一对一的联系，和学生一起交流、探讨适合各自的最为合理的成长规划，时时对照自己的目标，让学生每天的学习生活充实起来，力争天天有进步，周周有效果，月月有突破。

郝老师（语文老师、分管主任）：这次月考我觉得六班同学还是体现了一定的进步，和上次摸底考相比，绝大多数同学基本稳定，个别同学略有上升，说明通过这一个月的学习，在知识的矫正上有一定的收获。目前我对同学了解得还不够深入，看来从高三接手班级也有一定的不足，就是在学情掌握上需要一段时间。魏老师、徐老

① 徐敏标：《班级教育小组工作机制解析》，《实践与研究（班改专辑）》，南京外国语学校仙林分校，第 48-50 页。

师、胡老师跟班时间较长，在学生情况上要多给我们介绍，防止我们几个新接班的老师犯南辕北辙的错误。关于下一步的工作，我想提以下几个建议：一、我们学校从高考成绩分布来看，抓好理科班，就是抓好了高考总均分，所以，我们这个小组的压力可想而知，希望我们能用自己最大的努力来完成这项艰巨的任务。只要我们团结合作，全力以赴，做到问心无愧，相信结果不会令人失望的。二、作为一个理化班，学生理科学习的压力非常大，学科特点也决定了在理科上花费的时间比较多，我作为语文老师表态，语文尽可能立足课堂教学时间，提高课堂教学效率，尽可能给学生更多的时间学习理科，最终提高总成绩。三、我觉得我们这个班的学生除了重视学习成绩以外，可能我们还要特别关注他们的心理与思想状态。有些励志班的学生因父母不在身边，可能有些问题会隐藏起来，而随着学习压力的增加，有些人会产生脆弱心态，过去我们也有一些学生出现过类似的情况，可能我们要做好提前的干预工作，最主要的是我们要互相通气，尽早发现苗头，及时解决问题。

徐老师（数学老师，年级组长）：励志班是我一直带上来的，应该说对学生的情况比较了解。虽然从个体看，学生成绩与表现有波动，有起伏，不过总体来说，学风还是比较浓的。作为数学这门学科，六班绝大部分同学有较强的实力。但是有几个同学不够稳定，比如倪成、王海、李耀。还有几个人令人担忧，比如章程、陈浩等，这些都需要在今后的教学过程中给予关注和具体的帮助。我觉得励志班学生的心理状态需要特别关注，并加以分析研究。从前两届的高考情况看，心理问题可能最终决定成败。对于少数心理压力较大或情绪波动明显的同学必要时请心理老师帮忙。

胡老师（英语老师）：高三摸底考试之后，我明显能感觉到学生在学习上更加自觉努力了。大部分学生开始有了明确的目标，英语课上他们更注重思考，重视效率和作业的质量，课后问问题的学生也更多了。摸底考试后，针对学生的不同学情，我在教学中作了一些调整：对于英语成绩优秀的学生，如季娟，允许英语课免听，腾出更多的时间提优补差；周雨（化学不理想）、丁珏，允许选做作业，免背书等。对于部分基础薄弱的学生，更加关注他们的听课效率、课后作业及心理状态，上课我会更多地提问他们。这次月考中，整体学生发挥正常，高分段学生较多，低分基本没有。但是我更希望励志班的学生更能起带头作用。比如课余时间的利用，应该挤出时间来弥补自己的弱项，目前他们时间的利用率不是很高。好多同学对自己估计过高，好高骛远，努力不够。应该让他们清楚自己的现状，制订切合自己实际的学习计划。希望通过我们与学生的共同努力，能取得较为显著的进步。

李老师（生活老师）：六班学生，在公寓部表现一直很好。进入高三以来，可能是由于学习紧张的缘故，有小部分学生回公寓较晚，有时对别的学生休息有影响。经过上次和班主任老师进行交流后，作了调整，现在情况有了改善，就寝纪律各方面都很好。各位老师如果发现个别学生情绪不稳定，或对公寓部有什么要求，希望能及时和我联系，我会全力配合，做好工作。

魏老师：下面最重要的工作是请大家与牵手同学进行一次交流，并帮助学生进行成长规划，下面我把牵手名单宣布一下：

郝老师：周扬等六名同学

徐老师：路尚等六名同学

胡老师：任毅等六名同学

邱老师：倪战等六名同学

曹老师：杨新等六名同学

魏老师：章程等六名同学

补充两点：第一，各位牵手老师每周至少与所牵手的学生交流一次，每次月考前后也需和学生进行全面交流。学生思想上有波动时，要及时通报，时时关注。及时与相关老师进行商讨。必要时可及时召开教育小组会议进行讨论。第二，各位老师应全面了解所牵手的学生，不能只顾本学科的问题，对学生各学科的成绩和基础要有通盘的掌握。对学生学习上的进步适时进行鼓励，对了解到的好的学习方法能多与小组老师进行交流，以便推广。

徐老师：励志班学生周末安排问题，建议大家讨论一下。我的看法是把高三的留校生主要是励志班学生单独管理，几个老师轮流值班，确保学生周六下午、周日上午能把时间利用起来。

郝老师：请魏老师利用时间了解一下学生的意见，下次再决定。学生的自觉性毕竟有限，老师的管理监督还是十分必要的。我们的压力很大，这就要求我们每一个环节都要抓紧抓实，抓出成效。

魏老师：今天的周例会就到这里，谢谢大家。

资料来源：南京外国语学校仙林分校班改读本，班级教育小组的周例会，第20-22页。

2. 案例点评

在周例会中，核心成员魏老师首先明确本次周例会的主要任务，让参会人员了解本次会议研究和解决哪些议题。这种做法较好，值得参考和借鉴。

在分析高三学生的整体情况时，提到落实帮扶，这是班级改革的主要工作方式。班级教育小组成员要与学生牵手，定期与学生谈心，解决学生在校园生活以及学习中的困难，对于高三学生而言，要求“分头联系”、“一对一帮扶”的确很有必要。胡老师分析学情时，强调了在教学中需要提优补差来弥补弱项。班级改革的一项重要功能就是：研究学生学科间的整合，知道每位学生学科是否平衡，有无弱项，如何帮扶等。胡老师在讨论中强调此点，十分符合班改的要求，值得肯定。

此外，老师们也提到了高三学生心理调适问题，这是目前关注的重点。郝老师、徐老师都提出了对高三学生进行心理疏导的急迫性，研究学生更加深入、细致，这样教育起来更加有的放矢。

同时，由于仙林分校是寄宿制学校，学生就寝、就餐和内务整理等方面需要生活教师的指导和关怀，生活老师作为班改的核心成员，参与例会讨论，可见生活老师的重要性。仙林分校在班改的过程中，也在不断探讨和思索，如何发挥生活教师的教育功能。

将各学科老师、生活老师集中在一起，大家集思广益，研讨问题可以比较深入，形成的决议也就具有较大的可操作性。但是，案例中有一点值得注意，在召开周例会前，并没有通知邱老师、曹老师参加，他们也有牵手学生，在布置任务时，容易形成盲区，需要改进。

通过案例可以看出，仙林分校进行班级管理体制改革的效果还是比较明显的，主要可以体现在如下几点：

（1）一个理念逐步形成——班级是大家的，不是班主任一个人的。

（2）两个转变正在深化。班主任向班级教育小组组长角色转化；任课教师向班级教育小组成员角色转化。

（3）三个功能得到体现。班主任负责制的弊端是无法全员育人、全科整合、全面诊断与指导。现在由几位老师一同来做这样的工作，学科之间的矛盾大大减少，相对比较协调。

（4）四项分工全面落实。重大活动、主题班会、值日班主任、牵手学生全都落实了。此外值得一提的是，班级凝聚力增强，班级文化也就能够得以提升。

在班改的过程中，也产生了一些不应回避的问题。

（1）角色意识还不够强烈。虽然已经搞了四年，有些老师角色意识已经非常强烈了，但并不均衡，还有些老师不够强烈，还有一部分老师甚至很不强烈。

（2）角色能力还有待提高。由于长期缺乏实践，教师的相关能力参差不齐，需要尽快提升。

（3）分工还有待进一步协作。这当中班主任的角色更为重要，因为协作主要依靠班主任，但与过去不同的是，有时需要行政的力量去做。

（4）诊断还不够精准。

（5）牵手学生之后相应的考核还不到位。

（6）学生、家长的作用仍要大力加强。在班级教育小组当中，教师的角色要变化，作用越来越明显，但是学生和家长参与决策和管理的作用仍要大力加强。尽管有些班级做得不错，但我们必须承认还有相当一部分班级还需要加强。班级最终是学生的，整个的教育要落实到学生身上，只有学生参与了、成长了，学校的德育工作、管理工作，包括班级管理体制改革才算到位。

（7）学科教研水平有所削弱。学校也作了一定的弥补，如加强教研组、备课组活动，但不可否认的是制度本身存在这样的问题。但另一方面也应当看到，不同学科教师坐在一起办公对扩大他们的知识面、提高他们的教育能力也是非常有用的。①

但同时也要正视，班级管理体制改革涉及体制，在班改中必然遇到各种各样的问题。课改只要管理者、教学者认识到必须按照人的认知规律来从事教学，并下定决心去做，就可以做好。但班级管理体制改革，则涉及体制和机制的问题，这样的改革就比较困难。首先要在观念上认识到这样的改革有利于学校质量的提高；其次行政权力要介入，没有校长下决心改革是无法推行的；再者这些行政权力要被认同被调动，能够实际地运作起来；此外，目标达成很难立即显现，难以评估，使很多人对改革失去了信心。所有这些，使得班改在短期内叫好不叫座。公办学校的体制必须要有所突破，特别是评价和分配制度方面如果没有突破，班改很难实现。尽管如此，我们从南外仙林分校的班改案例中，还是能够看到我国进行班级体制改革的新生希望。

---

① 钱铁峰：《班级管理体制改革的实践探索》，《实践与研究（班改专辑）》，南京外国语学校仙林分校，第73-77页。

问题与思考

一、基本概念

1. 模式

2. 班级管理模式

二、案例分析

刚开始给这个班上课时，我板起脸孔，向学生约法三章：课堂上不许这样，不许那样……果然课堂很肃静。可是当我提问题时，竟然没有一个学生回答问题。我火了：“怎么你们都变成哑巴了?”这时，学生才说：“老师，你不是规定我们上课不许说话吗?”我心里羞愧，但还是强辩说：“是叫你们不要乱说话，不是叫你们不回答问题呀!”学生抗议：“哪有这样不讲道理的老师?”有个平时最调皮的学生尖叫起来，惹得全班哄堂大笑。我一气之下，把他拉到教室外，把门关上，不让他听课。教室里的学生都成为“小木头人”，一动不动地听讲课。我提问一个同学，当我喊到他的名字时，他竟然吓得屁滚尿流。这时我才知道，这样的课堂，学生过分紧张，谨小慎微，这种课堂给人的感觉是学生很守纪律，但实际上并不利于思维和个性的发展；但是不善于管理课堂，纪律松弛，学生是“自由”了，可是课堂纪律混乱，又不利于教授知识和培养学生的良好习惯。

——《“捣蛋”班级课堂管理》田东县平马镇甲逢小学，林美筹，《广西教育》，2003年第3期。

问题：你知道这位老师错在哪里吗？如果你是这位老师你会怎么做？

第九章　现代班级管理的发展趋势

导读

本章主要探讨的是班级管理的历史沿革和未来的发展趋势这两方面的内容。先对我国古代学生管理进行梳理，总结出古代学生管理的特点，再到对近代班级组织萌芽以及班级管理的正式形成进行探讨。通过分析班级管理的现状，包括对班级管理的主体、目标、内容和方法的分析，针对其中存在的问题，展望未来班级管理的发展趋势。

第一节　班级管理的历史沿革

班级不是自古就有的，而是社会发展到一定历史阶段的产物。在我国，班级是近代才出现的词。那么在班级产生以前，我国古代的学校中对学生的管理主要是采取哪种形式？班级又是怎样产生的呢？

一、班级管理的萌芽

在世界教育史上，最早设计班级组织的是 17 世纪的捷克教育家夸美纽斯，他在他的著作《大教学论》一书中，将儿童按年龄分为不同的班级，给各个班级不同的教科书以及相应的教学方法。此外，在欧洲的其他国家，也有个别的教育实践者，开办学校，在学校中设置班级。但是班级这样的一种组织形式，在当时并没有普及，教育家们大多采用个别施教的方式进行教学。在 18 世纪末到 19 世纪初，几位教育家与教育实践家，例如：裴斯泰洛齐、贝尔和兰卡斯特等人，在班级管理方面，也提供了理论和实践经验。

从班级设置的初衷来看，它是出于经济上的考虑，这种组织的教学方式的确是能在最短的时间、用最低的费用向大量的学生传递知识。班级的普及是与整个国民教育的普及密切相连的。所以说，一直到了 19 世纪初期，由于各国对普及国民教育越来越重视，班级作为这样一个高效的班级组织教学形式，也就相应的普及开来。

在我国的教育史上，班级一词没有出现过，我国古代的私人讲学和宋代以后的书院讲学都不设班级。在我国最早采用班级的是 1862 年清政府在北京开办的京师同文馆。在清朝末年，各地开始兴办学堂时，班级在中国才开始普及。①

清政府的京师同文馆是近代中国创办最早的一所新式学校。清代在北京开办的学堂，第一所采用班级授课制的洋务学堂是京师同文馆。从教育实践过程来看，京师同文馆实行的是分年授课和班级授课制。这是在史料中能查到的较早的有关“班级”的资料。但是在我国自古代出现学校以来，对于学生是怎样管理的？它与近代班级管理在方式、内容上

① 吴旋州：《班级管理学》，西安：陕西人民出版社 1997 年版，第 1 页。

又有着怎样的关系？那么我们就来看一下古代学校教育中是怎样对学生进行管理的。

（一）古代学校对学生的管理

中国古代学校的发展历程是以官学为主导，私学为辅，这样两条线索，在不同的历史时期他们的各自的地位也会有所不同，它们对学生的管理方式，可以总结出我国古代学生管理的一些特征。

我国古代无论是官学还是私学管理上的内容是大同小异的，只是管理方式上有差别，而且随着年代的不同，学校的性质的不同，管理方式自然存在很大的差异，这种差异在奴隶社会时期的学校发展的初级阶段比较明显，到了宋代以后，差别就相对较小，主要是在前人的基础上进行的改善。

1. 斋长制

我国古代自西晋时开始设国子监，国子监中教学管理机构是博士厅。博士厅是“五厅”中最为重要的机构，此厅设置 5 位博士这样的职位，来讲授四书五经。五位博士可以就自己专研的一方面来进行讲授，讲授的内容主要是“易、诗、书、春秋、礼记”，而四书“大学、中庸、论语、孟子”的内容兼而习之。教学是在“六堂”中进行，六堂设置助教共 15 人，学正 10 人，学录 7 人，这些人主要负责的是讲说经义文字，还要对学生的行为进行规范和监督。另外，学生按一定数额分班，每班由一名教官负责，还在监生中选一人任“斋长”，督促诸生功课。① 这时对学生的管理主要是体现在对学生学习的管理上。

但是到了明清时期，国子监对学生在生活、学习方面各种制度都已十分完善，不仅管理内容涉及各个方面，而且管理方式更加严格，这时的官学发展很成熟。根据《明史·卷六十九·选举志》的资料显示，当时官学的确是实行斋长制这样一种管理方式。其中有一段这样描述：各班选举一人充任斋长，监督各位学生的功课。此外对于学生的穿戴饮食都要严格按照官学的制度进行管理，住宿生不能夜不归宿，有事需外出的，一定要告知本班的教官。

在《清史·卷一〇六·选举志》中，也指出学生在出行前须按规定手续请假，不许在外过夜。国子监实行早晚点名制度。因为特殊原因回家探亲，须在规定的日期内返校。而批准外出的最后权限在官学的最高长官。出入必须记录在案，案卷掌握在斋长的手中。省亲、完婚、丁忧、告病或者是叔、兄长丧而无子者，这些情况才准予假期，返校延误就会受到相应的处罚，情况严重的时候就会被学堂除名。

从以上的资料可以看出，我国古代官学中实行的斋长制与 19 世纪在英国出现的“导生制”有异曲同工之妙。在私学发展的鼎盛时期，学员的人数可达数千人，甚至上万人，那么私学对学生的管理是通过将学生进行“著录”和“及门受教”两类管理。② 前者只是记录在案的学生，不必亲自来听课的学生，虽然说私学的学生的人数很多，真正来受教的也只有近百人，即使是这种情况下也超出了私学师资力量，所以大多数私学都采取次相传授的方式来进行教学，由此也就有了“郑玄求学三年未见师”的情况，教学管理尤是如此，何况是对学生的日常管理呢？所以说斋长制无论是在官学或者私学

① 熊贤君：《中国教育管理史》，武汉：华中师范大学出版社 1989 年版，第 332 页。

② 熊贤君：《中国教育管理史》，武汉：华中师范大学出版社 1989 年版，第 114 页。

都是存在其中的。

2. 山长制

在古代私学的特点也主要是体现在私塾和书院这两种学校的形式上。书院这一教育机构也是起源于私人讲学。我国私学发展经历了这样几个阶段：从百家私学，到稷下学宫、精舍或精庐，到书院。而书院是中国古代私学的高级表现形式，书院组织结构的运作直接受到私学和佛教这两种因素的影响。

书院发源于五代时期，一直到了宋代才得以兴盛。当时社会动荡，官学衰废。读书人就效仿佛教寺庙讲经的方式，到名胜山林建立书院，宋代的官学不能满足士人读书的需求，而书院也在这个朝代发展到鼎盛。开始时，书院的机构比较简单，其主持也就是山长，就能一人多用，既能够进行正常的教学，也能够进行书院的日常管理。但是发展到后来由于学生人数的增加，一些规模较大的书院还设有副山长、副讲、助教等职位，以便协助山长管理与教学。以后又逐渐增设了其他管理人员，大多主要是由书院学生充当。从总体上看，书院的管理结构较为简单，行政首脑与学术专家集于山长一身，有利于按学术研究的规律主导书院的运作。① 山长制对于书院的管理有利有弊，一方面这种结构简单的管理方式在很大的程度上避免了衙门的习气，将精力集中在教学上，而不是在管理上。但是另一方面，书院的兴衰完全寄托在山长一人身上，对山长的素质要求过高，也不利于书院的长久发展。

虽然山长管理是书院主要的特征，但是其中也有学生辅助管理。在清康熙年间所修的《白鹿洞志》卷十一中记载，书院的各类管理人员有 11 种，其中的堂长、学长都是在优秀的学生中选拔出来的。而且大多数的管理人员也都是采取学生轮流担任的方式进行的。

3. 学长制

清代的阮元在广州办学海堂，不设山长而由八学长共同负责。对于这种做法，在他的《学海堂志》中阐述了这一理由，“学长责任与山长无异。惟此课既劝通经，兼赅众体，非可独理。而山长不能多以辽课举业者各朽院已大备，士子皆知讲习。”② 由此看来，设立学长制是由学海堂的教学宗旨所决定的。这样，在辅导学生学习时，可以发挥众家所长，集中大家集体智慧；在评价学生作业时，也能够多方面地考虑其他人的意见，不至于独专，以致埋没人才。而且学长们之间的地位是平等的，大家可以随意地表达自己的意见。这样看来，学长制在民主平等这一方面相较于山长制的独断略胜一筹。这样的管理方式有助于学校的教学、办学以及学术研究，而且可以广纳贤良的意见，杜绝了一人专断的可能，而且学长之职是由学堂师生公开荐举产生的，保证了学长的质量。学长也就如同现在的学生干部——班长，它与斋长的设置也只是在名称上的差异，这种由学生参与的书院管理工作，也有点现代民主化管理的意味。

在管理内容方面，在学生管理的各个环节，制定了严格的管理制度，规定了管理的措施和方法。首当其冲是对学生德育管理，学生品德这方面是学生评价中最重要的一项内容。再者是对学生的衣食住行都有严格的规定，还有严格的请假制度，这些对于近代乃至如今的教育管理是可资借鉴的。

---

① 王建军、薛卫东：《中国教育管理史教程》，广东：广东高等教育出版社 2001 年版，第 118 页。

② 王建军、薛卫东：《中国教育管理史教程》，广东：广东高等教育出版社 2001 年版，第 117 页。

（二）近代学校对学生的管理

近代以来，由于新教会学校的影响，加上有些从国外学成归国的学子受到国外学校的影响，将一些新的元素也融进了中国的学校管理中，在原有的基础上进行了改进和完善。

1. 在考勤制度上加强对学生的管理

考勤制，自雍正五年颁发的旷课缺考条例，“生员除丁忧、患病、游学者有事故外，……如有托故不到者，严加惩治，三次不到者详革。”① 后经乾隆时重定，成为永制。

在近代学堂考勤制度中，除了学堂规定的假日外，其余时间学生必须按时报到。不论学生是否住宿，凡是在学堂规定的时间内没有到学堂报到的，一律要接受按日扣除膏火的惩罚。适逢各类考试，学生除了遇到家中有丧事需穿孝，或者是要回家完婚的事情要请假之外，都不能推托不到学堂延误考试。如有不到者，月课会罚扣膏火 3 日，季考时要扣 5 日的膏火，岁考时就会扣半月的，大考时就更多，要扣 1 月的膏火。②

2. 加强学生生活管理的自主性

洋务学堂也十分注意。京师同文馆规定，在馆住宿学生，如有无故夜出及夜不回馆者，初犯罚扣一月膏火，再犯革退。平时在馆酗酒、赌博及不安分者，按公看定例，严惩不贷。其他各洋务学堂也都有相应的规定。张之洞在《湖北自强学堂章程》中规定：“其未毕业之前，若非实有紧要正事，不得自行请假。若藉端求去，改习卑下之业；甚或不自爱惜，受洋行雇充翻译，须将其历年薪水伙食及本身一切用费追缴。”③

学长制此时也很盛行，康有为对学生的管理就是发挥学生的主观能动性，让他们自己管自己，将学长制移植用于学生管理，起用优秀学生为学长。万木草堂的学长在学生中负指导之责，并分工管理一项工作。其中“博文科学长”，负责协助教授及分校功课；“约礼科学长”，主要负责劝勉品行纠检威仪；“干城科学长”，主要督率体操。另设“书器库监督”，负责管理图书仪器。平时学长协助康有为管理和维持万木草堂的学习和生活秩序。④ 这些学长如同今天学校中的各种校务组织，协助校长管理和维持学校的学习和生活秩序，如果学堂的主管不在，学堂的各种活动也能照常进行。

3. 加强人文环境建设

对学生人文环境的建设，康有为虽非是第一人，但是在近代的学校的人文环境的建设中，最有影响的当属康有为的万木草堂。清末官学的衰废，学生散荡的情景令康有为决心整治学堂。他以“崇尚气节，检摄威仪”八个大字，来警戒学生。同时他规定，学生即使是暑天相见也不能袒露肌肤，应该穿长衣，行为举止要温文尔雅，不得有粗俗的举动，而且言语要恰当、文雅。外出时不能出入烟花之地，入赌馆聚赌，或者是吸毒这样的行为都是被严厉禁止的。这些规定在万木草堂中产生良好的管理效应。平日里学生必穿长衣长裤，即便是酷暑时节，也没有穿短衣露足的现象。草堂内没有闲杂人等出入。在《大同书》中，他同样也要求大学院和中学院应衣服皆同式，饮食皆

① 熊贤君：《中国教育管理史》，武汉：华中师范大学出版社 1989 年版，第 393 页。

② 熊贤君：《中国教育管理史》，武汉：华中师范大学出版社 1989 年版，第 134 页。

③ 王建军、薛卫东：《中国教育管理史教程》，广东：广东高等教育出版社 2001 年版，第 134 页。

④ 王建军、薛卫东：《中国教育管理史教程》，广东：广东高等教育出版社 2001 年版，第 144 页。

同时，上课上操皆部署整肃。①

由此可见，注重学生的自我管理，强化学生的主体意识，是近代学校的学生管理上的初见端倪，这也是与旧有的学校在管理上的差别所在。

二、班级管理的发展历程

班级管理的发展得益于管理理念的发展，从传统的管理主义的倾向，到如今的以人为本的管理理念的转变，这基于人们对人性认识的不断转变。随着社会的发展，越来越多的理论都逐渐关注到对“人本”的探讨，人自身的地位逐渐得到彰显，在班级管理中也是如此。

（一）以管理主义理论指导下的单一的班级管理

在管理主义盛行的时期，班级管理无疑也受其影响。管理主义在西方曾被认为是最有效的组织管理的模式。

1. 班级目标单一化

班级这种组织形式相应地来说是教育目标实现的保证，那么班级目标是班级对维护和促进自身的组织结构和管理功能的期望和要求，班级目标的实现也更进一步有助于教育目标的实现。

班级目标由两个方面组成：第一是显性的目标，这是班级管理所表现出来的特征。班级教学、教育和管理活动的成果、绩效，体现为工作任务的圆满完成、教育质量的提高。第二是隐性的目标，这也是班级管理的根本所在。班级成员需要的满足和个性健康的发展。从教育的最根本的目的上来讲，班级的显性的目标只是隐性目标能够实现的辅助产物，它绝非是最终目标，唯一的目标。

然而，在人们不断追求生产效率和规模经济的社会大背景下，教育领域中过分地强调教育的规模和质量，学校就像是一个加工厂，教师是工人，学生是待加工的产品。在这样的教育生产过程中，在这样教育目标单一化、标准化的背景下，教师完全把学生当成被改造的对象，完全没有意识到学生作为一个人，学生的个性以及他的人格的存在，在这种教育理念的支配下，教育目标也难以实现。

2. 教师权力的绝对化

由于传统的师生关系以及其他方面的影响，在班级管理中一直都存在着教师权威性的管理，它强调规范、服从和遵守纪律。一味地凸显教师的绝对权威，甚至有时把教师在班级活动中的权力绝对化，比如说班规都是由班主任老师制定，班上的纪律也是靠班主任老师的“非常手段”才能维持，班主任老师和学生之间是猫和老鼠的关系，由此使学生无论是在心理，或者是行为上对教师产生畏惧，他们只是班主任老师的应声虫，班干部也只是班主任老师的小跟班，可是在学生中又会受到排挤，不能很好地开展工作，这些在一定程度上压抑了学生的个性发展。

3. 科层制式的班级组织结构

一个班级组织为了实现组织的目标，首先就必须建立起理性—法律权威和等级体系，保证指挥的统一。组织要把组织中的全部活动划分为各种基本的职责，作为公务分配给组

---

① 王建军、薛卫东：《中国教育管理史教程》，广东：广东高等教育出版社 2001 年版，第 144 页。

织的各个成员。每个职位有明文规定的权利和义务，形成一个指挥体系或者是阶层体系。① 一个班级通常都有班委、小组长、课代表，还有少先队或共青团组织。不同的组织履行不同的职责，实行分层管理，这也是现代社会组织的主导形式——科层制的组织结构。权威和规范是维持这一组织结构正常运行的必要手段。各种规章制度先于班级成员存在，班级成员角色是由规范预先设定好的，一系列的规章制度成为维持师生、生生交往的主要手段和工具。这种组织结构特点就是带有强烈的支配—服从色彩，它主要的目的在于有效地管理而不是教育，这种组织结构借鉴于政府的组织结构，其本质的管理目的是与教育目的相左的，这样一来班级成员之间平等的交往关系是不能建立起来的。

在管理主义理论指导下的单一的班级管理的模式在工业社会，过度追求效率，人们急功近利在教育管理上的表现。这种管理可能会使得班级更加有序、效果更加明显，但是就如同行为主义受到的批判那样，我们的教育不仅仅是良好的行为方式的养成，更多地是对个体自身的关注，对个体主观层次的影响。

（二）以人本主义为指导的多元的班级管理

教育的发展绝不仅仅是自身演变的结果，它受到来自各方面的影响，各种学科的发展和研究成果都会对它产生影响，在众多学科中对教育的影响最大的要数心理学。他们在对传统班级管理的弊端的反思过程中，确立了各种班级管理的新理念，而且心理学的研究成果也为班级管理确立了一种新的研究思路。比如桑代克的《教育心理学》确立了一种客观的研究精神，行为主义对人的行为的关注这一理论研究范式的确立及其在班级管理中的应用，使班级管理走上了科学化的轨道上。并在以后的几十年中占据了主导地位，成为班级管理的主要理论。但是自20世纪60年代以来，由于认知心理学和人本心理学在教育理论及教育改革中优势地位的获得，班级管理产生了一种新的范式转换。在这些学科共同因素的影响下，现代班级管理实践表现出以下几个特点：

1. 班级管理主体的转变

在传统的班级管理实践中，人们一贯认为班级教师是管理的主体，学生是管理的客体。随着学生主体地位的不断提升，学生也逐渐参与到班级管理中，成为班级管理的管理者的重要组成部分。

我国的班级管理一般都实行班主任制，班主任由任课老师兼任或专门指派的从事学校行政工作的老师担任，负责整个班级的学生管理工作。国外有的实行班主任制，如德国、前苏联、日本；也有的实行“导师制”如英国。② 各国对进行班级教育管理工作的教师有不同的称呼，其职责也有某种程度的差异。但是，班级组织的管理者，各国班级教师仍有许多共同的基本职责，主要表现在以下几个方面：对学生进行符合本国教育目的的教育和教养，维护和保证正常的教学秩序，促进学生个性的发展以及对学生进行指导和服务。③

在班级管理中，由于学生特殊的身份以及心理发展阶段的影响。他们兼有双重角色。一方面，在班级管理这种互动关系中，他们是管理的对象，作为学生，必须履行学生的义

① 袁锐锷：《外国教育管理史教程》，广东：广东高等教育出版社1998年版，第253页。

② 陈红燕：《班级管理研究述评》，《教学与管理》2004年第31期，第26期。

③ 陈红燕：《班级管理研究述评》，《教学与管理》2004年第31期，第26页。

务，一定要遵守班内的规章制度。同时，他们又是班级管理的主体，要尽可能地参与到班级的各项管理中，为实现班级管理目标而出谋划策。把学生当做班级管理的主体，其实就是强调学生的自我管理，班级管理的最高境界是达到学生自我管理的程度，这样班级秩序既能够稳定进行，教育的管理的目标也能实现。

2. 班级管理实践的理论化

传统的管理总是把班级管理看成是由静态的职能所构成，如今看来这种看法是不恰当的，班级管理更应该是动态的、系列化和开放的。因为缺乏科学理论的指导，班级管理会处于盲目的运作状态，也就难以发挥它应有的效果。于是根据系统的方法——霍尔的三维结构法来探讨分析班级管理的科学运作过程可以从三个维度，即理论维、设计维、操作维来展开，从根本上把握班级管理过程的运行规律。①

班级管理过程首先形成正确的教育管理理念，这些教育管理理念都是班主任老师借以运行的理论基础。班级管理过程是对班级进行系统分析、科学决策的过程。这一决策过程主要包括班级成员的分析、班级目标的确立、管理内容的确定、管理方法的比较以及形式的选择等。班级管理过程是班级管理方案的具体实施过程。国内相关的学者，有的把班级管理过程描述为四个宏观程序，它们分别是确定目标、建构环境、促进沟通和给予激励等。②

当然，管理主义与人本主义相对应是管理中的物和人，它们只是人为地将其划分开来，但是就像是人与物在管理中的不可或缺性一样，这两种倾向是结合在一起的。

第二节　中小学班级管理的现状及发展走向

一、班级管理的现状

现代班级管理正处在由科学取向到人文取向的转变过程中。正如当代人文主义在与科学主义冲突斗争的基础上，走向与科学主义的整合，人文取向的学生管理也在与科学取向的学生管理冲突、整合的基础上变革着学生管理。使人文取向成为学生管理的主流价值取向，是学生管理改革和发展的必然趋势。但是，任何改革都不是一蹴而就的，它总要经历一个漫长而曲折的过程，故实践中的班级管理呈现出一种新旧并存、杂糅共济的状态。

（一）国外中小学班级管理现状

班级是学校工作的基石，学校的教育教学工作最终要通过班级去组织实施。班级在学校工作中举足轻重的地位要求我们必须从理论和实践两个方面揭示班级管理的规律性，以促进班级目标的实现。世界各国的中小学教育中均把班级管理当作一个重要的内容来抓，以期更好地实现教育目标，促进学生的个性发展，更好地培养社会所需要的人才。以下是国外中小学班级管理的一些现状：

1. 班级管理的主导思想

美国当代的班级管理理念主要是超越行为主义的人本主义思潮。1996 年 9 月，美国

① 林东桂等编著：《班级教育管理学》，广东：广东高等教育出版社 1999 年版，第 45 页。

② 陈红燕：《班级管理研究述评》，《教学与管理》2004 年第 31 期，第 27 页。

一份名为《教育领导者》的杂志专门以“创建一种学习氛围”为主题出了一期刊物，其中许多文章都不约而同地提到培养“充满关爱的班级”，并给教师提出了许多如何赋予学生以权力和增强其主人翁责任感的策略与方法。这说明，关爱、自主、相互信任与尊敬、分享权力与责任等，已经成为当代美国的核心班级管理理念。这一核心理念强调如下观点。

（1）建立和教授班级规则与秩序。虽然当前班级管理理念以“关爱”、“自主”、“尊重权力与责任”等为主题，但并不是对班级管理规则与秩序的否定与摒弃，只是原本注重“治病救人”的班级规则秩序现在转变为“防患于未然”，即师生共同制订和认可班级的规则与秩序，防止学生出现不当行为或无意义行为，前者的立场较为消极被动，后者的立场较为积极主动。

（2）鼓励合适的学生行为。以往的班级规则与秩序是衡量学生行为的唯一标准，凡是与标准不一致的行为一律被认为是不当行为，约束着学生的创造性和自由感。现在，人们认识到，班级规则与秩序是僵死的、不变的东西，只能在一般的意义上给学生的行为提供参考，而学生和学习情景是动态变化的，只有变化才有创造，所以，他们认为应当鼓励和培养那些有利于学生学习的行为表现，如培养学生主动参与的态度、为学生的成功创造机会、给学生的合理行为给以恰当的反馈等。

（3）培养积极的人际关系。受当代人本主义心理学和民主自由社会思潮的影响，传统的班级管理理念已经开始主动纳入人本主义的思想观念，提倡教师扮演一个好的倾听者，并建议掌握一些具体的技能，如主动倾听、通过解决问题增进交流、为学生间的讨论创设机会、培养学生的自尊意识，以及和学生共同决策班级管理问题等。甚至连凯特尔也承认建立积极的人际关系的重要性：“有时有必要运用表扬或其他方法让学生了解你是爱他们的，对他们是有兴趣的。”

（4）教学中的管理。一些学者认为过分定位秩序的作用，使得“秩序”本身变成了目的，为此学生变得十分被动而温顺，失去了活泼好动、自由探索的天性，这种代价太大了。于是，有些学者主张强调有意义的、能动的教学活动在促进班级秩序形成方面的能动作用，树立班级教学与管理间的相互影响观。围绕此而讨论的主题包括：教学的组织形式问题；教学的清晰度、步调、反馈方式、管理方式的转换；满足学生的学习愿望等。

（5）如何处理问题行为。几乎所有班级管理理念都强调在学生出现较为严重的问题行为时，教师应当进行干预，当然主要是一些非粗鲁性的干预行为，如目光接触、手势、距离接近等。在行为调节方面，与传统相比，当代班级管理理念更重视培养学生的自我控制意识和能力，认为只有当学生能够从内心审视自己的行为时，班级管理的效果才算真正达成了①。

2. 班级教师

班级教师是指承担班级教育管理工作的教师，是班级学生的教育者、指导者和班级工作的组织管理者。国外有的实行班主任制，如德国、前苏联、日本；也有的实行“导师制”，如英国。各国的班级教师在职责和工作重心方面由于各国的情况不同而有所差别，

① 卜玉华：《20世纪下半叶以来美国班级管理理念的发展趋势分析》，《集美大学学报》2004年第2期，第32页。

其称呼也各异。

英国的班级教师称为"导师"，"导师"起源于牛津、剑桥大学以及英国的公学，随着时代的发展，中小学里也广泛采用了"导师"制：由一个教师负责一部分学生的管理，很多时间与所负责的学生在一起，与学生打成一片，其基本职责不仅是实现教育目标——学生的知识和认知能力的发展，培养学生的个人生活和社会生活的态度和技能，而且有责任促进学生在道德、精神、审美和身体方面的发展，要求他们以父母般、牧师式的关怀引导学生，使他们离校时成为关心"社会、他人、环境和对个人前途充满自信的青年"。

德国和法国班主任的职责与德、法两国中学阶段实行教育分流制度和他们崇尚对学生进行理性教育、评价指导、定向指导有密切联系。德、法两国班主任在评价和指导学生定向方面的职责较为突出。他们要求教师通过经常性的综合评价，为学生作出负责任的发展指导、分流指导。德国各州对班主任的职责有明确的规定，要求班主任必须经常对学生的学业成绩、道德品行和合作意识作综合观察评价，并及时书面通知家长、校长。法国由班主任担任"班级评委会"主席，班级评委会由任课教师、学生和学校学生发展方向指导者一起组成，负责学生发展方向的讨论、对学生进行全面的综合评价和定向指导工作。

美国对班级教师的称呼有的称"班级顾问"，有的称"本班教师"、"辅导员"等，他们除了对学生进行深入了解、思想品德教育、发展指导等工作外，还担当起学生心理咨询、就业指导等方面的工作，如评价学生的发展潜力和其他个性特征；为学生个人、小组、班级提供咨询指导；提供职业发展的指导和有关信息；管理和解释标准化测试，与教师、家长就学生问题、教育问题磋商；指导升学。

前苏联班主任的职责的主要方面是组织培养班级集体。引导班级从普通的群体向符合要求的真正集体发展，并使班级集体发挥教育影响作用，让学生在集体中受到教育。前苏联教育家马卡连柯指出："只有建立了统一的学校集体，才能在儿童的意识中唤起舆论的强大力量，这种舆论的力量，是支配儿童行为并使它纪律化的一种教育因素"。这是前苏联《班主任服务规程》中规定的班主任教师的主要任务。此外，还要维护正常的教育秩序，促进学生的全面发展，对全班进行思想品德教育。①

班级教师的人选通常是在任课教师中指定一位。国外的任课教师除常见的科任制和跟班制外，还有几种形式，即包班制，学年更新制、小队教学和二重进度制。包班制是一个班级分配一位教师管理这个班级，同时该教师要承担所在班级所有课程的教学任务；学年更新制是在一个班每新学年更换任课教师，班级教师也随之更换；小队教学是由两名或两名以上在教学上配合默契的教师组成，分工协作，共同负责一个班级的教学和管理，以满足学生不同的要求；二重进度制实质上是把包班制与科任制以及分级制与不分级制的优点与能力分组结合在一起的一种努力，它在美国小学中有一定的市场，具体做法是，在学日中用于基本学科教学的那部分时间将学生均质地聚集在一起，学日中用于其他学科教学的时间将学生异质地聚集在一起。这几种做法各有利弊，一些国家为了克服其中的一些缺点而采用包班制和跟班制相结合的方式，包班制与跟班制相结合的优点是教师与学生保持相对稳定，教师对学生有较好的了解，有利于教师把握整个知识体系的教学，也有利于师生

① 彭虹彬：《略论国外中小学的班级管理》，《高等函授学报（哲学社会科学版）》2002 年第 8 期，第 23-24 页。

感情的建立。不足之处在于包班制和跟班制相结合的情况下，教师的缺点将长期影响学生，对学生产生不利影响。教师的业务水平、教学风格给学生的影响过于单一化，使学生的视野受到限制。因此，跟班制与包班制一般只限于小学低年级。前西德的小学就采用跟班制与包班制相结合的方式，他们小学的管理教师是班主任，班主任要担任所在班级的全部课程的教学和管理任务，并且跟班 2~4 年。前苏联在 1~3 年级实行包班制的跟班制。在世界的各国中，美国在教育行政管理上采取地方分权制，在中小学教学组织管理上各州灵活地采取了多种形式，几乎囊括了以上各种形式，使其发挥各自的长处。这也是我国单一的跟班制和科任制值得借鉴的地方。

3. 班级管理的主要内容

(1) 制定班级编制的标准

在班级编制的标准制定方面各国中小学的情况不一样，主要根据学校所在地区的经济条件、学校设备、师资力量、招生情况而进行合理地编班。美国小学平均为 27 人，中学为 25 人左右；英国小学为 40 人，中学为 30 人以内；日本小学、初中均为 45 人，特殊班级为 12 人；瑞典班级编制标准为最低，小学为 20~27 人；中学为 22~27 人；意大利小学的编班标准为 25 人，中学为 25~30 人；挪威小学编制为 30 人，中学为 27 人；荷兰小学编制标准是 40 人，中学为 28~30 人。① 虽各国情况不一，但明显都是小班化教学，这对于年龄较小的小学生来讲，可以有更多的照顾和个别指导；对于学习内容难度比较大、内容比较深的中学生来讲，他们的能力、个性、兴趣、爱好更加多样化，可以更多地个别交流和指导。

(2) 分班的依据和座次安排

纵观各国中小学的分班，其依据大致有：按学生年龄、性别编班，按学习能力编班，按学科能力编班，按宗教信仰编班等。按不同依据编班，可以将具有某些共同特点的学生安排在一块，教师能以这些共同点作为教育教学的根据，组织安排教育、教学工作，促进学生的发展，完成教学任务。其中性别和学习程度是最主要的编班依据。

①按性别编班。按性别编班一种是按男生、女生分别编班，一种是男、女生混合编班。男、女生分班的优点是可以避免学生青春期带来的麻烦，并有利于进行青春期教育。混合编班的优点是有利于男女生相互影响、相互熏陶，而且女生对男生的纪律往往起着制约作用。

②按学习程度编班。国外初级中学的校长比较赞成这种做法。原因是学生到了中学阶段，学习出现了明显的两极分化，对不同程度的学生进行同一程度的教育，对“高材生”和“低材生”来说都是不利的。按学生的学习程度编班可以体现程度差异，实现因材施教，还能激起学生相互竞争的心理。但其缺点在于：高层次班级的学生容易产生优越感，低层次班级的学生容易产生自卑感；两种班级的学生所获得的教育资源不一致，导致教育结果迥异，其实质是英才教育或尖子教育，是一种教育的不公正。

在座位的安排上，主要有两种做法：一是由教师指定学生座位，二是由学生自己选择座位。目前，国外中小学生越来越多的校长反对学生自己选择座位的办法，主要原因是学

---

① 彭虹彬：《略论国外中小学的班级管理》，《高等函授学报（哲学社会科学版）》2002 年第 8 期，第 22 页。

生挑选同座是为了个人交往的需要，而不是学业上的合作。另外，成绩差的学生总是爱选择最后一排，或挑选后排的角落，以避开教师的注意，这些都会给教学带来不利，因而认为由教师指定学生座位较为合适。①

（二）我国中小学班级管理现状

与上述国外班级管理的基本内容相对应，我国目前的班级编制属于大班制，通常在50人左右，多者达到70~80人，只有少数经济发达的大城市能真正做到小班化教学，班级人数通常在20~35人之间。我们前面已论述过班级人数与班级教育管理的关系，此处不再赘述。至于分班，我国主要是男女混合，基本上不分男校、女校。虽然按学习程度分班一直为人所诟病，但我国实际上仍然存在很严重的重点班与非重点班的区别。在任课教师方面，我国主要是科任制与跟班制相结合的方式，班级管理任务几乎全部由班主任承担，其工作职责与国外的班级教师基本一致。另外，我国在班级管理方面还有自己的特点。我国人多地广，各地经济、文化发展情况非常不一致，连带的教育水平和相应的管理水平也存在较大差异，传统的班级管理方式在我国仍有很大的市场和生存空间；另一方面，我国又处在一个急剧的社会转型阶段，一切新的东西都能很快落地生根，迅速生长，故班级管理在经济发达地区就获得了一种新的生存方式，甚至能与国际先进水平接轨。我国目前的班级管理就是这样一种多层次、多形态的生存状况。

1. 传统型的班级管理

（1）集体主义的班级工作目标

新中国成立后，我国中小学班级的目标与功能定位基本上是“建设班集体”、“远景性的思想品德教育”和“管理主义”三者的结合。新中国成立后的最初10年里，受前苏联教育理论、尤其是马卡连柯工学制集体主义班级工作理论的影响，班集体建设一直是我国班级工作的基本目标和重心。在学校里，班级是社会集体天然的基层组织，它的形成不是自发的，而是一个复杂的过程，其工作方针主要有三点：一是为集体设立一个阶段发展性的远景目标；二是以集体的思想品德发展水平、动机和行为所发生的一些变化为主要标志；三是加强班主任管理班级的功能。历史证明，班集体的建设逐渐形成了我国班级工作的最大特色，它对培养学生的群体意识、集体责任感等都具有积极的价值。②

（2）“金字塔形”的师生、生生关系结构

在师生关系方面，班主任是推动班级工作运行的主要承担者，充当着四个方面的角色：班级活动的组织者、教育者和指导者；学生全面发展的导师；学校领导者实施教育、教学工作计划的得力助手和骨干力量；各任课教师、学校、家长和社会教育的协调者与沟通者。相比班主任的“主角”角色，学生在班级工作中基本上是“配角”，配合班主任开展工作，即便是班干部也只是班主任工作的助手而已。虽然在班级发展目标中，学生集体的自治管理和民主管理一直是我国班级工作所致力追求的理想目标，但这种目标几乎一直处在“期待中”，现实中的班级工作的管理主义作风一直是盛行不衰，管理本身由工具、手段变成了目的。

---

① 彭虹彬：《略论国外中小学的班级管理》，《高等函授学报（哲学社会科学版）》2002年第8期第23页。

② 卜玉华：《我国中小学班级工作的传统与当代变革》，《教育研究》2004年第11期，第63页。

班级中的学生关系也主要是纵向的工具性角色，基本上呈现为千篇一律的三层次结构。即班干部—小组长—普通学生，这在前面各章都已经有所论及，担任“管理角色”(班干部、小组长、小队长)只是群体中的少数成员，而大部分则只是一般的“群众角色”，这与通常的成人工作群体的角色结构完全相同；二是不同角色之间尤其是管理角色同群众角色之间缺乏流动，学生在班级中各自承担的工具性角色基本上数年一贯制。这样两种特征的结合，便产生了我国中小学班级所存在的一个普遍现象，即学生承担工具性角色的机会严重不均：管理角色长期集中在少数学生身上，大部分学生几乎从未扮演过任何管理角色。于是，两部分学生之间便出现了相当的“社会距离”，以至于在班级这一由未来社会成员组成的群体中也形成了两个相对稳定的“阶层”：“干部阶层”与“群众阶层”，这对于学生的发展无疑有着不可忽视的影响。①

(3) 条块化和专门化的班级工作职能划分

这表现在两个方面：其一，班级工作的开展由班主任一人负责，任课教师只负责教学，基本上不参与班级管理的工作；其二，班级工作的主要任务是班集体的建设以及集体中每个学生个性的健康发展，尤其是思想品德的健康发展，并以班级、少先队和共青团等学生组织为单位开展活动，从而区别于以完成学科教学为主要任务的学科教学活动，以及以培养与发展学生的兴趣、爱好、特长，或者其他能力为主要任务的各种社团、小组活动。这说明，班级工作在整个学校教育活动中处于专门化的地位，具有独立价值，但这造成了在实际工作中班级工作与教学工作、班主任与任课教师之间工作的割裂，出现了班主任只负责思想教育，任课教师只负责教学工作的“分家”状态，各类教育活动的教育价值无法得到开发，更不易实现教育活动、学科间的相互整合以及教师之间的相互配合，致使教育活动的成效不高，教育价值大量流失，甚为可惜。而且，现实的教育往往也异化了班级工作的价值，不承认班级工作存在的独立价值，相反，更多将之放在教学工作和德育工作的从属地位，将之看做是教学和德育工作的辅助手段及途径。②

2. 现代型的班级管理

改革开放和市场经济的发展，逐步唤醒了人们心中沉睡已久的自我意识，个性渴望得到张扬，青少年在其中是最为明显的一个群体，另外，这一时期的社会文化和校园文化受外来文化的影响也空前地多元起来，青少年文化在其中孕育而生，形成了一股势不可挡的潮流，盛行于校园中。与此同时，班级工作不得不在整个教育管理活动中注重树立学生的主人翁责任感，注重发挥学生的个性，重视学生的个性差异在集体建设中的作用。班队活动的形式和种类也一改过去只集中于几种制度性的、与思想政治教育有关的情况，形式和内容开始丰富多样。随着我国改革开放和社会建设的全面展开，教育事业也更加成熟和完善，人们在提高社会学、管理学和组织行为学等理论的同时，对班级的特性、功能有了较为全面的认识，班级工作也进入了全面改革的阶段，主要表现在以下两个方面。

其一，班级的自主权开始向学生全面开放，给学生自我发展的机会，发挥班级小主人翁的作用，“将班级管理的权利还给学生”，无论从理念到行动都进入了实质性的阶段。

① 卜玉华：《我国中小学班级工作的传统与当代变革》，《教育研究》2004 年第 11 期，第 63-64 页。

② 卜玉华：《我国中小学班级工作的传统与当代变革》，《教育研究》2004 年第 11 期，第 64 页。

在班级学生干部的选拔与组建方面逐渐由原来的精英化、指定性、终身制、宝塔型为特点的状态，走向以大众化、民主选举制、动态轮流制、扁平型为特点的状态。这一步改革所解决的主要问题更多地是扩大学生的参与面或规模。

其二，改革班级组织制度，转变班级组织功能。这方面的改革主要是加强班级组织制度制定的过程（或程序）民主化，增加激励和竞争机制，使班级组织制度处于活化状态，更趋民主化色彩；转变班级组织的功能，主要是转变或弱化原先的管理功能，强化班级组织的“自服务功能”；转变或弱化学生干部的个人荣誉感，强化学生的代表意识。①

由以上分析可知，新中国成立后，我国班级工作所发生的一系列变革，都是围绕“集体与个体、群性与个性”这一问题，致力于培养民主社会所需要的公民，铲除管理主义，推进学生生活的民主化。传统型的班级管理在实践中有走向异化的危险：即管理主义替代集体主义，教师集体“吞噬”学生集体；班级工作“远景性目标”单向度张扬，贬抑人的具体感性需求；单方面强调“集体主义”价值，压抑个体的具体需求等。随着我国和谐社会的不断推进，传统型班级管理最终会成功过渡到现代型班级管理，人本主义的班级管理始终是不变的诉求。

二、班级管理的发展走向

班级管理的理论研究初见成果，未来的工作将主要是落实目前提出的各种具体理念和操作方式，理论研究也要继续深化，以进一步指导班级管理的实践工作。

（一）班级管理的学科化走向

“班级管理”具有长期的历史和经验积累，有着特殊的规律，应该拥有独立学科地位。但是，作为学科的“班级管理”并没有受到应有重视，大学里讲授的“班级管理”只是“教育学”的一个章节，相关教材也比较少，学科群还没有出现。因此，“班级管理学”将是重点发展方向。在学科建设中，应强化“班级管理史”研究，为解决班级教学弊端，人们从班级组织产生伊始，就从编制和教学两方面对其进行不断改造。圣路易编制法、巴达维亚法、曼海姆班级编制法、杉达·巴尔巴拉制、牛顿法、包尔迪摩制、道尔顿实验室法等相继出现。这些举措为班级管理设置了新环境，提出了新要求，其中蕴涵着丰富的班级管理思想，但对这段历史的梳理主要集中在教学上，没有从班级管理的角度进行总结，学科建设应弥补这方面的缺憾。②

（二）班级管理的职能走向

班级管理的职能将由“控制”转向“服务”，“以人为本”的班级管理理念将继续占据主导地位。在知识经济时代，班级管理的目标和任务转变为“运用集体的智慧，提高应变和创新能力”。无论是知识、智慧，还是能力或创造力，其现实的载体都是具有主体性的人。从这个意义上说，知识经济时代的班级管理，应该是一种极具人性化的管理。人的因素成为班级管理活动的核心因素，那种“见物不见人”的、专制式的、封闭式的管理模式必须有所改变。班级管理需要为学生个性的发展、创造力的发挥提供良好的精神氛

---

① 卜玉华：《我国中小学班级工作的传统与当代变革》，《教育研究》2004 年第 11 期，第 66 页。

② 杨晓峰：《我国中小学班级管理工作发展趋势》，《天津师范大学学报基础教育报》2006 年第 12 期，第 10 页。

围，以满足其作为人的各种需要。毋庸置疑，在高扬“以人为本”的信息多元化时代，班级管理将不再是强力控制或命令式的，而是以服务性为主导，以促进学生的全面发展。① 班级管理的方式也必定会从专断式、放任式向民主式全面过渡。

（三）班级管理主体的多元化

学生的班级管理主体地位已经得到了认可，日后的班级管理势必更加注重学生的自我管理功能。注重发挥但并不是完全，因为学生的自我意识、自我管理能力还没有发展到一定程度，需要通过学校有目的的训练和实践活动来获得。另外，家长也应该成为班级管理的一个主体，目前学界提倡的家校合作模式就是一个最好的例证，家长和学校、班级的联系不应该是对学生的控制，而应该是互通有无，努力为学生的成长提供最好的条件。最后，班级管理不能脱离学校这个大环境，班主任专业化发展的理论探讨中有学者提出班主任应该从繁琐的日常班级管理工作中抽身出来，更多地将精力放在德育工作上，班级的日常工作应该由学校来把持，学校设十六个部委，每个班设立相应的十六个班委干部，直接受十六部委的领导和管理，这样班级常规工作就与学校挂起钩来，学生也能自动走出班级的狭小领地，看得更宽广的世界。

（四）班级教师的权威走向

班级教师的权威将由传统型、法理型转向个人魅力型。班级教师是班级主要影响来源，他的行为影响着班级的人际关系和班级气氛。一般来说，教师对学生的影响可分为传统权威、法理权威和个人魅力权威。前两者是指由于社会和传统赋予教师的权威观念和教师的资历对学生产生的强制性影响。而后者则指由于教师的知识、能力及个人品格、情感对学生产生的自然性影响。心理学家通过实验得出这样的结论：如果教师具有渊博的知识、较强的能力、高尚的品格、丰富的情感，那么，在班级中极易形成民主、平等的人际关系。班级气氛良好，学生学习质量高，道德观念也会有很好的发展，随着社会的发展，在班级管理过程中，教师的个人魅力对学生产生的影响将占据越来越重要的地位。

（五）班级管理的内容走向

在人类社会中，教育作用并不都是积极的。在这个充斥着困惑、冲突、不安的时代，世界各国的教育都应该担起价值重塑的工作，要始终坚持以德育为中心，培养具有人文思想、负责任、善于合作和创新的人才。班主任要充分利用班级平台，突出育人意识，强调心理调节和干涉，培养具有国际理解精神、能对人类命运进行反思、愿意为人类进步做出贡献的新型人才。对于班级管理内容的研究，20 世纪 80 年代以后，日本教育界提出了五个新课题，它们分别是：（1）为了把学生培养成有道德的人，应该怎样进行管理；（2）怎样进行管理才能创造轻松愉快、内容充实的班级生活；（3）创造“掌握基础学习，发展个性和能力”的条件；（4）改善人与人之间的关系；（5）加强家庭教育和社会教育的联系。直至今时今日，这些内容还是班级管理的重点所在，并会在相当长一段时间内持续下去。

（六）班级管理的研究走向

目前世界各国在班级管理的研究上普遍存在以下问题：

---

① 焦春玲、杨海青、孙玉洁：《现代班级管理发展的必然趋势》，《教学与管理》2005 年第 3 期，第 13 页。

1. 班级管理研究的总体理论水平不高，同一内容、同一角度、同一层次的重复研究较多，不同视角、多重视角的研究较少，学科探讨的总体分布不尽合理。

2. 在班级管理研究中，经验研究较多而理论研究不足，也就是说研究较多地停留在零散的、片面的、单一的经验研究的层面上，尚未提升到系统的、整体的、多维的理论研究层面。

3. 即便是在理论性的研究当中，一般化的、个别的、空洞的、泛泛的、心得体会式的主观议论十分普遍，而有新意的、有深度的、有经验数据支持的理论分析较少。

4. 研究方法不够规范，主要表现在研究设计的简单化、资料分析的表面化、数据表达的百分比化、缺乏对结果的统计检验等。方法的贫乏使得那些精心设计的、客观的、针对性较强的解释性研究较少，特别是着重于现象间关系的深入探讨的研究较少。①

具体来说，班级管理研究的任务主要包括以下几个方面：第一，确立班级管理研究的基本概念、范畴、基本理论，构建科学的班级管理研究的理论体系；第二，对班级管理的实践进行科学的概括，使之上升为理论；第三，把班级管理研究的基本原理应用于班级管理实践，使班级管理科学化；第四，用科学的理论武装班级管理工作者，提高班级管理人员的理论素养；第五，建立和完善本土化的班级管理研究。

具体到我国来看，我国的教育研究人员主要集中在高等院校、教科所和教研室，一线教师对教育科研的热情和投入不足。这既有教师理论和科研水平方面的原因，也有评价制度和学校工作方面的原因。随着教师继续进修渠道的多元化和教研结合意识的增强，教育科研主体应该向一线教师转移。班主任需要转变观念，提高研究意识和能力，以工作中的难题为课题，以服务教育教学为目标，走教研结合、以研促教之路。

三、中小学班级管理的实践探索

就我国而言，中小学班级工作既要继续发扬并强化传统对学生集体精神的培养，同时也应当避免走向管理主义的泥潭；既要继承班主任专门负责班级管理工作的做法，也要避免任课教师“只教书不育人”；既要注重培养学生的个体自主意识，也应避免将学生引向狭隘的个人主义或自我中心主义。新的时代与社会条件要求班级工作能够有意识地去塑造未来社会公民所需要的各项素养——法规意识、权利意识、责任意识、合作意识、诚信意识，尤其是爱国情感和民族精神，并能够让他们体验并在行动中领悟民主、法治、市场、规则、秩序之于生活的价值与意义。② 为此，我国未来的班级工作应当围绕这些目标开展。

目前及将来很长一段时间内我国最重要的班级管理者仍是班主任，班主任的专业化发展已是大势所趋，班主任的地位、角色和观念将有新的发展。

（一）班主任的角色转变

班主任的角色将由“传道者”走向“价值澄清者”。当今时代学习途径的多元化导致教师在经验和知识方面的相对优势下降，但这并不意味着教师就一定失去了教育优势，而是说，这种形势可能会对“传道”之“传”的合法性与权威有一定的影响。在这种情况

① 陈红燕：《班级管理研究述评》，《教学与管理》2004 年第 31 期，第 28 页。

② 卜玉华：《我国中小学班级工作的传统与当代变革》，《教育研究》2004 年第 11 期，第 67 页。

下，教师如果还要对“道”负起责任，就应该由“传道者”向“价值澄清者”转变。“传”要求教师本身对“真理”的占有以及相应的角色威信，“澄清”却不强调对“真理”的占有，而是帮助学生在已有的各种“真理”中做出理智的选择。价值澄清不是无原则地比较和否定，而是强调在一定的价值体系下对学生加以引导，否则，就会走向不可知论，走向虚无的境地。① 对于我国的班主任来说，这个立场就是中国的国情。

（二）班主任的观念转变

当代教育思想和教育结构日趋多元化，学习方式正在发生重大变革，教育呈现大众化、终身化和现代化趋势，在这种情况下，班主任必须与时俱进，不断更新自己的教育管理观念。

1. 新的学生观

（1）强调“社会人”的同时，突出“生物人”的意义：个体生理特质一定程度上塑造了学生的心理状态，决定着学生的承受阈限，从“生物”意义出发，会使我们更能宽容和关心学生，避免不必要的伤害。

（2）强调积极行为的同时，突出消极行为的意义：学生的缺憾和不足往往是生长和发展的起点，班主任要善于将消极事件转化为教育事件，捕捉学生身上的哪怕是微小的“善端”，使其生长和蔓延。

（3）强调客观评价学生的同时，突出“高估”的意义：应该认识到“学生的眼睛是雪亮的”、甚至是明察秋毫的，要敢于承认“后喻”的可能性，肯定学生合理的建议与评价给以适当的反馈，促进师生相互沟通与理解。

（4）强调个体心理的同时，突出群体心理的意义：儿童的一些行为和群体环境有一定联系，如课堂和学校里的“表演”行为，这类行为类似演员在镜头前的表现，有可能将事情的真相蒙蔽起来，教师只有细心观察、深入了解，才能发现存在的问题并及时加以解决。

（5）强调学生权利主体的同时，突出学生义务主体的意义。近年来，由于我们片面地强调了学生权利，又没有引导学生去实现自己的权利。导致相当多的学生对“民主”、“平等”理解狭隘，引发了师生间的对立和矛盾，增加了教育难度，强化了部分教师的消极思想，对基础教育影响较大。班主任既要强调学生的权利，同时要提高学生义务意识，片面强调权利必然为教育带来极大危害。

2. 新的班级观

（1）开放的班级教学形式要求形成开放的班级观。我国的教育改革尤其是“新课程”对教育提出了较大的挑战。按照新课程设计思想，班级管理必然会面临许多新课题，如：班级教学功能的减弱，学生自主学习时间和空间的增加，学生选择权的不断扩大，学生接触社会、自然和生活机会的增加等，会对一般意义上的班级管理、师生关系、个别指导和班级控制产生较大的影响。也就是说，班主任会逐渐体会到“结构性班级”的动摇，开放的班级教学形式，必然要求班级观的开放。

（2）要求创设共同的话题。班集体和一些“宏大”的“想象的共同体”——如民族

---

① 杨晓峰：《我国中小学班级管理工作发展趋势》，《天津师范大学学报基础教育报》2006 年第 12 期，第 11 页。

共同体和宗教共同体——有着类似的规律。班集体建设和族群的形成一样，需要一些共同的话题，比如共同的地域、文化、风俗、语言等来予以组织和维系。班主任要善于经营和寻找这样的话题，促使学生对班级这个“想象的共同体”的认同。

（3）学生利益的多元化要求重视班级的非正式规范。从不同利益层次出发，对人际关系进行配置，会形成不同层次的规范。班级规范模式取决于各种力量的此消彼长状态：实现团体要求的力量加强了，规范便成了遵循团体要求的规范。倘若源于个人需求的力量加强了，规范便成了遵循个人需求的规范。正因为如此，对班级非正式规范的探讨，多数集中在揭示非正式规范的消极意义上。其实，我们还可以从积极的意义上探讨非正式规范，班主任可以根据特殊个体、群体以及事件制定一些符合实际情况的非正式规范，积极使用非正式规范，扩大教育所要依靠的力量。①

综上所述，无论中外，教育与管理是相伴而生的，而班级作为一种有效的管理方式，在教育发展成熟时应运而生，它在推动教育发展方面自是有着不容忽视的作用。随着各种学科深入研究，班主任的角色意识、班级管理的方式、教育者的学生观的不断更新，我国班级管理的发展会更多地在为学生的全面发展、个性化发展提供更好的服务，为社会的多出人才、出好人才做出更大的贡献。

问题与思考

1. 现代班级管理有哪些新的特点？
2. 班级管理的发展趋势体现在哪几个方面？
3. 作为未来的班级管理的实践者，你对我国班级管理工作的未来取向有哪些看法？

① 杨晓峰：《我国中小学班级管理工作发展趋势》，《天津师范大学学报基础教育报》2006年第12期，第12页。

参考文献

1. [德] 赫尔曼·施密茨著．宏学铨等译：《新现象学》，上海：上海译文出版社 1997 年版。
2. [美] 乔纳森·特纳：《社会学理论的结构》，北京：华夏出版社，2001 年版。
3. [美] 韦恩·K. 霍伊、塞西尔·G. 米斯克尔著．范国睿译：《教育管理学：理论·研究·实践（第七版）》，北京：教育科学出版社 2007 年版。
4. [日] 片冈德雄著．贺晓星译：《班级社会学》，北京：北京教育出版社 1993 年版。
5. [苏] 马卡连柯：《论共产主义教育》，北京：人民教育出版社，1954 年版。
6. [苏] 马卡连柯：《马卡连柯教育文集（上卷）》，北京：人民教育出版社 1985 年版。
7. [苏] 马卡连柯：《马卡连柯教育文集（下卷）》，北京：人民教育出版社 1985 年版。
8. [苏] 马卡连柯：《马卡连柯教育文集（中卷）》，北京：人民教育出版社 1985 年版。
9. [苏] 苏霍姆林斯基：《怕夫雷什中学》，北京：教育科学出版社 1983 年版。
10. A. Gorman. Teachers and Learners：The Interactive Process of Education. Boston：Allyn & Bacon，1969.
11. G. R. Jones：Organizational Theory. Massachusctts.，Addison Wesley. 1995.
12. H. Anderson，Domination and Socially Integrative Behavior，In P. Barker，et. al，(eds)，Child Behavior and Development，Mc Graw-Hill 1945.
13. J. W. 盖哲尔、H. A. 谢仑著．王秉译：《研究作为一个社会组织的班级团体的概念结构》，福建：福建师范大学教育系编，国外教育参考资料 1985 年版。
14. M. Fullan and A. Hargreaves 著．黄锦樟、叶建源译：《学校与改革——人本主义的倾向》，稻田出版有限公司 2009 年版。
15. N. Flanders，Analysing Teacher Behavior，N. Y.：Aeeison-We-Sley，1970.
16. P. Runkel. A Brief Model for Pupil-Teacher Interaction，In 17. N. Grage（ed），Handbook of Research on Teaching，Chicago：RandMc Nally.
17. R. Marrison，etal.（eds）. The Social Psychology of Teaching，Harmond Sworth：Penguin，1972.
18. Richard H. Hersh，Glen O. Fielding，John P. Miler：Models of Moral Education：An appraisal，1980.
19. T. Parsons & E. A. Shils. ed. Toward a General Theory of Action. Harvard University Press，1951.
20. Taylor. The Principles of Scientific Management. New York：Haper & Row，1911.
21. 白铭欣：《班级管理论》，天津：天津教育出版社 2008 年版。
22. 卜玉华：《20 世纪下半叶以来美国班级管理理念的发展趋势分析》，《集美大学学报》

2004 年第 2 期。
23. 曹长德：《当代班级管理引论》，合肥：中国科学技术大学出版社 2005 年版。
24. 陈德州：《家校沟通的问题与对策》，《班主任》2009 年第 2 期。
25. 陈红燕：《班级管理研究述评》，《教学与管理》2004 年第 31 期。
26. 陈乃铺：《班级多层次管理模式的探讨》，《教育在线》2008 年第 4 期。
27. 顾明远主编：《教育大辞典》，上海：上海教育出版社 1997 年版。
28. 郭毅：《班级管理学》，北京：人民教育出版社 2002 年版。
29. 郝京华：《班级的社会学分析》，《教育研究》1988 年第 3 期。
30. 胡光玉、贾锡钧：《中小学班集体建设概论》，上海：上海科学普及出版社 1998 年版。
31. 江月孙、赵敏主编：《学校管理学（第 2 版）》，广东：广东高等教育出版社，2002 年版。
32. 焦春玲、杨海青、孙玉洁：《现代班级管理发展的必然趋势》，《教学与管理》2005 年第 3 期。
33. 金东日：《现代组织理论与管理》，天津：天津大学出版社 2003 年版。
34. 金英生：《班级管理的目标模式与方法》，《新课程》2009 年第 4 期。
35. 李保强：《学校管理学》，北京：高等教育出版社 2002 年版。
36. 李伟胜：《班级管理新探索：建设新型班级》，天津：天津教育出版社 2006 年版。
37. 李学农：《班级管理学》，北京：高等教育出版社 2004 年版。
38. 林崇德主编：《教育心理学》，北京：人民教育出版社 2000 年版。
39. 林东桂等编著：《班级教育管理学》，广东：广东高等教育出版社 1999 年版。
40. 林艳：《中小学班级组织的病理现象及其诊治和预防》，《基础教育参考》2007 年第 11 期。
41. 刘怀忠：《谈班级组织的建立与管理》，《教育管理与评价》2004 年第 1 期。
42. 刘铁芳：《守望教育》，上海：华东师范大学出版社 2005 年版。
43. 鲁洁、吴康宁：《教育社会学》，北京：人民教育出版社 1990 年版。
44. 鲁洁：《教育社会学》，北京：人民教育出版社 1990 年版。
45. 鲁洁主编：《德育社会学》，福建：福建教育出版社 1998 年版。
46. 罗珉：《现代管理学》，四川：西南财经大学出版社 2002 年版。
47. 毛景焕：《班级作为一个共同体：成员的相互平等和资源共享》，《教育研究与实验》2003 年第 2 期。
48. 彭虹彬：《略论国外中小学的班级管理》，《高等函授学报（哲学社会科学版）》2002 年第 8 期。
49. 齐学红：《制度设计与自我呈现：学校德育模式的社会学视角》，《教育科学研究》2010 年第 3 期。
50. 齐学红主编：《今天，我们怎样做班主任——优秀班主任成长之路》，上海：华东师范大学出版社 2006 年版。
51. 沈海敏，薛维惠：《我们班的班级博客》，《班主任》2009 年第 1 期。
52. 时伟、王贵海：《试论班级管理模式》，《阜阳师范学院学报（社科版）》2000 年第 6 期。

53. 孙灿成：《 学校管理学概论》，北京：人民教育出版社 1993 年版。
54. 唐迅：《班集体教育实验的理论与方法》，广东：广东教育出版社 2000 年版。
55. 万秀兰：《引导学生参与班级管理的途径和方法》，《上海教育科研》1994 年第 6 期。
56. 王德清：《 中外管理思想史》，重庆：重庆大学出版社 2000 年版。
57. 王建军、薛卫东：《中国教育管理史教程》，广东：广东高等教育出版社 2001 年版。
58. 王立华、李红双：《谈自主型班级管理结构形式的构建》，《教育探索》2002 年第 2 期。
59. 王顺双：《构建和谐班级制度的理性要求》，《班主任之友》2007 年第 4 期。
60. 王晓坚：《严格的规章制度 宽松的人际关系》，《教育艺术》2002 年第 11 期。
61. 王一多，孟昭勤：《从效率主义到以人为本——管理思想上的质的飞跃》，《西南民族大学学报》2007 年第 1 期。
62. 王鹰等主编：《班主任工作技能训练》，北京：人民教育出版社 1995 年版。
63. 吴春燕：《班级文化建设研究综述》，《考试周刊》2009 年第 19 期。
64. 吴康宁：《论作为特殊社会组织的班级》，《教育理论与实践》1994 年第 2 期。
65. 吴康宁：《教育社会学》，北京：人民教育出版社 1997 年版。
66. 吴康宁：《课堂教学社会学》，南京：南京师范大学出版社 1999 年版。
67. 吴立德：《班级社会学概论》，四川：四川大学出版社 1996 年版。
68. 吴式颖：《外国教育史教程》，人民教育出版社 1999 年版。
69. 吴旋州：《班级管理学》，西安：陕西人民出版社 1997 年版。
70. 吴志宏、冯大鸣、魏志春主编：《新编教育管理学》，上海：华东师范大学出版社 2008 年版。
71. 小川一夫：《班级管理心理学》，北大路书房 1979 年版。
72. 谢维和：《论班级活动中的管理主义倾向——兼答吴康宁教授的商榷文章》，《教育研究》2000 年第 6 期。
73. 熊贤君：《中国教育管理史》，武汉：华中师范大学出版社 1989 年版。
74. 徐小平：《管理学原理》，北京：中国轻工业出版社 1997 年版。
75. 阎承利：《教学模式的定义分析》，《教育研究》2001 年第 4 期。
76. 阎德明：《现代学校管理学》，北京：人民教育出版社 1999 年版。
77. 杨晓峰：《我国中小学班级管理工作发展趋势》，《天津师范大学学报基础教育报》2006 年第 12 期。
78. 杨友明：《学生不想当班干部，怎么办》，《班主任》2009 年第 11 期。
79. 叶茂：《家长委员会——孩子成长的“助推器”》，《班主任》2009 年第 2 期。
80. 袁锐锷：《外国教育管理史教程》，广东：广东高等教育出版社 1998 年版。
81. 张辉：《谈班级管理中的“粗”文化》，《教育与管理》2003 年第 25 期。
82. 张济正：《学校管理学导论》，上海：华东师范大学出版社 1990 年版。
83. 张建文、李从玉：《班级教育管理论》，云南：云南大学出版社 2000 年版。
84. 张万祥：《给年轻班主任的建议》，上海：华东师范大学出版社 2006 年版。

85. 张晓红:《创新型班级管理模式的构建》,《教学与管理》2006 年第 8 期。
86. 祝伟清:《发挥科代表在班级学风建设中的作用》,《班主任》2009 年第 8、9 期合刊。
87. 选自齐学红教授主持的南京市教育科学规划“十一五”重点课题“南京市小班化教育的实践范式和方略研究”结题报告之一“南京市小班化教育追求目标和发展规划研究”(张薇)
88. 南京外国语学校仙林分校班改读本，班级教育小组的周例会，第 20-22 页。